Coleção
FILOSOFIA
ATUAL

Impresso no Brasil, outubro de 2012

Título original: *Philosophie et Phénoménologie du Corps*
Copyright © Presses Universitaires de France
Todos os direitos reservados.

Os direitos desta edição pertencem a
É Realizações Editora, Livraria e Distribuidora Ltda.
Caixa Postal: 45321 · 04010 970 · São Paulo SP
Telefax: (11) 5572 5363
e@erealizacoes.com.br · www.erealizacoes.com.br

Editor
Edson Manoel de Oliveira Filho
Gerente editorial
Gabriela Trevisan
Preparação de texto
Dida Bessana
Revisão
Tássia Gomes Santana e Cristiane Maruyama
Capa e projeto gráfico e diagramação
Mauricio Nisi Gonçalves e André Cavalcante Gimenez / Estúdio É
Pré-impressão e impressão
Geográfica Editora

Proibida toda e qualquer reprodução desta edição
por qualquer meio ou forma, seja ela eletrônica ou mecânica,
fotocópia, gravação ou qualquer outro meio de reprodução,
sem permissão expressa do editor.

Coleção
FILOSOFIA
ATUAL

FILOSOFIA E FENOMENOLOGIA DO CORPO

ENSAIO SOBRE A ONTOLOGIA BIRANIANA

MICHEL HENRY

TRADUÇÃO
LUIZ PAULO ROUANET

Realizações
Editora

A Jean Hyppolite

Sumário

Advertência à segunda edição francesa 7

Introdução – A contingência aparente da questão concernente ao corpo e a necessidade de uma análise ontológica do corpo. 9

1. Os pressupostos filosóficos da análise biraniana do corpo 21

2. O corpo subjetivo 69

3. O movimento e o sentir 99

4. O duplo emprego dos signos e o problema da constituição do corpo propriamente dito 135

5. O dualismo cartesiano 169

6. Crítica ao pensamento de Maine de Biran: o problema da passividade 189

Conclusão – A teoria ontológica do corpo e o problema da encarnação: a carne e o espírito 223

Advertência à
Segunda Edição Francesa

Este livro, redigido entre 1948 e 1949, só foi publicado em 1965, pois as normas universitárias em vigor proibiram a publicação de uma tese antes de sua defesa. De início concebido como capítulo de *L'Essence de la Manifestation* [A Essência da Manifestação], e o primeiro a ser concluído, foi dele separado devido à sua dimensão. Minha intenção, então, era estabelecer, contra o idealismo, o caráter concreto da subjetividade, e isso mostrando que esta se confunde com nosso próprio corpo.

O conteúdo desse primeiro trabalho não deve nada às pesquisas contemporâneas de Merleau-Ponty, que eu ignorava na época. Tampouco difere dele totalmente. Se o corpo é subjetivo, sua natureza depende da natureza da subjetividade. Sobre esse ponto, minhas concepções se contrapunham radicalmente às da fenomenologia alemã e francesa. Não era nem como intencionalidade, nem como transcendência que a vida devia ser pensada, mas por exclusão, para fora de si, de ambas. A corporeidade é um *pathos* imediato que determina nosso corpo de uma ponta a outra, antes que ele se erga para o mundo. É dessa corporeidade original que ele deriva suas capacidades fundamentais, a de ser uma força e de agir, de receber hábitos, de se lembrar – pela maneira que o faz: fora de toda representação.

Maine de Biran só serviu de guia, aqui, porque, único herdeiro do *cogito* de Descartes, foi o único, também, a reconhecer sua questão decisiva: "Existe uma apercepção imediata interna?". Ao tomar por tema o aparecer, considerando-o em si mesmo, portanto, e por si mesmo, a nova problemática da subjetividade abandona o domínio do ente e de seu ser. Pretender reduzi-la a uma metafísica é, de fato, manter pressupostos cuja metafísica resultou da Modernidade e encontrou no objetivismo moderno sua mais plena realização.

A ocultação do pensamento de Maine de Biran pela "cultura" atual (na universidade, sua obra não consta dos programas; no exterior, particularmente nos Estados Unidos, nenhuma de suas obras foi traduzida) é o efeito de uma dissimulação mais antiga, ligada à essência da vida. Na invisibilidade de sua noite, todavia, a vida se restringe a si mesma, entrega cada um a si mesmo, ao indubitável de seu corpo. Nenhum travestimento tem o poder de recobrir essa parusia. Que no interior mesmo de nosso universo, no qual a ciência, isolada, dê lugar à objetividade monstruosa da técnica, o pensamento do objeto seja abalado, que suas ideologias redutoras partam à deriva, eis o que testemunha, em todo caso, a vontade obstinada da vida de continuar a viver. No silêncio que segue ou precede a derrocada dos últimos valores, é permitido a cada um perceber novamente, nele, a força invencível, "hiperorgânica", dizia Biran.

Hoje, nada tenho a mudar neste texto. É sobre suas descobertas essenciais que se desenvolveram minhas pesquisas ulteriores. O leitor que tiver a paciência de me seguir até a conclusão descobrirá, especialmente, o projeto de uma reinterpretação do pensamento de Marx à luz dessa filosofia do corpo, que o autor dos *Grundrisse* chama, em muitas ocasiões, "subjetividade".

Uma simples observação de vocabulário, enfim: nas análises que se seguem, a expressão "experiência interna transcendental" não deve ser tomada, como o indica claramente, bem rapidamente, de resto, uma nota da edição original, em sentido husserliano. Para as *Meditações Cartesianas*, semelhante experiência se liga à redução, ela pressupõe a abertura, pela reflexão, e pela retenção, de um campo de presença no qual a vida possa se mostrar. Ela não necessita de nada para se dar a nós, a não ser ela mesma; é autodoação, o "fato primitivo".

Paris, março de 1987.

Introdução

A Contingência Aparente da Questão Concernente ao Corpo e a Necessidade de uma Análise Ontológica do Corpo

A intervenção, em pesquisas ontológicas que visam tornar possível a elaboração de uma fenomenologia do ego, de uma problemática concernente ao corpo, a aplicação de tal problemática não deve parecer, em relação à marcha geral da análise, como uma especificação contingente e acidental desta, e como um esquecimento de seu verdadeiro fim?[1] A elucidação do ser do ego prosseguiu, até o presente, no plano da subjetividade absoluta, e sob a forma de uma análise ontológica. As razões que motivaram o projeto de conduzir as pesquisas relativas ao problema do ego no interior de uma esfera de imanência absoluta podem deixar de ser válidas, de tal modo que também possamos considerar o corpo objeto dessas pesquisas, pertencente à realidade primeira, cujo estudo é tarefa da ontologia fundamental? O corpo, com

---

[1] O livro que se lerá só constituía, segundo a intenção do autor, um capítulo de um conjunto de pesquisas consagradas ao problema da subjetividade e do ego, capítulo que foi separado, em seguida, para formar este trabalho. Assim se explica a questão pela qual inicia esta introdução. Nossas pesquisas gerais relativas ao problema da subjetividade e do ego desembocaram, por sua vez, em dois volumes publicados na coleção *Epiméthée*, sob o título *L'Essence de la Manifestation* [A Essência da Manifestação], aos quais nos permitimos, em várias ocasiões, remeter o leitor.

efeito, não se dá a nós como ser transcendente, como habitante deste mundo no qual a subjetividade não reside? Se ele deve constituir, a seguir, o tema de nossa reflexão filosófica, não é sob condição de que esta sofra uma mudança radical, deixe de se voltar para a subjetividade para se tornar uma reflexão sobre o mundo e sobre a maneira pela qual se dão a nós e são constituídos alguns de seus elementos? E por que, entre todos esses elementos transcendentes que podem ser e devem constituir o tema de tantas pesquisas particulares, concederíamos um privilégio ao corpo, de tal modo que nossa análise, não contente de abandonar a região a partir da qual ela se definira em seu projeto inicial, determinaria a si mesma como pesquisa direcionada para o ser transcendente de nosso corpo, pesquisa que reconhecemos indispensável e a qual pertence propriamente ao domínio filosófico em geral, mas a qual, temos de constatar, não tem relação com o problema da análise ontológica da subjetividade, ou do ego a esta identificado?

Poderíamos, é claro, tentar *fundar a contingência da questão sobre a contingência de seu objeto*. O fato, para uma consciência, de ter um corpo não é um fato contingente, o fato contingente por excelência? Mais do que isso: estamos realmente em presença de um fato, ou então, se a relação *sui generis* do corpo com a consciência se manifesta antes como fundamento de nossa ideia de contingência, e mais profundamente, do fato mesmo que uma contingência e que fatos contingentes em geral sejam possíveis para nós, essa relação não constitui realmente uma *estrutura*, que não só está enraizada na natureza humana, como deve ainda servir para defini-la? Pois é de maneira puramente abstrata que poderíamos caracterizar o homem pela consciência, ou pela subjetividade, se houvesse, entre estas e o corpo, uma relação dialética tal que toda determinação da subjetividade só fosse compreensível na e pela relação com o corpo. Os termos dessa relação seriam desde então estreitamente solidários, a ponto de crescer ao mesmo tempo, como se pode ver no pudor no qual a presença a si mesmo do espírito na subjetividade significa ao mesmo tempo uma consciência aumentada e dolorosa do corpo.[2]

---

[2] "Quanto mais o homem se sente como espírito, mais ele se sente, ao mesmo tempo, como corpo, com sua característica sexual" (J. Wahl, *Études kierkegaardiennes*. Paris, Aubier, 1938, p. 226).

É pelo efeito desse mesmo vínculo dialético que, partindo de uma análise da consciência, somos levados a nos interrogar sobre o ser do corpo. Nossa questão não é senão o pressentimento, na ordem do Logos, da natureza das coisas, a qual não se constitui por realidades autônomas fechadas sobre si mesmas, mas por estruturas dialéticas, e o homem seria ele próprio uma dessas estruturas.

Esta, à medida que relaciona espírito e corpo, é a mais "dialética" de todas as questões, é precisamente um paradoxo que podemos considerar, com Kierkegaard, fundamental,[3] pois desempenha realmente o papel de fundamento. O trágico, o cômico, o sentimento de ter um corpo, o exibicionismo ou a timidez e muitas outras determinações existenciais e afetivas não são sentimentos ou atitudes que ocorrem à natureza humana sem que se possa explicá-los a partir dela. A realidade humana, pelo contrário, deve ser determinada a partir das exigências implicadas em questões como: "o que deve ser o homem para que seja capaz de sentimentos como...?". Pois, abaixo de tais sentimentos, estende-se uma tonalidade mais profunda, que determina as diferentes modalidades afetivas e existenciais pelas quais passa a história humana individual ou coletiva. Não deve essa tonalidade fundamental ser compreendida como o momento de união dialética entre a consciência e o corpo? O paradoxo, que é como que o nó da existência e origem na qual se enraízam suas diferentes atitudes, devia, com o tempo, ser percebido mais ou menos claramente por uma reflexão filosófica à qual o fenômeno central da encarnação não pudesse permanecer indiferente, ou indefinidamente oculto. É porque o ser encarnado do homem, e não a consciência ou a pura subjetividade, é o fato originário do qual se deve partir, ao que parece, a pesquisa deve necessariamente sair da esfera da subjetividade a fim de elaborar uma problemática concernente ao corpo, e esse processo não deve mais nos aparecer como contingente, mas como exigido pela própria natureza das coisas. Inversamente, é essa natureza que, em sua essência, se dá agora a nós como contingente, ela é a contingência primordial que nos constitui.

---

[3] Cf. Søren Kierkegaard, *O Conceito de Angústia* [1844].

O que significa, no entanto, de maneira mais precisa, e *considerada no próprio plano ontológico*, essa contingência constitutiva da relação entre uma consciência e um corpo, contingência que, por sua vez, funda, convoca e torna assim necessária a questão do corpo? Corretamente interpretada, semelhante contingência só pode significar isto: em relação à esfera da subjetividade, que se identifica com a da própria existência, essa outra região ontológica, na qual pode aparecer e se desenvolver algo como um corpo, é uma realidade heterogênea, essencialmente diferente. Enquanto uma pesquisa se move exclusivamente no interior da esfera da subjetividade, ela não encontra nada que possa se chamar de corpo, muito menos nosso corpo. É só quando se sai dessa esfera originária, quando se efetua uma "passagem" para alguma coisa que se situa fora dela, é que tal encontro com um "corpo" se torna possível.

O que existe fora da esfera da subjetividade é o ser transcendente. No interior desse ser, todavia, muitas regiões ontológicas diferentes podem ainda ser discernidas. O corpo, em geral, foi identificado por uma filosofia célebre com a extensão, era concebido como realidade composta de diferentes partes situadas fora umas das outras. O que chamamos aqui de nosso corpo, no entanto, pode se recobrir com esse corpo *partes extra* da natureza física? Nosso corpo é antes um corpo *vivo* e, a esse título, pertence a uma região ontológica que, em virtude de suas características fenomenológicas (características que nos permite, precisamente, considerá-la essência e região autônoma), não pode ser confundida com uma extensão como a cartesiana, quaisquer que sejam as deduções, dialéticas ou não, que possam ser operadas entre essas duas ordens de realidade nas construções das ciências.

Contudo, apesar de suas bases fenomenológicas, a biologia é ela própria uma ciência, seus progressos operam no interior das massas transcendentes do saber científico, são indefinidos em princípio, seu cruzamento com nossa experiência imediata não é de modo algum seu fim, uma vez que esta não passa, para o cientista, de uma simples aparência e, de qualquer modo, se nosso corpo fosse uma entidade biológica, o saber que poderíamos adquirir a seu respeito seria solidário do saber científico, ou melhor, confundir-se-ia com ele, de tal modo que só um homem futuro, situado na história ao final ideal do desenvolvimento das ciências, saberia verdadeiramente o que se deve entender quando se fala desse corpo que é o nosso, e que não se vê mais, a rigor, que conhecimento um primitivo poderia ter de seu corpo, nem mesmo como ele faria para atingir essa opinião segundo a qual um corpo lhe pertence.

Na verdade, o corpo da biologia é de certo modo um objeto cultural. Ele é, a esse título, essencialmente histórico,[4] tanto em sua aparição quanto em suas modificações, que são as mesmas trazidas pelo desenvolvimento da ciência. Com semelhante corpo biológico, nós, os homens do presente, temos, é verdade, uma relação original, e somos todos, em algum grau, seres históricos, uma vez que professamos todos a ciência de nossos cientistas, sendo que as representações dessa ciência sempre encontram, com maior ou menor rapidez, eco nas concepções do senso comum. Não é nessa relação original, porém, que buscamos nosso primeiro saber sobre o corpo, nem encontramos as condutas em que este está implicado. Não esperamos ler as últimas obras de biologia para correr, saltar, caminhar ou erguer os braços, e se nos dedicamos a semelhantes leituras, nada mudará em nossas capacidades primitivas; pois nada é mais inoperante que a ciência em relação à nossa conduta, *como em relação ao saber primordial que esta sempre pressupõe*. Pressentimos agora que é desse saber primordial, e só dele, que temos de nos ocupar

---

[4] O homem não é essencialmente um ser histórico. Ele é sempre o mesmo. Tudo o que há de "profundo" nele – e com isso não pretendemos formular nenhuma apreciação de ordem axiológica, mas designamos o que deve ser considerado originário do ponto de vista ontológico – persiste idêntico a si mesmo e é encontrado ao longo dos séculos. É porque se apoia sobre um solo ontológico e se refere a poderes ontológicos que a moral, por sua vez, apresenta essa permanência que é a sua, e que, como diz Kierkegaard, cada geração se vê em presença da mesma tarefa que a geração anterior. Dir-se-á, já que se trata aqui do corpo, que, mesmo que admitamos nossa redução e abstraiamos de toda evolução biológica em terceira pessoa, o corpo *humano* se oferece ao homem com características que variam ao longo da história, características que se traduzem, por exemplo, nos hábitos tão diversos concernentes à alimentação, ao vestuário, à sexualidade, assim como nos numerosos "modos" a eles relacionados. Não se trata aí, porém, do corpo originário, mas das diferentes maneiras, para o homem, de representar esse corpo e se comportar em relação a ele. O que é histórico são os objetos culturais ou humanos, e as diferentes atitudes humanas a eles relacionados. No entanto, o solo ontológico que funda a ambos permanece indiferente a essa evolução; esta sempre pressupõe aquele.

e explicar aqui. Longe de que uma ciência como a biologia possa nos fornecer sobre ele qualquer esclarecimento, é pelo contrário sobre tal saber que ela se funda; não se pode esperar que ela explique o que ela pressupõe como sua condição de possibilidade, como o horizonte ontológico no interior do qual ela pode encontrar seus objetos, fornecer suas explicações e, antes de tudo, colocar seus problemas.

Precisamos, no entanto, especificar o sentido da redução fenomenológica que estamos em vias de realizar, a fim de discernir mais claramente a natureza desse saber originário e as fronteiras que ele entretém dos diversos conhecimentos sobre ele fundados. Nosso corpo é um corpo vivo; este não poderia ser compreendido, contudo, como uma realidade biológica. Se a vida não é primitivamente para nós objeto de uma experiência científica, nem, por mais forte razão, um conceito científico, ela não se dá a nós, na experiência ingênua, como estrutura transcendente? Ao lado dos objetos inertes, das ferramentas, dos objetos culturais, há, em nosso círculo imediato, seres que afirmamos serem vivos. O problema do conhecimento do corpo seria resolvido, então, por meio de uma descrição das características apresentadas por tais "realidades vivas". Uma dificuldade se apresenta, devido ao fato de que, entre esses corpos vivos, deve se operar uma distinção entre o corpo de uma ameba, por exemplo, ou mesmo dos animais superiores, de um lado,[5] e, de outro, do homem. Pois, no caso deste, não lidamos apenas com um *corpo vivo*, mas com um corpo *humano*, e suas propriedades são tão particulares que temos a nítida impressão de ter diante de nós uma nova estrutura, que só tem em comum com as estruturas precedentes a particularidade de pertencer, como elas, ao ser transcendente em geral.

Distinguimos, então, até o momento: 1) o corpo como entidade biológica, cuja realidade deve ser finalmente o lugar-comum das determinações científicas que lhe dizem respeito ou, para dizê-lo melhor, que o constituem; 2) o corpo como ser vivo, aparecendo assim em nossa experiência natural. Semelhante corpo é igualmente uma estrutura transcendente, cujas características

---

[5] Abstraindo da vida dos vegetais, que apresentam características bem diferentes. Deixamos deliberadamente de lado esse problema da vida vegetal.

fenomenológicas são as próprias características da percepção que o dá; 3) o corpo como corpo humano que é, novamente, uma estrutura transcendente de nossa experiência, mas cujas características não podem ser reduzidas pura e simplesmente às de todo corpo vivo, de modo que parecem constitutivos de uma nova estrutura ou, como se diz hoje, de uma nova forma.

Conceber claramente as relações entre os três termos que acabamos de distinguir é, sem dúvida, um empreendimento repleto de dificuldades. O corpo biológico e o corpo vivo se ligam de tal modo que aparecem sucessivamente, um em relação ao outro, como termo fundante e termo fundado, segundo se esteja situado no ponto de vista da ciência, que pretende explicar as aparências fenomenológicas do corpo vivo com a construção em terceira pessoa que ela edifica, ou naquela da consciência natural (não a do senso comum, já adquirida implicitamente, mesmo que se a ignore, mas as das teorias científicas), que vive nessas aparências e pensaria, com o fenomenólogo, que a ciência se elabora a partir delas. Quanto às relações entre o corpo vivo e o corpo humano, seu estudo deriva de uma fenomenologia comparada entre a percepção dos animais e a percepção de outrem – estudo que se chocaria, entre outras dificuldades, com esta: se é fácil de estabelecer a divisão entre o comportamento animal e a conduta humana quando essas duas estruturas são apreendidas em sua oposição recíproca, como discernir, quando se considera unicamente a percepção do corpo humano, o que, nele, é próprio a um ser vivo e o que é próprio ao homem ou, se preferirem, como a primeira estrutura do corpo vivo, do corpo animal, se encontra naquela da segunda, a do corpo humano, como um de seus elementos ou como fundamento?

As diferentes distinções precedentes, as questões que estas suscitam, todavia, não apresentam importância a nossos olhos, porque não colocam em questão o problema ontológico fundamental do qual devemos, enfim, nos ocupar. Qualquer que seja a região à qual decidirmos, finalmente, acomodar *nosso* corpo, seja essa região a do corpo biológico, seja a do corpo vivo ou, enfim, seja uma região *sui generis* pertencente propriamente ao corpo humano, em todos os casos só lidaríamos com especificações e estruturas do ser transcendente em geral, por maiores que possam ser as diferenças entre essas estruturas. Enquanto for assim, porém, a problemática concernente ao corpo permaneceria, a despeito do que dissemos anteriormente, contingente em relação ao projeto de uma ontologia fundamental, estranha ao propósito de uma filosofia realmente primeira. A contingência da questão do corpo, mais profundamente, a contingência do fato mesmo de pertencimento de um corpo à realidade humana, é insuperável, se for verdade que esse corpo representa, em relação à própria subjetividade transcendental, algo de heterogêneo e irredutível.

Ou então, não teria chegado o momento de reconhecer que a filosofia primeira não pode se identificar com uma análise ontológica da subjetividade, nem com a mera exploração dessa região? É só numa perspectiva ilusória que o problema do corpo aparece de tal modo contingente que não haveria, por assim dizer, nenhuma razão de colocá-lo. Pois um homem "puro", se assim pudermos dizer – o homem abstrato reduzido à condição de pura subjetividade – não tem qualquer motivo para se interrogar sobre um corpo do qual ele está desprovido, ou que não é mais para ele senão um acessório e um apêndice contingente. Sujeito descarnado como o espectador kantiano dos *Paralogismos*, é um puro espírito que sobrevoa o mundo, e seu próprio corpo não pode nem intervir no conhecimento que ele tem do universo, nem constituir objeto de uma interrogação especial: constitui, a rigor, uma curiosidade "empírica", desprovida de qualquer dignidade filosófica. Mas o homem, como sabemos, é um sujeito encarnado, seu conhecimento se situa no universo, as coisas lhe são dadas sob perspectivas que se orientam a partir de seu próprio corpo. Este, por conseguinte, não deve constituir tema de uma pesquisa que tomará por objeto *o homem real*, não mais o homem abstrato do idealismo, mas esse ser de carne e sangue que somos todos? E se a filosofia primeira deve se confundir com semelhante pesquisa, não podemos mais circunscrever seu campo à esfera da subjetividade, seu objeto, na verdade, é algo bem diferente, por exemplo, essa estrutura dialética que liga de maneira inextricável consciência e corpo, ou ainda a existência, como existência precisamente de um ser real e encarnado. Logo:

Ou não é mais necessário levar em conta o corpo na definição do homem, e estamos então habilitados a prosseguir em nosso estudo do ego subjetivo, pretendendo explicar a realidade humana em seu ser autêntico e em sua totalidade.

Ou se trata apenas de um ponto de vista abstrato sobre o homem, ponto de vista cuja realidade primitiva e concreta não poderíamos descrever. A filosofia da subjetividade deve ceder lugar a um realismo ou a um existencialismo que partirão de fenômenos centrais, como "situação", "corporeidade", "encarnação", e os quais terão pelo menos a coragem de reconhecer e de estudar o que é implicado pela realidade humana em seu próprio estatuto, por exemplo, a contingência, a finitude, o absurdo.

Ou, ainda, o fenômeno central do corpo, cujo estudo é sem dúvida essencial para a compreensão da realidade humana, não escapa de modo algum às garras de uma ontologia fenomenológica, que se edifica com base em uma análise da subjetividade: a problemática que lhe diz respeito está implicada na problemática geral que tal ontologia necessariamente emprega, pois *o corpo, em sua natureza originária, pertence à esfera de existência que é a da própria subjetividade*.

Intencionalidades se dirigem às diferentes estruturas transcendentes que caracterizamos como corpo biológico, como corpo vivo e como corpo humano. O estudo da subjetividade parecerá, portanto, por esse viés, remeter-nos à existência de um corpo, mas este só poderia constituir uma determinação do *outro* em geral, e não se vê nem o que seria capaz de lhe conferir, no interior dessa esfera do não eu, o caráter de pertencimento ao ego, caráter que parece ser sua propriedade essencial, nem, por consequência, o que poderia motivar, no desenvolvimento de uma filosofia da primeira pessoa, a inserção de uma problemática concernente ao corpo. Na verdade, nosso corpo não é primitivamente nem um corpo biológico, nem um corpo vivo, *nem um corpo humano*, ele pertence a uma região ontológica radicalmente diferente, que é a da subjetividade absoluta. Falar de um corpo *transcendental* não é de modo algum proferir uma afirmação inverossímil e gratuita, é compreender a necessidade de responder afirmativamente à questão: o corpo, este corpo que é o nosso, é conhecido por nós da mesma maneira que qualquer outra intencionalidade da vida do ego, e seu ser deve receber, numa ontologia fenomenológica, o mesmo estatuto que o ser da intencionalidade em geral que o ser do ego? É tomar consciência das únicas condições que nos permitirão explicar a existência de um corpo situado seguramente no centro da realidade humana: *um corpo que é um Eu*.

Os diferentes sistemas filosóficos sustentaram, a respeito do corpo, teorias muito diversas, que concordavam todas, no entanto, numa doutrina comum e decisiva, a saber, na afirmação do pertencimento ao mundo do ser de nosso corpo. Este é um ponto que parecia tão fortemente estabelecido que não ocorreu a ninguém colocá-lo em dúvida. O primeiro filósofo e, na verdade, o único que, na longa história da reflexão humana, compreendeu a necessidade de determinar originariamente nosso corpo como *um corpo subjetivo* foi Maine de Biran, esse príncipe do pensamento, que merece ser visto por nós, ao mesmo título que Descartes e Husserl, como um dos verdadeiros fundadores de uma ciência fenomenológica da realidade humana. Como essa descoberta fundamental de um corpo subjetivo,[6] descoberta cujas consequências são, como veremos, infinitas, pôde passar completamente despercebida, e como a significação da obra de Maine de Biran foi tão raramente compreendida, esse é um fato que não deixará de surpreender enquanto não se tiver refletido sobre a posição singular de seu autor no movimento filosófico francês do século XIX. Pois, apesar das aparências, Maine de Biran foi um dos filósofos mais isolados que jamais existiu. Costuma-se situá-lo na origem de uma corrente de pensamento que continuaria por meio de Lachelier, Boutroux, Ravaisson, Lagneau, até Bergson – corrente de pensamento "espiritualista", que se caracterizaria por uma atenção prestada à "vida interior", por "uma tendência

---

[6] Maine de Biran teve plena consciência da importância e da originalidade dessa descoberta, como se vê quando ele se refere ao "ponto de vista efetivamente novo, sob o qual considero o conhecimento do corpo propriamente dito" (*Essai sur les Fondements de la Psychologie et sus ses Rapports avec l'Étude de la Nature*, Œuvres de Maine de Biran, Paris, Éditions Tisserand/Alcan, 1931, VIII, p. 207. O texto do *Essai*, que ocupa os tomos VIII e IX da edição Tisserand, será doravante designado pela letra *E*).

introspectiva". Isto consistia em cometer a seu respeito um pesado contrassenso, que comprometeria de maneira definitiva a compreensão de sua obra. A filiação histórica que se indica existe, sem dúvida, mas o pensamento biraniano não tem nada a ver com introspecção, com a vida interior *tal como podiam compreendê-la os neokantianos*, e tampouco com a intuição de Bergson. Semelhante filiação se compreende perfeitamente, porém, pois a ausência de toda ontologia da subjetividade no kantismo, e as consequências dessa ausência, especialmente no que concerne ao problema da vida interior, levariam naturalmente os herdeiros dessa filosofia a pensamentos que podiam resultar no preenchimento dessa lacuna. *Mas o motivo do interesse pela obra de Maine de Biran era o mesmo que impediria sua verdadeira compreensão*, uma vez que esse interesse provinha de filósofos que se moviam no interior de pressupostos incompatíveis com a intuição central do biranismo. Este só podia ser acolhido pela filosofia francesa do século XIX e do século XX ao preço de um travestimento tanto mais perigoso que era perfeitamente involuntário, de uma verdadeira queda que avalia toda distância que há entre uma concepção autêntica da subjetividade e a "psicologia".

Isolado dos filósofos que acreditavam seguir sua obra, Maine de Biran devia sê-lo, por mais forte razão, do grande público, em razão mesmo da natureza de seu empreendimento. Se, com efeito, as pesquisas pertencentes à filosofia primeira encontram tão pouco eco, não é porque estas são difíceis, ou porque consistem em construções fantásticas ou quiméricas variáveis de um filósofo a outro, segundo seu temperamento; é, pelo contrário, porque são desprovidas de tudo o que constitui, aos olhos da maioria das pessoas, de "sensacional", "interessante", "original", é porque seu objeto é o que há de mais humilde, banal, comum. Sobre essa solidão, e sobre seus motivos profundos, Maine de Biran não se enganou: "é para o pequeno número de homens que se dedicam, entre nós, ao cultivo do sentido interior, que construí, como soube fazê-lo, este fraco monumento destinado a marcar minha passagem em um país deserto, inculto, que os viajantes têm tão pouca curiosidade em visitar. Ele reproduzirá aos que vierem depois de mim que pensamentos ocupavam, em tal época, um amigo da ciência do homem, o que ele meditava, o que ele gostaria de ter feito pelo progresso".⁷

É esse "fraco monumento" – um dos maiores já edificados pelo espírito humano em sua história, buscando seu material nesse "país deserto", o lugar originário onde se realiza toda constituição e no qual deve se mover a filosofia primeira – que gostaríamos de tentar decifrar, a fim de recolher seu ensinamento, e de nos servir dele como um fio condutor para nossa análise ontológica do corpo.

---

⁷ *E*, p. 103.

1. Os pressupostos filosóficos da análise biraniana do corpo

Não foi por acaso que Maine de Biran fez essa "descoberta" do corpo subjetivo. Esta se inscreve, nele, em um contexto que a torna necessária, e que não é senão uma ontologia fenomenológica. Maine de Biran tomou como tema de pesquisa o problema do ego, problema que, rapidamente, ele percebe só poder perceber por meio de uma análise ontológica do conceito de subjetividade; essa análise, por sua vez, em seus resultados, o *obriga* a colocar sobre bases inteiramente novas o problema do corpo, e este, corretamente interpretado e situado, conduz ao problema do ego, com o qual ele se identifica. O ensinamento de Maine de Biran se resume nestas palavras: *um corpo que é subjetivo e que é o ego*. Ao definir o homem como corpo, Maine de Biran resvala no materialismo, mas esta é uma aparência cujo verdadeiro sentido, pelo contrário, é de minar o materialismo em seu próprio fundamento.

Antes de expor as teses de Biran sobre o corpo, convém reconstituir o projeto geral da ontologia no qual essas tomam lugar. A fim de cumprir essa primeira parte de nossa tarefa, estudaremos, sucessivamente:

1) Os pressupostos fenomenológicos da ontologia biraniana.

2) A dedução transcendental das categorias.

3) A teoria do ego e o problema da alma.

§ 1. Os pressupostos fenomenológicos da ontologia biraniana

A dificuldade que há em compreender a originalidade das teses de Biran e sua importância, com frequência decisiva, se deve à própria terminologia de que ele se serve em suas diferentes obras. Essa terminologia não é nova, de modo que é se servindo de um vocabulário tradicional e aparentemente claro que Maine de Biran formula suas proposições ontológicas fundamentais, cuja novidade radical e conteúdo intrínseco correm o risco de passar despercebidos, e de se prestar a contrassensos que impedem para sempre sua compreensão. Para evitar tal dificuldade, tanto mais perigosa que ela só é aparente, não há outro meio senão revolucionar a linguagem e não recuar diante da tarefa, com frequência ingrata e que se presta facilmente a ironia, de impor-lhe os piores tratamentos, mesmo que a expressão pesada pareça ser o único benefício dessa operação. Os maiores não recuaram diante desse peso e dessa revolução, mas o modesto prefeito de Bergerac não se considerou autorizado a semelhante licença: o resultado foi que, paradoxalmente, e a despeito da simplicidade bem francesa do estilo no qual ele se expressa, seu pensamento conheceu o destino de permanecer mais tempo incompreendido do que o de um Kant ou de um Heidegger. Para tentar encontrar a clareza do pensamento de Biran em sua fonte, não temos sacrificar a clareza de seu estilo, e fizemos a tentativa de expressar as principais teses filosóficas do biranismo no interior de nossa própria terminologia. Só poderiam nos acusar de adotar um procedimento pouco desenvolto em relação à obra de Maine de Biran e da forma que ele considerou apropriada para expressá-la, se desconhecessem nossa verdadeira intenção: recolher, da maneira mais humilde, mais fiel, o ensinamento de um grande, grande filósofo.

Para Maine de Biran, há dois tipos de conhecimento e, *por consequência, dois tipos de ser*. Na primeira forma de conhecimento, o ser nos é dado pela mediação de uma distância fenomenológica, trata-se do ser transcendente. Maine de Biran denomina esse conhecimento de "conhecimento exterior". Na segunda forma de conhecimento, o ser nos é dado imediatamente, na ausência de toda distância, e esse ser não é mais qualquer um, é o eu, cujo *ser* é determinado unicamente de acordo com a maneira pela qual ele nos é dado. *Maine de Biran denomina essa segunda forma de conhecimento de "reflexão"* e o sistema de ideias que se apoia nele "sistema reflexivo". *O termo reflexão, na pena de Maine de Biran, significa exatamente o contrário do que habitualmente entendemos por reflexão*, já que esta designa, para nós, a operação por meio da qual o que nos era dado imediatamente se afasta de nós e, pela mediação da distância fenomenológica, cai sob a jurisdição do horizonte transcendental do ser. Sem essa simples observação, introduz-se uma confusão essencial na compreensão do pensamento biraniano, e é devido à semelhante confusão que os neokantianos, e muitos outros filósofos, puderam acreditar-se biranianos. Essa confusão, é preciso dizer, é favorecida por Maine de Biran, que às vezes atribui ao termo reflexão seu sentido clássico, e, outras vezes, um terceiro sentido[1] – mas que o sentido originário seja o que acabamos de definir, é o que mostra todo o contexto de sua filosofia.

As passagens nas quais se trata explicitamente da reflexão associam a esta última o qualificativo de "simples", que basta para afastar a significação imediata da reflexão clássica. Biran fala das "ideias simples e perfeitamente claras da reflexão".[2] A reflexão é identificada com a fonte originária de toda evidência que é o *cogito tal como Biran o compreende*, isto é, não como ato reflexivo e intelectual, mas como ação, esforço, movimento. Eis uma série de textos nos quais a identificação da reflexão com o esforço entendido como movimento consciente espontâneo se mostra claramente: "No ponto de vista da *reflexão*, e se não saio do *fato de consciência* (...)".[3] Há "duas espécies de ciência, essencialmente diversas, que se tentou em vão assimilar, a saber: as que se ligam aos objetos da imaginação ou da representação externa, e as que se concentram no sujeito da *reflexão ou da apercepção interna*".[4]

---

[1] Cf. infra, cap. VI, p. 235 e ss.
[2] *E*, p. 604.
[3] *E*, p. 126, grifo nosso.
[4] Ibidem, p. 146, grifo nosso.

"A ideia da individualidade do eu e de tudo o que lhe pertence só pode ser extraída de sua *reflexão íntima ou do sentimento do esforço*".[5] Textos decisivos impedem compreender a "reflexão" biraniana como conhecimento mediato, introduzindo uma distância entre ela e seu objeto, como objetivação, como surgimento de um ser transcendente: referindo-se a um centro orgânico do qual, segundo o ponto de vista fisiológico, emanaria a ação humana, Biran diz que em semelhante centro "o *eu* se encontra, na verdade, *objetivado* sob uma imagem individual, em vez de concebido sob a ideia *reflexiva* e irrepresentável que lhe é própria".[6] "Não há pensamentos, quereres íntimos, que não podem de modo algum ser lidos a partir de fora, nem representar-se por qualquer tipo de imagem? Para concebê-los, não seria preciso *estarmos identificados com a força ativa e cientemente produtiva* de semelhantes atos, com o eu mesmo, que se sente ou se percebe nessas operações, mas não se *vê* como *objeto*, não se imagina como fenômeno?".[7] E mais: "todos os modos ou operações, os quais só podemos adquirir mediante nossa reflexão íntima, são absolutamente irrepresentáveis".[8]

"Reflexão" designa esse conhecimento que está incluído em toda intencionalidade, e que não é o conhecimento do que é visado por essa intencionalidade. O termo pode ser compreendido, portanto, pois ele significa não a transcendência, mas o que não caminha no sentido desse mundo, mas que volta para si e se mantém junto de si em sua distância em relação a todas as coisas. O que Maine de Biran expressa pela palavra "reflexão" é a *profundidade mesma da subjetividade*, sua vida "íntima", por oposição ao ser transcendente em geral, que não tem dimensão interior, e que Biran designa com frequência pelo termo "imagem", que faz pensar na imagem espinosista, muda e como que pintada em um quadro. "*Reflexão*" se opõe, assim, em Maine de Biran, ao movi-

---

[5] *Mémoire sur la Décomposition de la Pensée*, Œuvres de Maine de Biran, ed. PierreTisserand, op. cit., III, p. 217, grifo nosso. O texto da *Mémoire* ocupa os tomos III e IV da edição Tisserand. Esse texto será designado doravante pela letra *D*, seguida de um número indicando o tomo.

[6] Ibidem, 3, p. 156.

[7] Ibidem, 3, p. 71, grifo nosso, exceto "vê" e "objeto".

[8] *D*, 3, p. 72, nota.

mento da transcendência e, por conseguinte, não poderia designar um caso particular desta, a saber, a reflexão no sentido clássico. O termo mesmo de reflexão foi tomado de empréstimo por Biran a Locke, mas é preciso observar que é em desespero de causa, na falta de algo melhor, e com a única preocupação de se contrapor à escola de Condillac e a sua terminologia sensualista:

> *consciência* significa *ciência com* (...) ciência de *si com a* (...) de alguma coisa. Existe um conhecimento interior (...), certa faculdade íntima de nosso ser pensante, que sabe (...) que semelhantes modificações ocorreram, que determinados atos se executam, e sem esse conhecimento reflexivo não haveria *ideologia* nem *metafísica: é preciso, portanto, um nome para esse conhecimento interior*, pois o de *sensação* não exprime tudo.[9]

A essa nova terminologia que expressaria a intuição central de seu pensamento, Maine de Biran intitulou de seus votos, e acreditou que só ela seria capaz de exibir o fundamento real da ciência da realidade humana, da "evidência metafísica": "*se tivéssemos uma língua expressa apropriada para a reflexão*, não há dúvida de que haveria uma evidência metafísica, assim como uma evidência matemática".[10]

É com essa "língua expressa" que prosseguiremos a análise do problema central da filosofia biraniana e de toda filosofia, problema assim formulado pelo *Ensaio*: "Existe uma apercepção imediata interna?".[11] O alcance dessa questão provém do fato de que ela põe diretamente em xeque o que chamamos "monismo ontológico",[12] isto é, uma filosofia que postula que nada nos pode ser dado a não ser no interior e pela mediação do horizonte transcendental do ser em geral. Para Maine de Biran, não há "ser em geral", sua filosofia é um verdadeiro dualismo ontológico: "julguei que importava assinalar a existência de duas ordens de fatos, e reconhecer a necessidade de dois tipos de observação que

---

[9] Ibidem, 3, p. 69, nota. "É preciso, portanto, um nome para esse conhecimento interior", grifo nosso.

[10] *D*, 4, p. 178-79.

[11] *E*, III.

[12] Cf. *L'Essence de la Manifestation*, op. cit., seção I.

se apropriam deles".[13] Ele refletiu sobre a *ontologia da natureza* tal como a encontra em Bacon. Essa ontologia é ao mesmo tempo uma fenomenologia e uma metodologia, os fenômenos da natureza devendo estar submetidos ao jugo de determinado método. No entanto, não há "outros fenômenos"[14] e, portanto, não se impõe a eles um novo método? O problema consiste em saber "se o método de observar, classificar, analisar pode ser absolutamente o mesmo em seu fim, direção e meios, quando se passa da ciência das ideias que representam objetos do lado de fora a modificações e atos que mantêm o *eu* em seus próprios *limites*?".[15]

É colocar o problema da psicologia em suas relações com a filosofia da natureza, problema que constitui o tema do *Ensaio* de Biran:[16] "Ao considerar a psicologia como a ciência dos fatos interiores, não parece que essa ciência possa se basear em método diferente do que aquele que tem sido empregado, desde Bacon, em todas as ciências naturais".[17] Maine de Biran mostra, pelo contrário, que esses "outros fenômenos" que são os "fatos interiores" devem ser estudados segundo um método inteiramente diferente, pois nos são dados de maneira inteiramente diferente. Como nos são dados: ainda que Maine de Biran diga e repita que há dois tipos de observações, deve-se compreender que o segundo tipo *não é uma observação, que não é observação interior*, paralela à observação exterior, atingindo esta os fatos da natureza, aquela, os fatos psíquicos. Essa observação interior corresponderia à nossa "introspecção", à "intuição", à reflexão clássica – tantos outros modos de conhecimento que, para fundar sua psicologia, Biran rejeita absolutamente. A vida da consciência não poderia, a seus olhos, nos ser dada numa experiência interna transcendente; resta, portanto, que nos seja dada numa experiência interna transcendental.[18] É o que afirma de maneira

---

[13] *D*, 3, p. 85.

[14] *E*, p. 167.

[15] *D*, 3, p. 56.

[16] Recordemos que o título completo do livro é: *Ensaio sobre os Fundamentos da Psicologia e sobre suas Relações com o Estudo da Natureza*.

[17] *E*, p. 50.

[18] Por experiência interna transcendental, entendemos, neste livro, a revelação originária do vivido a si mesmo, de tal modo que ela se realiza numa esfera de

incondicional este texto decisivo: "Se a primeira forma da *observação* interior foi cultivada com felicidade pelos psicólogos, discípulos de Locke, a segunda, bem mais difícil, da *experiência* interior, foi realmente praticada?".[19]

O que fez Biran aqui, por conseguinte, é a substituição da psicologia clássica e empírica por uma fenomenologia transcendental, e está claro que a edificação de semelhante fenomenologia vem acompanhada da constituição de uma ontologia da subjetividade. É porque existe algo como uma experiência interna transcendental que é requerida uma ontologia da subjetividade e que a elaboração de uma fenomenologia transcendental ou, como diz Maine de Biran, de uma "ideologia subjetiva" é possível. É porque todas as intencionalidades em geral e, por via de consequência, as intencionalidades essenciais da consciência se conhecem originariamente na imanência de seu ser mesmo e em sua realização imediata, que somos capazes de nomeá-las e adquirir uma ideia a seu respeito:

> Quanto às faculdades (...) elas não têm qualquer espécie de espelho próprio que as reflita exteriormente; como o olho, elas se aplicam a todos os objetos a seu alcance, sem ver a si próprias e sem conhecer a si mesmas.[20] Desse modo, a imaginação, que cria ou reproduz uma ideia sensível, não imagina a si mesma; a memória não pode perceber a si mesma no presente; o raciocínio, juiz das relações mais distantes, não julga a si mesmo ou não raciocina sobre si mesmo. Como, portanto, cada uma dessas faculdades, não podendo nem representar a si próprias, nem aplicar-se a si mesmas, como objeto de conhecimento, podem ser conhecidas,

---

imanência radical, isto é, ainda conforme ao processo ontológico fundamental da autoafecção. Fornecemos uma análise detalhada da estrutura eidética desse modo original de revelação em nosso livro sobre *A Essência da Manifestação*.

[19] *E*, p. 52.

[20] A tese que parece ser aqui afirmada por Maine de Biran é a mesma à qual atribuímos o nome de monismo ontológico. Na verdade, é preciso compreender que essas faculdades se conhecem sem se ver, por meio de outro tipo de conhecimento. É o que afirmará Biran algumas linhas adiante. Biran dirá, em outro lugar, sobre o olho e o corpo em geral, exatamente o que ele afirma aqui sobre as faculdades. "Bastará" essa assimilação no interior de um mesmo estatuto ontológico – que é o da experiência interna transcendental – para que seja feita a prodigiosa descoberta do corpo subjetivo.

e por que meio pudemos adquirir as ideias que correspondem a estes termos: *imaginar, lembrar-se, julgar, raciocinar, querer?*[21]

Só pode ser por meio do "exercício de um sentido especial", que poderíamos chamar, mesclando a terminologia de Biran e a nossa, de sentido interno transcendental: "O exercício desse sentido é, para o que se passa em nós, o que a visão exterior é para os objetos; mas, *diferentemente desta*, a visão interior traz consigo sua chama e ilumina a si mesma pela luz que ela transmite".[22] Essa notável determinação da natureza da intencionalidade traz consigo uma *concepção da verdade originária como subjetividade*: "O fato primitivo traz consigo, portanto, seu *criterium*, sem tomá-lo de empréstimo de fora".[23] Assim, a experiência interna transcendental, meio no qual se cumpre a verdade originária, é também a fonte de todas as nossas ideias das faculdades. Logo, serve de fundamento para a fenomenologia transcendental, como o afirma ainda Maine de Biran:

> Não se pode negar que haja algumas ideias positivas, ligadas aos termos que expressam as operações reais de *perceber, querer, comparar, refletir* (...) [é preciso, portanto,] examinar se não poderíamos relacionar sua origem a algum *sentido interior* particular, por meio do qual o indivíduo *estaria em relação consigo mesmo no exercício de suas operações* (...)? Então, conceberíamos o fundamento natural de uma ciência de nossas *faculdades*, de uma ideologia propriamente *subjetiva*.[24]

No projeto dessa "ideologia propriamente subjetiva" também se inclui a ideia de um retorno a uma esfera de certeza absoluta, esfera sobre a qual essa ideologia deve fundar-se. Semelhante certeza se deve à estrutura mesma da experiência à qual seu conteúdo é dado na transparência absoluta que resulta da ausência de qualquer distância, na imanência. "Nosso

---

[21] *E*, p. 67.
[22] *E*, grifo nosso.
[23] Ibidem, p. 68.
[24] *D*, 3, p. 103, "estaria em relação consigo mesmo no exercício de suas operações", grifo nosso.

sentido último", diz Biran, "é a maneira de conhecer mais perfeita, sendo a única imediata".[25] É preciso "constatá-lo [o fato primitivo] usando o sentido que é especial e exclusivamente apropriado para isso".[26] A bem da verdade, "fato" e "sentido" são o mesmo, esses dois termos se referem, o primeiro ao aspecto ontológico, o segundo ao aspecto fenomenológico de uma só e mesma essência, cuja exibição supõe a edificação de uma ontologia da subjetividade. Maine de Biran é o único filósofo de seu século a ter se ressentido dolorosamente da ausência de semelhante ontologia, e a ter compreendido a necessidade de constituí-la. Ele o diz muito simplesmente: "Talvez os filósofos (...) exagerem a impotência de todos os nossos meios de conhecer os fatos primitivos".[27] Precisamos adquirir "a justa medida desses meios de conhecer".[28] Será dissipado, então, o pessimismo que marca a teoria do conhecimento no século XIX, e que faz que essa teoria só possa ser uma teoria do mundo, que o conhecimento que ela circunscreve não passe jamais de um conhecimento do objeto. A carência ontológica da qual resulta semelhante pessimismo atinge o coração dos sistemas mais válidos, em particular o sistema kantiano, cuja lacuna essencial Maine de Biram circunscreve com uma só frase: "Kant não determinou absolutamente os fatos primitivos, que ele confunde com as primeiras modificações passivas da sensibilidade".[29] Pelo contrário, desenvolver, em sua justa medida, esses meios de conhecer que são os nossos é entrever a existência de um conhecimento absoluto e da esfera de certeza absoluta que esse conhecimento delimita, é compreender a necessidade de edificar uma ciência absoluta (da qual a ciência das faculdades é um elemento), uma ciência fenomenológica da realidade humana, ciência que será provida de um caráter de certeza apodítica – é evidenciar a possibilidade, para falar como Maine de Biran, de "*elementar* a ciência do espírito humano".[30]

---

[25] *E*, p. 20, nota.
[26] *E*, p. 115.
[27] Ibidem, p. 30.
[28] Ibidem, p. 45.
[29] Ibidem, p. 64, grifo nosso.
[30] Ibidem, p. 116.

A exposição dessa esfera de certeza absoluta, que é também uma esfera de existência absoluta, supõe que haja uma divisão entre o que é da ordem dessa certeza e o que, pelo contrário, não pode se valer dela, pelo menos de maneira direta. Edificar uma ciência provida de certeza absoluta é operar essa divisão, reduzir o vasto campo do conhecimento humano ao do conhecimento originário e absoluto, conhecimento que se dá de maneira fenomenológica a nós, numa evidência apodítica, em outros termos, efetuar a redução fenomenológica. A "descoberta" da existência de uma "segunda espécie de observação" não é feita por Maine de Biran no decurso de um inventário exterior de nossas capacidades de conhecer. O momento dessa descoberta se confunde, antes, com a própria redução fenomenológica, com a qual se identifica. Toda a obra de Maine de Biran não é senão uma vasta redução fenomenológica, como se pode ver, mais particularmente, na teoria das faculdades que expusemos acima, nas teorias da categoria, da alma e, enfim, do corpo, que estudaremos sucessivamente. A ideia de semelhante redução ainda pode ser lida no movimento constante pelo qual o pensamento biraniano se opõe a tudo o que é construção, teoria, hipótese, probabilidade, e denuncia de antemão todos os erros que seriam evitados "se tivéssemos estabelecido uma linha de demarcação mais rígida entre o domínio da verdade hipotética e o da verdade absoluta".[31] Eis porque os resultados adquiridos pelos métodos científicos não podem pretender alcançar essa verdade absoluta, não tanto devido ao fato de que, em seu domínio, eles seriam provisórios ou imperfeitos, como porque eles não pertencem a um domínio no qual é possível algo como uma verdade absoluta. "Os resultados hipotéticos ou condicionais obtidos por essa via, não tendo meio de verificação interior, não poderiam fornecer a solução de nenhum problema dessa ordem;[32] quaisquer que possam ser, eles não substituiriam, por assim dizer, as questões postas em um ponto de vista refletido."[33] Jamais se disse com tanta força que a esfera da ciência absoluta da realidade humana não tem relação

---

[31] *D*, 4, p. 233.
[32] Trata-se da ordem das verdades absolutas, verdades que só aparecem no "ponto de vista refletido".
[33] *D*, 4, p. 200.

com a da ciência e, por conseguinte, que é totalmente independente dela. "Uma filosofia verdadeiramente primeira" deve se ater ao dado fenomenológico no qual ser e parecer se identificam, e é essa identificação que se vê realizada por princípio na esfera da subjetividade.[34] Não podendo se ater a semelhante dado, corre-se o risco, numa perspectiva filosófica, de confundi-lo com diversas construções transcendentes, de misturar todos os planos, de colocar, em consequência, uma série de falsos problemas, e de se ver acuado pelas piores inconsequências, "como se eu negasse a percepção real das cores, baseado em que, ignorando o fluido luminoso em si mesmo, ou os impactos que ele transmite à retina, fosse impossível para mim perceber seus efeitos".[35] A força, essa entidade tão "metafísica" e tão suspeita, só se introduz na filosofia de Maine de Biran quando ela sofreu o tratamento da redução, quando "sua noção é *reduzida* a seu último grau de simplicidade, *a tudo o que pode ser para nós*".[36] É este o sentido da tese biraniana da "imaterialidade das forças" e da ideia tão importante e que já marca a inflexão do pensamento de Maine de Biran para o misticismo e uma filosofia da imanência absoluta, da negação de toda noção possível de "força externa absoluta".[37]

Poderíamos prosseguir com os exemplos ao infinito, pois esse movimento de pensamento da redução está na origem de todas as análises de Maine de Biran. É preciso tomar cuidado, também aqui, com a terminologia, pois Maine de Biran chama "relativo" o que sempre chamamos "absoluto", e "absoluto", pelo contrário, tudo o que incide precisamente sob a redução, e que é apenas "possível", "substancial", "ontológico", "abstrato". Ao se referir à ideia de força e de atividade, o *Ensaio* diz que é quando ela é "concebida como relativa, antes de ser como absoluta", que ela pode fornecer "o princípio da psicologia ou da ciência de nós mesmos".[38] Assim, será o retorno operado

---

[34] E também, embora de outra maneira, na primeira camada, fenomenológica, do ser transcendente.

[35] *D*, 3, p. 237, nota.

[36] *E*, p. 575, grifo nosso.

[37] Idem.

[38] *E*, p. 223; no entanto, quando se trata da evidência, Biran emprega a mesma terminologia que nós e fala, por exemplo, de evidência absoluta, cf. *E*, p. 537.

pela redução a uma esfera originária de certeza que permitirá à ciência se elevar sobre uma base verdadeira, que não será uma noção, mas a própria existência: "é aí [na efetividade do ego, quando o eu é uma força "efetiva" e não mais "virtual"] e só aí que reside, para mim, a origem da *ciência identificada com a existência*, não *ontológica* ou *abstrata*, mas *real* ou *sentida*".[39] E esse fundamento fenomenológico da ciência das faculdades e de toda ciência absoluta será, por outro lado, "o verdadeiro objeto da metafísica",[40] que deixa de se constituir por um corpo de construções transcendentes, para se identificar, pelo contrário, como ciência certa, com a própria psicologia:

> Não poderíamos contestar a uma *metafísica, assim circunscrita em um campo inteiramente psicológico*, a realidade e a certeza, ou a evidência mesma de seu objeto. Seria sim uma ciência positiva, a dos fatos do sentido íntimo ligados entre si, e a um primeiro fato evidente por si mesmo, que lhe serviria de base (...). As objeções (...) que atacam a realidade de uma metafísica inteiramente abstrata não poderiam atingir esta última, já que as questões que ela suscitaria não sairiam jamais do recinto dos fatos interiores.[41]

Para Biran, *a verdadeira metafísica é uma psicologia*. Seu pensamento, contudo, não incorre no psicologismo,[42] uma vez que a psicologia que ela promove é na realidade uma fenomenologia transcendental, ciência absoluta, provida de um caráter de certeza apodítica. Quanto à ontologia elaborada por toda metafísica, no caso, de uma metafísica "circunscrita a um campo inteiramente psicológico", isto é, fenomenológico, ela não é senão uma ontologia fenomenológica.

Compreende-se então o que um filósofo como Maine de Biran podia entender por uma pesquisa sobre os "fundamentos da psicologia". A psicologia como ciência requer um fundamento.

---

[39] *D*, 3, p. 221, grifo nosso, exceto por "ontológica", "abstrata", "real" e "sentida".

[40] Título do primeiro Apêndice do *Ensaio sobre os Fundamentos da Psicologia*.

[41] *E*, p. 618-19, grifo nosso.

[42] Como é o caso de muitas filosofias do século XIX, em particular daquelas que reivindicam Kant e que, no que concerne aos problemas relativos à psicologia, sucumbem ao psicologismo tanto quanto as filosofias empiristas às quais acreditam se opor.

Este é fornecido pela esfera de existência que é aquela em que se fazem as experiências internas transcendentais, esfera de certeza absoluta à qual a redução nos conduziu. Porém, a psicologia, em seu conteúdo, é constituída por certo número de enunciados e proposições, ou seja, por uma série de juízos cujo corpo forma, precisamente, uma ciência. A tese de Biran consiste, então, em afirmar que os juízos da psicologia são *juízos fundados* ou, como ele disse, "juízos intuitivos", expressão que indica bem que o juízo repousa sobre algo de anterior a ele e mais primitivo. Esse algo anterior que se basta perfeitamente a si mesmo e não exige de modo algum, para se completar, a intervenção de um juízo que o exprima,[43] que é, portanto, absolutamente concreto, é a "intuição imediata" ou "apercepção interna", isto é, a experiência interna transcendental. De onde se vê que a questão concernente ao fundamento da psicologia era aquela que se colocava o *Ensaio*: "Há uma apercepção interna imediata?".

A natureza do juízo intuitivo no pensamento biraniano se entende claramente a partir do seguinte texto, que diz respeito ao *cogito*, em torno do qual se edificará toda a psicologia:

> Antes que esta proposição, *eu penso, eu existo*, possa ser expressa por estes signos separados: *eu, penso, existo*, a existência do *eu* é dada por apercepção interna ou intuição imediata. O ato intelectual, que une pensamento e existência como atributos inseparáveis da essência do sujeito *eu*, é um juízo intuitivo: este se apoia sobre os signos; a intuição é independente deles.[44]

As intermináveis discussões sobre o *cogito* concernem apenas, a bem da verdade, ao juízo intuitivo, à forma predicativa que supera, na relação entre sujeito e predicado, a cissiparidade que ela mesma dispôs. Porém, a intuição, ou seja, a experiência interna transcendental, ignora semelhante cissiparidade, é independente do juízo predicativo e da vida predicativa em geral, escapa por princípio a toda discussão, a todo raciocínio, a toda crítica. Os juízos intuitivos, no entanto, comportam uma certeza,

---

[43] Assim, em relação à vida, a psicologia é algo contingente; ela é, aliás, como ciência, um ser essencialmente histórico.

[44] *E*, p. 525.

que é como o reflexo da certeza absoluta do "fato primitivo" sobre o qual se baseiam. O conjunto desses juízos intuitivos, dos quais o *cogito*, como "axioma psicológico", é o primeiro, constitui a psicologia racional, cujo conteúdo se confunde com o do *Ensaio* de Biran. Esses juízos não se ligam entre si pelos fios de uma dedução propriamente dita, mas cada um é de certo modo diretamente fundado, de modo que sua verdade, se não é mais a verdade originária, escapa todavia às vicissitudes da memória: "Os juízos intuitivos, cuja série eu poderia prolongar (...) são expressões diferentes do mesmo fato de consciência".[45] "O primeiro juízo intuitivo de existência pessoal", o *cogito*, não é, porém, apenas um "juízo reflexivo",[46] esse juízo reflexivo não é privilégio do psicólogo, é um juízo natural que, na linguagem natural, expressa espontaneamente a vida natural, "um juízo tão antigo quanto nossa existência".[47]

§ 2. A dedução transcendental das categorias

Denominamos "categorias" as ideias de força, causa, substância, unidade, identidade, pessoa, liberdade, que Maine de Biran designa pelos termos "noções primeiras", "ideias abstratas reflexivas", "princípios", "ideias originárias" e também, ao que parece, "faculdades". A ideologia subjetiva, com efeito, que é a ciência das faculdades, compreende tanto o estudo das categorias quanto a de noções como a imaginação, a recordação, o julgamento, o raciocínio, etc.[48] A confusão que se corre o risco de se estabelecer no que concerne à extensão exata do termo "faculdade" não tem importância; melhor dizendo, ela seria significativa, pois, em Maine de Biran, a teoria das categorias é estritamente paralela à teoria das faculdades em sentido restrito, ela se reduz, como esta última, à exposição da esfera na qual todas as ideias – faculdades

---

[45] *E*, p. 566.
[46] Termo sinônimo, para Biran, de "juízo intuitivo".
[47] *E*, p. 627.
[48] Ao comentar a filosofia de Leibniz, Biran menciona explicitamente "faculdades do entendimento", "formas ou categorias", cf. *D*, 3, p. 120.

ou categorias – têm sua fonte, esfera que é a da subjetividade absoluta. Deduzir as categorias significa, com efeito, para Maine de Biran, mostrar que elas têm um modo de existência anterior àquele pelo qual elas nos aparecem sob a forma de ideias propriamente ditas, e é nesse modo de existência mais originário que elas encontram seu fundamento. Compreender a teoria das categorias, por conseguinte, é estar de posse de uma filosofia que nos forneça um estatuto para esse modo de existência que é primeiro, originariamente, o da categoria.

Esse modo de existência é a subjetividade como esfera de imanência absoluta. Apenas a ideia de imanência transcendental nos permite compreender o que deve ser a categoria para Maine de Biran, não "uma atividade suposta e não sentida",[49] mas, ao contrário, algo como uma experiência interna transcendental. O problema das categorias sendo assim imediatamente solidário àquele do estatuto da subjetividade, é porque o biranismo é primeiro uma ontologia da subjetividade que ele pôde proporcionar uma solução ao problema das categorias, solução que constitui notável complemento à teoria kantiana. É porque o sujeito "não pode exercer nenhuma de suas faculdades próprias sem conhecê-la, assim como não pode conhecê-la sem exercê-la",[50] que se torna verdadeiro afirmar que o "sujeito conhece as categorias", proposição que, na filosofia kantiana, fica fora de contexto. Seria preciso conferir à palavra "transcendental" uma significação radicalmente imanente, para que o conjunto das condições *a priori* de possibilidade da experiência não flutue numa região indeterminada e na transcendência de um céu quase platônico. O que torna possível a experiência não poderia ser simplesmente posto como necessário para a satisfação da inteligência filosófica, não poderia ser uma "atividade suposta". Afirmar que semelhante atividade é "sentida" significa afirmar que ela existe fenomenologicamente como um dado irrecusável, uma experiência, ou, segundo os termos de Maine de Biran, que a "psicologia *especulativa* (...) é ao mesmo tempo *prática*".[51] E é porque ela

---

[49] *D*, 3, p. 58, grifo nosso.
[50] *E*, p. 85, grifo nosso.
[51] Ibidem, p. 85.

é verdadeiramente transcendental, isto é, apoiada numa esfera de imanência absoluta, que a dedução biraniana das categorias não é realmente uma dedução, mas, antes, como veremos, uma simples leitura das características fenomenológicas do ego. Por esse motivo, igualmente, a dedução de cada categoria é independente e se refere diretamente ao ego, da mesma maneira que cada juízo intuitivo da psicologia racional se baseia imediatamente na intuição correspondente.

Desse modo, propusemos uma primeira explicação da *"relação entre a apercepção interna e as ideias originárias"*, proposição que forma o título de uma seção do *Ensaio* e mostra bem a originalidade de Biran, que é de *ter ligado o problema das categorias, não ao do espírito ou da razão, mas ao da subjetividade*. "Desde que se parte do absoluto", diz o *Ensaio*, "não há mais base; está-se fora da experiência".[52] Que a dedução biraniana das categorias deva receber essa significação de ser uma redução à esfera da imanência é o que mostram ainda: a) a crítica dirigida por Biran contra as diferentes filosofias em relação às quais define seu próprio pensamento; b) sua exposição da dedução das principais categorias.

a) A crítica biraniana se dirige tanto contra o empirismo quanto contra o racionalismo. Exporemos de maneira esquemática o argumento dessa dupla crítica. O problema é de definir o ser das categorias, isto é, sua natureza e a região à qual pertencem. O empirismo só conhece uma região ontológica, a do ser transcendente e sensível. Em tal região, só há fatos no sentido de fenômenos naturais. Não há, portanto, região própria às categorias, estas são "as ideias de classes ou gêneros puramente artificiais, enquanto tais não passam de conjuntos de modos abstratos das sensações e dependem da natureza dessas sensações comparadas".[53] Por abstratas que possam ser semelhantes ideias, ainda resta compreender que poder opera precisamente sua abstração a partir do dado sensível, e o recurso ao sentimento de um Hume, por exemplo, não passa de um apelo disfarçado à subjetividade,[54] da

---

[52] *E*, p. 219.
[53] *E*, p. 458-59.
[54] Sabe-se que, segundo Husserl, essa exigência de uma volta radical à subjetividade é o sentido oculto da filosofia de Hume.

qual o empirismo é incapaz de fornecer uma teoria, uma vez que consiste em um monismo ontológico e só pretende conhecer um tipo de experiência e um tipo de evidência. "Os ideologistas",[55] diz Biran, "só admitindo um tipo de experiência que se relaciona como um todo à sensação representativa, negam absolutamente a realidade de tudo o que não é *físico*".[56] "Toma-se o tipo exclusivo de toda clareza ou evidência nas imagens exteriores", diz Biran em outra passagem.[57] *Não é porque o empirismo não pode explicar nossa experiência do mundo, nem das ideias implicadas por ela, é porque só conhece essa forma de experiência que Maine de Biran o recusa e, ao mesmo tempo, recusa o racionalismo.*

Há dois tipos de ideias, diz Biran: de um lado, as ideias abstratas, gerais, formadas pela comparação de determinadas qualidades ou modificações sensíveis, que são abstrações lógicas, necessariamente coletivas e, de outro, as ideias abstratas reflexivas, que não se empobrecem quando sua extensão aumenta, que são sempre universais e simples, e as quais gozam por si mesmas de valor próprio e real. O problema é precisamente o do estatuto dessas "ideias abstratas reflexivas", que não são senão as categorias. Ora, mostrar-se-á, no fim da crítica biraniana, que o racionalismo não pode conferir a essas categorias nenhum estatuto definido e satisfatório, porque, assim como o empirismo, não está de posse de uma ontologia da subjetividade, e se encontra assim totalmente desarmado quando chega o momento de determinar de maneira rigorosa o modo de ser das "ideias inatas" e do *a priori*. Contra o racionalismo, é preciso dizer que todo conhecimento deriva da experiência, pois a condição de possibilidade da experiência é ela mesma uma experiência. É porque a categoria era precisamente para ele uma experiência, uma experiência específica, que Biran foi capaz de circunscrever uma região ontológica absolutamente original que, por ser a fonte de toda experiência, não era por isso menos fenomenologicamente dada e conhecida.

---

[55] O empirismo refutado por Biran não é só o empirismo inglês, há um empirismo francês, cuja crítica influenciou profundamente a orientação do pensamento biraniano.

[56] *E*, p. 619.

[57] Ibidem, p. 75.

A partir daí, empirismo e racionalismo eram julgados ao mesmo tempo: "por que os metafísicos sustentam que as noções primeiras e diretivas de causa, substância, unidade, identidade, etc. residem na alma *a priori*" e são

> (...) independentes da experiência ou anteriores a ela, enquanto os demais querem que elas sejam deduzidas por generalização ou abstração dos fatos dados pela experiência anterior, isto é, das próprias sensações (...)? É que, desconhecendo o caráter e a natureza dos fatos primitivos com os quais tais noções se identificam em sua fonte real, e, tomando-os nesse grau de generalização ao qual os eleva o uso repetido dos signos da linguagem, eles não podem reconhecer seu primeiro caráter de fatos.[58]

Já uma passagem da *Mémoire* estabelecia uma comparação explícita entre a doutrina "que reduz todas as faculdades do entendimento a formas ou *categorias lógicas*, e aquela que só vê as características abstratas de uma *mesma sensação transformada*".[59] Leibniz e Condillac incorriam na mesma crítica, cujo sentido é a reivindicação de uma ontologia da subjetividade.

Na ausência de semelhante ontologia, a categoria só pode ser um termo abstrato, o que ela é, literalmente, no empirismo, *mas também, sem dúvida, no racionalismo*: condição de possibilidade da experiência encarregada de efetuar sua síntese, a categoria, se não for tomada em uma teoria imanente, torna-se um termo transcendente $= x$, análogo a qualquer outro termo transcendente $= x$. Pode-se mostrar a necessidade que há em se admitir isso, mas só se construiu, dessa forma, uma *hipótese explicativa*; saiu-se da esfera da certeza, que é a da subjetividade, edificam-se teorias do conhecimento, cujo conteúdo só pode incidir sob a redução fenomenológica, ainda não se tomou consciência das condições às quais deve satisfazer uma *fenomenologia* transcendental do conhecimento. O resultado é que, entre o método empirista, que extrai por abstração as categorias da experiência sensível, e o método reflexivo, que se limita a realizar em um espírito $= x$ essas mesmas categorias

---

[58] *E*, p. 32-33.
[59] *D*, 3, p. 120.

que também ele aprendeu a conhecer lendo-as na experiência sensível como o que é exigido para explicar esta última, não há diferença essencial.

Que seja este, sobre esse ponto, o pensamento de Biran, é o que mostrará a comparação entre dois textos da *Mémoire* que tratam, respectivamente, do método empirista e do método ao qual recorre o racionalismo:

> Bacon (...) remonta de uma distinção real entre certos produtos efetivos da inteligência a uma divisão hipotética entre as faculdades ou potências que supostamente os formariam. Assim, a ordem *enciclopédica* não resulta de uma divisão real e *a priori* das *faculdades* da alma (...), mas, pelo contrário, esta última divisão é convencionalmente estabelecida *a posteriori*, e segundo a própria ordem enciclopédica.[60]

Todas as distinções ou especificações metafísicas que poderíamos efetuar nesses pontos de vista[61] só se relacionam, portanto, a um mundo abstrato de *possíveis*, nos quais a ciência se situa antes da existência. Porém, desde que se busca uni-las ao mundo das realidades, elas permanecem sem aplicação; e seus autores, retornados aos primeiros dados da experiência, veem-se constrangidos a empregar estes últimos tais como resultam dos mais antigos hábitos, sem poder remontar além deles. É assim que a metafísica, ao mesmo tempo que pretende se arrogar o direito de julgar *a experiência*, fornecendo-lhe leis, recebe, pelo contrário, as suas, dobra-se a esses costumes e os sanciona, em vez de retificá-los.[62]

O que nos pede Maine de Biran, pelo contrário, é *identificar a ciência com a existência*, é compreender que a existência já é uma ciência, não imperfeita e provisória, mas origem de toda ciência, origem da verdade. A fonte da experiência não se situa por trás dela, mas a experiência é sua própria origem. A censura

---

[60] *D*, 3, p. 32.
[61] Trata-se dos pontos de vista de Kant, Descartes e Leibniz, que acabam de ser estudados, nessa ordem.
[62] *D*, 3, p. 122-23.

que Biran dirige a Descartes, a Leibniz e a Kant é que, neles, "a fonte de toda realidade se vê realizada fora de toda consciência". Eis porque, em Leibniz, a análise das proposições metafísicas é idêntica ao método geométrico da resolução de equações e, no kantismo, uma mediação deve intervir no processo de exposição das categorias que não são conhecidas, mas são postas de maneira indireta.[63] Na ausência de uma ontologia da subjetividade, as categorias só podem flutuar "*nessa região elevada acima de toda experiência*", de modo que, se uma crítica deve finalmente ser dirigida ao racionalismo, é esta:

> A alma tem o poder de efetuar atos refletidos e de ver o que ela é em si mesma; mais do que isso, ela só vê o que está fora por meio de certas formas ou ideias que estão somente nela; *mas não existe apercepção imediata ou efetiva dessas formas ou ideias, e a alma só pode apreendê-las na intuição das coisas*.[64]

Esse texto, que visa explicitamente Leibniz, se reveste a nossos olhos, contudo, de uma significação geral e propriamente infinita, pois mostra com brilho como a reivindicação profunda da filosofia biraniana é a da constituição de uma fenomenologia transcendental do conhecimento, que só pode repousar, por sua vez, sobre uma ontologia da subjetividade. Ao resumir o sentido da crítica que ele acaba de dirigir aos diferentes sistemas da filosofia moderna, Biran se expressa nestes termos: "Tratava-se aqui, somente, de mostrar a origem que tiveram esses sistemas em certas excursões do espírito fora dos limites do fato, que é o único a poder fornecer uma base real à ciência".[65]

O problema que está no centro de toda essa discussão é o do *a priori*. No texto biraniano, o termo *a priori* tem significação pejorativa, é sinônimo de absoluto, que comentamos acima. Ao se referir à metafísica, Biran diz, no primeiro apêndice do *Ensaio*, que "se pode atacar vitoriosamente *a priori* a realidade de seu objeto como ciência da substância da alma, ou de todo princípio

---

[63] Eis porque Kant necessitou de um fio condutor para descobrir a lista das categorias.

[64] *E*, p. 137-38, grifo nosso.

[65] Ibidem, p. 139.

absoluto e *a priori*".⁶⁶ O *a priori* designa aquilo que, em virtude de uma "tendência ao absoluto", é posto e realizado "fora de toda observação possível", "nessa região elevada acima de toda experiência". O que significa então a crítica biraniana do *a priori*? Esta se dirige essencialmente contra a admissão, na origem de nossa experiência, de um termo transcendente = *x*. Sem dúvida, o que está na origem de nossa experiência não poderia ser o conteúdo nem o objeto de nossa experiência, uma vez que esse conteúdo ou esse objeto pressupõe uma condição de possibilidade que é precisamente o *a priori*; porém, de outro lado, se o *a priori* é algo que colocamos (por exemplo, para explicar a possibilidade da experiência), ele se torna, por sua vez, um termo transcendente, e não pode mais, de maneira alguma, prestar os serviços que se esperava dele. A experiência não pode ser concebida sem um *a priori* que a torne possível, mas esse *a priori* só pode *nos* tornar acessível a experiência caso se situe no interior de nós mesmos e se confunda com o ser de nossa intencionalidade. O que está em xeque não é a ideia do *a priori*, é seu estatuto fenomenológico: a crítica biraniana consiste em afirmar que o *a priori* não pode ser um termo transcendente, conhecido ou desconhecido, situado antes ou por trás de nós, mas que pertence, pelo contrário, à esfera da imanência absoluta.

Interpretada no interior de uma ontologia da subjetividade, compreendida, a partir daí, à luz de suas próprias exigências internas, a ideia de *a priori* acaba encontrando acolhida no biranismo, como se vê nesta passagem que, tratando dos juízos sintéticos como juízos intuitivos da psicologia racional, declara textualmente: "Também poderíamos dizer que esses juízos sintéticos são *a priori*, não porque independentes de toda experiência, mas porque emanam diretamente do fato primitivo da existência".⁶⁷ Além disso, relacionado com "o fato primitivo da existência", isto é, situado enfim em seu verdadeiro lugar, o *a priori* é o que nos permite compreender que a existência possa ser uma ciência, e que o ser do ego consiste em um saber originário. Após haver rejeitado o inatismo, após haver declarado que "a

---

⁶⁶ Ibidem, p. 617, "absoluto", grifo nosso.
⁶⁷ *E*, p. 630.

suposição de algo inato é a morte da análise"⁶⁸ – querendo dizer com isso que a admissão, na origem das coisas e como princípio, de um termo transcendente em si mesmo desconhecido não passa do recurso a um *deus ex machina*, qualquer que seja o nome, espírito ou matéria que se queira lhe conferir – Biran submete o inatismo ao tratamento da redução e o reencontra na esfera da imanência, provido de seu verdadeiro sentido, no centro do qual se encontra o que é para ele a realidade última, o ego transcendental fenomenológico. E é então que se apresenta uma questão infinita que, se pudéssemos acolher, nos conduziria a uma região na qual podemos contemplar a essência da ipseidade: "se o *eu* não é inato a si mesmo, o que poderia sê-lo?".⁶⁹

b) A dedução das categorias assume, no biranismo, significação bem particular, sem equivalente em qualquer outra filosofia. Deduzir uma categoria, como vimos, é determinar seu estatuto numa ontologia fenomenológica, revelar a existência que é sua na origem, e não discorrer sobre a necessidade de sua admissão como condição de possibilidade da experiência. A categoria revelar-se-á condição de possibilidade da experiência, mas será em sentido inteiramente diferente, no sentido em que é verdade afirmar que, sem subjetividade, não há para nós nem mundo nem experiência. A categoria é, assim, a própria verdade originária, e essa verdade é a condição de possibilidade de toda experiência, a possibilidade ontológica originária; porém, essa possibilidade ontológica originária não é ela própria nada "possível", é, ao contrário, um fato, é dada, é uma experiência interna transcendental. A possibilidade ontológica é a subjetividade, não precisa, portanto, ser deduzida, mas simplesmente ser lida e conhecida em sua esfera de existência original. A dedução, na verdade, é uma redução, deduzir uma categoria é reduzir seu ser ao que é originariamente e, desta vez, de maneira irredutível.

Antes de ter sido deduzida – ou seja, antes que seu ser tenha sido reduzido – a categoria é uma categoria da coisa, ela aparece no elemento do ser transcendente como uma característica desse ser. Entretanto, ela não pode se manter nessa situação, com um

---

⁶⁸ Ibidem, p. 218.
⁶⁹ *E*, p. 351.

estatuto que não é originariamente o seu. Ela precisará, sim, ser deduzida, isto é, será preciso que entre em jogo uma redução na qual seu ser sofrerá uma transformação e passará da esfera do transcendente para a da imanência e da subjetividade. Tomemos, por exemplo, a causalidade: ela é primeiro causalidade da coisa, uma causalidade na coisa. Porém, como a coisa é uma determinação espacial e sensível, não há lugar, nela, para a causalidade, que é, assim, somente uma força obscura oculta por trás dela. O comportamento da coisa sendo assim movido por um agente desconhecido em um ritmo mágico, pode-se fazer o esforço de reduzir esse comportamento a suas características visíveis e objetivas, mas não se consegue com isso exorcizar de fato essa ideia da causa, que permanece como o remorso da filosofia. A redução fenomenológica feita pelo empirismo e pelo positivismo é verdadeira *em seu plano, que é o do ser transcendente*: ela mostra que, nesse plano, não há lugar para a ideia de causalidade, e que todas as representações que essa ideia pode suscitar só poderiam ser representações fantásticas de forças obscuras e potências mágicas. A ideia de causalidade, para nos expressarmos como Maine de Biran, não é homogênea com nenhuma das ideias sensíveis sob as quais nós nos representamos os fenômenos exteriores. Ora, "*de onde vem esse defeito de origem? (...)* Por que a existência de uma força produtiva ou de uma causa eficiente se apresenta com tanta obstinação a nosso espírito (...), enquanto, por outro lado, essa causa permanece velada ao olhar da imaginação e esconde eternamente sua face e sua maneira de operar?".[70] O problema da origem da ideia de causalidade é um problema ontológico. Se a ideia de causalidade não tem sua fonte na esfera do ser transcendente, é preciso, para dar conta dessa ideia e de sua origem, trazer à luz *outra região do ser*, isto é, dispor de uma ontologia que possa acolher o ser originário da causalidade, por exemplo. A dedução das categorias só é possível no interior de uma ontologia da subjetividade.

Na ausência de semelhante ontologia, a crítica das filosofias que se limitam ao ser transcendente – como se este pudesse bastar a si mesmo, sem que seja suscitado o problema de sua

---

[70] *F*, p. 227, grifo nosso.

possibilidade e de seu fundamento – não poderia receber pleno desenvolvimento. Mostrar-se-á, por exemplo, que o diverso da intuição sensível só pode se unir em uma consciência se estiver submetido à categoria de causalidade; esta aparecerá, então, como uma condição sem a qual não haveria para nós mundo possível. Porém, do fato de que a ideia de causalidade seja indispensável para a constituição de um mundo humano, para a existência de uma experiência humana, não se segue, em absoluto, que o homem esteja de posse de tal ideia. Postular a causalidade como condição *a priori* da experiência não é ainda fornecer a origem dessa ideia. Há um mundo para nós se esse mundo estiver submetido à categoria de causalidade, mas de onde vem que disponhamos, precisamente, de uma categoria como a causalidade, de onde extraímos essa ideia, já que não é do diverso da intuição sensível? Essa ideia provém de outro lugar, ela é *a priori*; mas que "lugar" é esse, por que mistério esse *a priori* está à nossa disposição para que possa existir um mundo para nós? E, para que possamos formar o projeto de mostrar que um mundo só é possível para nós se estiver submetido à categoria de causalidade, não precisaríamos já estar de posse do essencial, ou seja, dessa categoria mesma e de sua ideia?

É, portanto, o problema da origem da ideia de causalidade, e não o de sua implicação reflexiva a título de condição universal da experiência, que deve primeiro orientar o esforço de uma verdadeira dedução das categorias. Enquanto não tivermos satisfeito as exigências internas desse problema, depararemos as piores dificuldades: o mundo da experiência existe de fato, ele é, certamente, um mundo real; mas o que o torna possível não deve ser por isso menos real, sem o que o mundo da experiência deixaria de ser real, para se tornar um puro possível. Condição da experiência e experiência são ambas possíveis, e então não há nada; ou então, ambas são reais e então só existem uma experiência humana e um mundo humano. Porém, não se pode tomar como único ponto de partida a realidade do mundo e postular sua condição de possibilidade no possível. No entanto, mesmo se nos acreditássemos autorizados a agir assim, não teríamos meio algum de determinar essa condição de possibilidade em geral, cujo ser flutuaria em alguma parte fora do real, sem que pudéssemos dizer exatamente onde; *não teríamos meio algum de lhe atribuir um nome e chamá-lo, por exemplo, de causalidade.* Na verdade, é a causalidade que conhece a causalidade, e se não precisamos recorrer a juízos empíricos para formar uma ideia a respeito por abstração, se, por outro lado, a dedução prescinde de todo fio condutor, é porque a causalidade, como todas as outras categorias, pertence a "uma ordem de fatos mais íntimos que constituem o ser pensante e atuante, *em relação de conhecimento imediato consigo mesmo*",[71] é que o problema das categorias só pode encontrar solução numa ontologia da subjetividade. Em um texto que trata explicitamente da causalidade,[72] declara Maine de Biran: "Todo o mistério das noções *a priori* desaparece diante da *chama da experiência interior*, que nos ensina que a ideia de causa tem seu tipo primitivo e único no sentimento do eu, identificado com o do esforço". O ser da subjetividade sendo identificado por Maine de Biran com o do ego, a dedução das categorias desemboca tanto no ego quanto no ser absoluto, de onde as categorias extraem sua origem última.

Se, de resto, o movimento dessa redução não tem por efeito pôr o mundo entre parênteses, nem *subtraí-lo à ação das categorias* – consequência que seria possível objetar ao biranismo, uma vez que, como mostramos, não há lugar no mundo para o ser das categorias – é que o mundo é um *mundo vivido pelo ego* e não dele separado, de modo que não há tampouco um mundo morto, mas há uma vida, esta mesma que lhe confere o ego. A vida do mundo é a do ego e, portanto, o mundo é um mundo no qual se entrecruzam causas, forças, é um mundo com zonas que são centros de interesse, de atração ou reação, um poder, uma potência que não posso nem ignorar, nem desafiar continuamente. O mundo é um mundo que penetra minha causalidade, que o domina até nas recusas que lhe dirige, até na resistência que lhe opõe. As coisas têm suas categorias, suas maneiras de agir, ou seja, de se doar a nós, sua maneira de ser para o ego. É porque o ego é causalidade, força, unidade, identidade, liberdade que as coisas são como realidades, individualidades e têm

---

[71] *E*, p. 621, grifo nosso.
[72] Ibidem, p. 227, grifo nosso.

um poder autônomo que lhes pertence e que as define a nossos olhos. *O mundo é o mesmo porque eu sou o mesmo*. O ser mágico do mundo é finalmente irredutível, pois o mundo é um mundo humano. O mundo da ciência, *um mundo sem causas*, não passa de um mundo abstrato. Não há mundo puramente científico, pois semelhante mundo, no limite, seria o nada. O mundo do positivismo é um mundo superficial, um desfile de imagens que não poderia jamais afetar o homem, nem fazer-lhe o menor mal, é um mundo sem relação com o homem. Se tal mundo subsiste, todavia, em sua realidade exangue e como que extenuada, é que ele ainda oculta em si alguma coisa que não se pode explicar e se refere a poderes do ego. A verdade do peso, o que me permite falar, mesmo no interior de um ponto de vista estritamente científico, é que posso cair e o contato com o solo será como um golpe que me atinge. E como o positivismo, ou uma teoria científica qualquer, poderia explicar para o ego esse contato, isto é, a presença de um mundo? Essa presença se baseia numa relação transcendental, e o mundo que ela nos entrega não é primariamente uma estrutura científica. As relações científicas se baseiam em outras relações, e o mundo primitivo composto por estas é o mundo dos homens. O cosmos é o conjunto dos *elementos*, isto é, do que são originariamente as coisas para nós. O que faz que a água seja água é que não posso retê-la entre os dedos e, se mergulhar nela, afundo e, carecendo de técnica apropriada, me afogo. O meio líquido significa para mim o fim do reino da solidez, a ausência de um chão e de qualquer ponto fixo de apoio. O prazer da contemplação do mar vem acompanhado de uma angústia secreta, todas as coisas trazem no fundo de seu ser a imagem de um destino humano, o mundo é atravessado por uma vida que é a minha: eu sou a vida do mundo.

Ao fornecer uma teoria subjetiva das categorias, ao identificar subjetividade e ego, Maine de Biran proibia toda interpretação das categorias como regras do pensamento reflexivo só intervindo, por exemplo, na constituição da ciência, da linguagem racional ou da lógica. As categorias são poderes do ego, são os modos fundamentais da vida, as determinações primeiras da existência. Quando se fala das ideias de causalidade, unidade, força, etc., é preciso tomar cuidado, pois se pode entender por isso duas coisas bem diferentes: uma ideia de causalidade, em primeiro lugar, na qual a causalidade é o tema do pensamento. Formamos a ideia da causalidade como podemos formar a ideia do mar, do proletariado ou do Estado. Temos essa ideia e nos valemos dela para estabelecer, por exemplo, uma relação causal entre dois fenômenos e, cada vez mais, para constituir uma ciência. Semelhante ideia de causalidade certamente existe, mas longe de podermos confundi-la com a categoria de causalidade, ela só se apoia nesta. Já a categoria não é uma ideia, mas um modo de viver o mundo, uma estrutura da vida natural. A teoria das categorias não é mais, portanto, no biranismo, uma teoria da razão ou do entendimento, ela se tornou uma teoria da existência. Ao mesmo tempo, porém, porque, para ele, a existência é ego, porque o ego é subjetividade, o biranismo evitaria o escolho de muitos pensamentos ulteriores, os quais, sob pretexto de escapar ao intelectualismo, carecendo de uma teoria da existência, isto é, de uma ontologia da subjetividade, só podem recorrer a descrições, a simples sugestões, e soçobram na literatura. Ao mergulhar na existência, a dedução biraniana das categorias recorre não a uma região indeterminada do ser – região que extrairia todo o seu prestígio e poderes de sua própria indeterminação – mas a uma esfera de existência absoluta que é determinada, pois é a esfera da imanência transcendental.

A dedução das categorias se apoia, assim, sobre uma região que se sabe qual é, pois é o lugar originário de todo saber. É a essa esfera de subjetividade, isto é, ao ego, que conduz à dedução de cada categoria. Mostramos, a propósito da causalidade, como, na qualidade de ideia, ela é deduzida a partir de um poder originário que se confunde com o ser de nossa existência: "renegar o sentimento ou o conhecimento interior do poder", diz Maine de Biran, "é renegar sua existência como um todo".[73] A dedução da ideia de força mostra bem em que consiste a dedução biraniana, e como o ser da ideia é tomado de empréstimo a algo mais originário, que é o ser do ego: "A ideia de força só pode ser tomada, originalmente, na consciência do sujeito que se esforça, e mesmo que seja efetivamente abstraída do fato de cons-

---

[73] *E*, p. 232.

ciência, ela conserva a marca de sua origem".[74] É porque traz a marca de uma origem que ele não contém que o mundo, como vimos, tem essa característica mágica que faz dele um mundo humano, mas que lhe permite primeiro existir como mundo, como o mundo do ego.

A dedução das ideias de unidade e identidade tem o mesmo sentido: "Toda ideia de um, do mesmo, [é] essencialmente compreendida no fato primitivo ou eu, do qual é uma forma".[75] A unidade do objeto é uma unidade derivada, a unidade originária é a do ego, cuja reprodução coincide com a apercepção de si como una nessa reprodução – essa apercepção pelo ego da unidade de seu ser fenomenológico se realizando, bem entendido, no plano da imanência absoluta, a ponto de ser constitutiva, não no sentido habitual de uma constituição transcendente, mas em um sentido radicalmente imanente, do ser mesmo do ego, que é assim um ser fenomenológico transcendental: "O eu (...) se reproduz ou se percebe constantemente no esforço sob a mesma forma una". A unidade do mundo só pode fundar-se sobre a unidade do ego: "Retire-se o *eu*, não há mais unidade em parte alguma".[76] Quanto à liberdade, sua ideia também é derivada. O mundo é assim investido pelos poderes do ego, a categoria que reina nele é verdadeiramente deduzida, levada até lá a partir de outra região, que é a da subjetividade. É nesta última região que se situa a categoria originária, da qual dificilmente se pode dizer que ainda seja uma ideia: "Como essa ideia", diz Maine de Biran a propósito da liberdade, "não passa no fundo de um sentimento imediato".[77] O biranismo nos fornece desse modo uma teoria imanente das categorias e, em particular, da liberdade, o que o conduz, neste último caso, a rejeitar o amontoado de discussões infinitas concernentes à ideia da liberdade, mas que não podem colocar em questão o ser do ego nem a esfera de existência infinita e livre que é a sua.[78]

---

[74] *E*, p. 220.
[75] Ibidem, p. 243.
[76] Ibidem, p. 243-44.
[77] Ibidem, p. 251.
[78] "Constituir a liberdade em problema é introduzir o sentimento da existência ou do *eu*, que não difere dela, e toda questão sobre esse fato primitivo se torna frívola,

Apenas uma teoria imanente das categorias pode explicar que estas estejam realmente em nossa posse, que possamos conhecê-las e reconhecê-las originariamente, no plano transcendental e, por conseguinte, que possamos conhecer e reconhecer as coisas. Se a categoria não fosse imanente, em nada nos serviria para conhecer as coisas, uma vez que não as conheceríamos imediatamente. Porque teve uma compreensão absoluta da necessidade da imanência da categoria, porque forneceu dessa imanência uma interpretação radical que o levou a fazer das faculdades do conhecimento e das condições da experiência o ser mesmo do ego concreto, o biranismo não apenas se situa entre as filosofias eternas, como vai mais longe do que elas, até a *interpretação da verdade originária como existência*.

Não é fácil, depois disso, compreender a dedução que Maine de Biran forneceu das categorias de substâncias e de necessidade, uma vez que ela lhes confere um fundamento que não é mais o ser originário do ego subjetivo, mas o ser transcendente; mais do que isso, que é o fundamento de todo ser transcendente em geral. A ideia de substância, de início, parece ser deduzida de um modo concreto de existência do ego, isto é, do esforço, e sua origem é então a mesma que a da ideia de força. Porém, somos advertidos de que a origem da ideia de substância é "mista", que ela também pode se encontrar, não mais no esforço, mas no termo que resiste a este, e parece cada vez mais claramente que não é da unidade do ego, mas desse "substratum", que é o "contínuo resistente", que é finalmente deduzida a ideia de substância. A polêmica dirigida contra o *cogito* cartesiano e contra a denominação de substância dada ao ser deste, a rejeição do substancialismo em geral, o recurso a filosofias ativistas, como as de Fichte, Schelling ou de Tracy, acentuam esse movimento e proíbem a Maine de Biran toda assimilação da substância com o fato primitivo do *cogito*. Substância e *cogito* se opõem como se opõem o ser do mundo e o do ego. A origem da ideia de substância é a alteridade do mundo, ou antes, é o fundamento dessa alteridade, o termo resistente sobre o qual se edifica tudo o que povoará o mundo.

---

pelo fato mesmo de torná-lo uma questão" (*E*, p. 250).

O fato, para a categoria de substância, de admitir como origem o que, na esfera do ser transcendente, é o fundamento de todo ser transcendente, não é, na verdade, uma marca de inferioridade em relação às outras categorias que derivam da esfera transcendental da subjetividade, pois, no biranismo, a existência do contínuo resistente deriva da mesma certeza absoluta que a da subjetividade e, por exemplo, do esforço. O mundo é tão certo quanto minha existência. Há, no biranismo, uma redução fenomenológica, mas esta, como em alguns comentadores de Husserl, não coloca em questão o ser do mundo, ela procura antes circunscrever aquilo que, em tal ser, é originário e deriva de verdadeira certeza. É o termo de esforço, o contínuo resistente que, na filosofia biraniana, desempenha esse papel.[79] Os modos da sensibilidade – cores, sons, odores, etc. – que se apoiam sobre o contínuo resistente para constituir o mundo sensível, são os únicos a sucumbir à redução, ao passo que esse contínuo resistente permanece na esfera da certeza, assim como o ser puro do ego reduzido ao esforço. O fato primitivo, na realidade, é uma "dualidade primitiva", ambos os termos dessa dualidade derivam igualmente de uma certeza irredutível, e é compreensível, à primeira vista, que Maine de Biran tenha pensado em empregar ambos os termos como fundamentos dessas "ideias originárias", e tenha baseado as categorias de substância e de necessidade naquele dos dois termos que são transcendentes e são fundamentos do mundo.

A dedução da categoria de substância tem o mérito de evidenciar uma das riquezas do biranismo, a existência, nele, de uma espécie de "prova ontológica", revelando-nos a presença, no interior do ser transcendente, de um elemento provido de certeza absoluta. O problema da certeza desse elemento, todavia, não tem relação alguma com o da origem da categoria. Este não poderia, em nenhum caso, encontrar seu fundamento no ser transcendente, pois, se assim fosse, ficaríamos privados do meio de intuir o meio no qual ele supostamente aparece e, por conseguinte, permaneceria para sempre desconhecido para nós. Para

---

[79] Sobre o motivo do pertencimento do termo resistente à esfera de certeza transcendentalmente reduzida, cf. infra, cap. II, p. 104.

ler a categoria de substância no elemento do ser transcendente, já é preciso estar de posse dela, nem que fosse para reconhecê-la. Mas dizer que é preciso estar de posse dela é afirmar que o ser da categoria pertence à esfera da imanência transcendental em geral, e uma dedução das categorias só pode receber um sentido filosófico se se apresentar a nós sob a forma de um retorno à semelhante esfera, à única região onde algo como um começo absoluto é possível.

As incertezas reveladas pela dedução biraniana, tão rigorosa até então, quando encontram as categorias de substância e de necessidade, ligam-se a dificuldades mais gerais concernentes a um problema que ultrapassa o da categoria, e não só o biranismo, como quase todas as filosofias, deixaram numa obscuridade ontológica total: o problema da passividade.[80] Antes de voltar ao aspecto particular que assume este último problema no biranismo, prosseguiremos em nosso estudo dos pressupostos filosóficos da análise do corpo, considerando adquirido que a redução à imanência representa o essencial da doutrina do *Ensaio* sobre o problema da categoria. Esse ponto de vista não apenas é justificado pelo fato de que ele é, no que concerne à dedução da quase totalidade das ideias originárias, o de Biran que, de resto, teve o pressentimento da insuficiência de sua dedução da ideia de necessidade, e devido ao fato de que, corretamente interpretada, a dedução da categoria de substância tem o mesmo sentido que a das outras categorias; é necessário nos ater a ela se quisermos compreender a profunda unidade da ontologia biraniana e, em particular, sua teoria do ego, prelúdio de sua teoria do corpo.

§ 3. A teoria do ego e o problema da alma

O biranismo é uma das raras filosofias, talvez a única, que se propõe a nos fornecer uma teoria ontológica do eu. O que está em questão aqui não são as características do ego ou suas propriedades, ou, ainda, as relações que este pode entreter com

---
[80] Estudamos esse problema em *L'Essence de la Manifestation*, op. cit., § 37, 41, 53; sobre o problema da passividade no biranismo, cf. infra, cap. VI.

seu meio biológico ou social, sua época, ou alguma realidade que agrade considerar aos filósofos, psicólogos ou cientistas e, com mais frequência, erigir, de modo sub-reptício, em absoluto. Não se trata de uma descrição psicológica, sociológica, histórica ou mesmo literária, e muito menos de teorias contendo os pressupostos de semelhantes descrições e visando a justificá-las; trata-se de uma análise ontológica que concerne ao *ser* do ego, isto é, o que faz do eu um eu, a essência da ipseidade nele. Semelhante análise resulta na *identificação do ser do ego com o da subjetividade*. O ser da subjetividade foi determinado por Maine de Biran de maneira rigorosa, por seu *parecer*. Esse parecer, por sua vez, foi determinado de maneira não menos rigorosa, a partir de sua oposição radical ao ser das ideias ou das "noções", das imagens ou coisas, a partir de sua oposição radical ao ser exterior em geral, cujo parecer, isto é, justamente o ser, reside em sua exterioridade mesma. Esse foi o resultado da problemática que remontava ao fundamento de uma "dupla observação", ou seja, a exibição de dois modos irredutíveis de manifestação. A determinação do ser do ego pela estrutura interna de um modo de manifestação tem sim uma significação ontológica, a posição que ela ocupa não é a de "alguma coisa", de um "ser" no sentido em que o entende o pensamento comum ou filosófico, de um ente, uma vez que essa "alguma coisa" se constitui, pelo contrário, por seu "como" e, precisamente, pela estrutura interna de seu modo de manifestação.

Assim, a designação do ser do ego como idêntico ao da subjetividade significa que, para Maine de Biran, *o eu não é um ente*. Porque o eu não é um ente, a oposição entre eu e não eu não pode ser definida, tampouco, em termos ônticos. Pois se institui necessariamente uma oposição entre elementos homogêneos. Como o eu, o não eu deve ter, enquanto tal, significação ontológica. *A interpretação tradicional da oposição biraniana entre eu e não eu, como entre o esforço e o real que lhe resiste, não pode ser acolhida*. Pois o esforço ainda é alguma coisa e, de modo similar, também o real ao qual ele se compara. É o *ser* do esforço, seu modo originário de presença a si mesmo que constitui a ipseidade do eu, é o modo de manifestação do contínuo resistente, sua exterioridade, que lhe permite se dar, desde já, anteriormente à sua resistência e independentemente dela, como outro, como aquilo mesmo que é o outro. A oposição entre eu e não eu é uma oposição entre o ser do esforço e o ser do mundo, é uma oposição ontológica.

A teoria da subjetividade se completa, no biranismo, por meio da teoria das faculdades e das categorias, mas para uma filosofia que identifica o ser da subjetividade com o do ego, a teoria subjetiva das faculdades e das categorias, "a ideologia subjetiva", é, ao mesmo tempo, uma teoria do ego. Inversamente, no entanto, o fato de a teoria subjetiva das categorias resultar, como vimos, no ego como ser de onde as categorias extraem sua origem é tanto uma prova quanto uma consequência da teoria do ego subjetivo. *A dedução das categorias se propõe, em razão mesmo do papel central do ego no interior dessa dedução, como uma confirmação decisiva da tese da pertença do ego à esfera da imanência absoluta.* Uma proposição que citamos a respeito da dedução da categoria de unidade pode parecer ambígua: "O eu se reproduz e se percebe constantemente no esforço, sob a mesma forma una". Poderíamos nos perguntar se o ser do eu que se dá a si mesmo na reprodução não se encontra submetido à categoria de unidade enquanto *pensado* por essa categoria, subsumido sob esta, do mesmo modo que qualquer outro ser do mundo. A direção filosófica da dedução biraniana das categorias rejeita absolutamente semelhante interpretação. A categoria se identificando em seu *ser* originário com o ser mesmo do ego não é mais possível para este último ser como um objeto conhecido por meio da categoria, ser constituído por ela de qualquer maneira que seja. A dedução tem essa consequência capital de arrancar o ser à esfera do ser transcendente em geral, que é sempre o produto de uma constituição. O *ego*, ao contrário, *não é constituído*. Ele não pode sê-lo enquanto se confundir em seu ser com a categoria, isto é, com o poder de constituição em geral, enquanto for ele mesmo esse poder.

Ao mesmo tempo, a afirmação de uma transcendência do ego aparece privada de todo fundamento e, porque destrói a característica que constitui a essência da ipseidade, como uma teoria frívola. O que constitui a essência da ipseidade, da egoidade, como diz Maine de Biran, é a interioridade da presença imediata a si mesmo. Diz o *Ensaio*: "É preciso que o *eu* tenha começado a existir por si mesmo".[81] Se o ego é transcendente, resulta que ele não existe por si mesmo, mas só por algo diferente dele, poder = x, meio transcendental, sujeito puramente lógico, nada, ou qualquer outro nome que se queira lhe atribuir. A interioridade, no entanto, não é uma condição *sine qua non* para que o conceito de ego possa ter algum sentido: se o ser do ego não pertencesse à esfera da imanência absoluta, nada me permitira designar como algo meu, em vez de como de outro, esse ego que pertence agora à esfera do ser transcendente e, inversamente, não se vê o que impediria outro ego de se inserir na esfera de imanência absoluta do qual este ego, que é o meu, acaba de ser expulso, de modo que poderíamos aplicar tanto ao ego transcendente quanto ao ego imanente esta frase que Maine de Biran reservava evidentemente para este último: "Eu poderia desconfiar (...) se, quando sinto ou percebo minha existência individual, não é outro ser que está no meu lugar".[82]

Resulta da imanência absoluta do ego que este se identifica em seu ser com a vida, em vez de ser um termo abstrato e genérico, um rótulo sob o qual seria possível acomodar certo número de fenômenos que a psicologia relaciona tradicionalmente ao eu, por oposição aos que ela relaciona ao mundo exterior: "o *eu* que existe ou se percebe interiormente como *uno, simples, idêntico* não é abstraído das sensações como o que há de comum ou de geral nelas".[83] O pertencimento do ego à esfera da imanência absoluta tem como outra consequência, aos olhos de Maine de Biran, que o conhecimento de si deve assumir as características que são as dessa esfera, características que a determinam como esfera de certeza absoluta. Do ego ao ego, não há lugar, em semelhante filosofia, nem para a má-fé, nem para a mentira, nem para o logro, pois, precisamente, não há de ego para ego distância alguma, nenhuma constituição possível: "As únicas modificações ou operações que podem ser atribuídas ao *eu* são aquelas que ele

---

[81] *E*, p. 186.
[82] Ibidem, p. 258.
[83] *E*, p. 272.

se atribui efetivamente no fato de consciência".[84] Uma vez que o ego é subjetividade, ele busca o saber que ele tem de si numa fonte cuja transparência é perfeita, ele se instrui na "grande escola da consciência, que não engana".[85]

O ego não é transcendente, ele é, diz Biran nos mesmos termos que empregará Husserl para caracterizar o ego transcendental, "o mais próximo de nós, ou melhor (...), ele é nós mesmos".[86] Há, é verdade, um ego transcendente, e uma passagem do *Ensaio* relativa à ideia de força nos fornece indicações sobre o que poderia ser o modo de constituição de semelhante ego. Pode-se ler aí que à noção de força, que foi separada da consciência de nossa força própria, mescla-se sempre, por abstrata que possa ser essa noção, "um sentimento confuso dessa força própria, constitutiva do eu, que o espírito procura isolar, mas que se mescla a ele à nossa revelia".[87]

Essa ideia de força, a qual mostramos que confere ao mundo humano sua característica mágica, diz respeito mais particularmente, no interior de semelhante mundo, a esse ego que é agora um existente. Ela é, de fato, constitutiva de seu ser, pois o ego transcendente, em meio ao mundo real ou imaginário, não passa de um objeto mais mágico do que os outros, uma força oculta, que seria mais ameaçadora para mim do que as forças da natureza caso eu não tivesse esse ego transcendente à minha disposição, pois jamais esqueço efetivamente que ele é constituído e sou eu, ego originário transcendental, que lhe confiro esses poderes e esses desígnios os quais apenas pretendo que me comovam.[88] Porém, o ego originário transcendental não é mais constituído, e que ele escapa à jurisdição das categorias é o que está implicado nessa crítica tão interessante que a *Mémoire sur la Décomposition* [Memorial sobre a Decomposição] dirige, a propósito

---

[84] Ibidem, p. 152.
[85] Ibidem, p. 97.
[86] Ibidem, p. 180.
[87] Ibidem, p. 222.
[88] O ego transcendente de que se trata nesta análise é evidentemente o meu; não se trata aqui do ego de outrem.

da teoria das faculdades, contra Locke e Descartes, acusados de ter posto essas faculdades "*como formas permanentes sob as quais o sujeito que sente e pensa percebe em seguida sua própria existência, ou se representam as existências externas*", de tê-las assim "realizado (...) separando-as do eu",[89] o qual, subsequentemente, só podia ser representado por intermédio delas, constituído, transcendente".[90]

O pertencimento das categorias à esfera de imanência absoluta da subjetividade, que é também a esfera do ego, nos conduz à compreensão da relação fundamental entre ego e conhecimento ontológico. A experiência supõe uma condição de possibilidade que é o próprio conhecimento ontológico, a análise das categorias é a exposição da estrutura desse conhecimento ontológico. A filosofia começa com a colocação em questão de semelhante conhecimento, sem o qual nada haveria para nós. Entretanto, a filosofia só merece ser chamada filosofia primeira quando leva o mais longe que pode essa problemática concernente ao conhecimento ontológico, e quando assume deliberadamente a tarefa de determinar, de maneira rigorosa, o *ser* mesmo do conhecimento ontológico. A resposta biraniana a esse problema fundamental da filosofia é: *o ego é o ser do conhecimento ontológico*. Em um texto que talvez seja um dos mais importantes que nos foi legado pela tradição filosófica, Maine de Biran diz, em primeiro lugar: "*O sentimento do eu é o fato primitivo do conhecimento*". Ao comentar essa afirmação, demasiado densa, ele se expressa assim: "O homem só percebe ou conhece, propriamente falando, à medida que tem consciência de sua individualidade pessoal, ou de que sua própria existência é um fato por si mesmo, enfim, que ele é um eu".[91]

---

[89] *D*, 3, p. 117, grifo nosso.

[90] Essa imanência é novamente afirmada em um texto importante que resume a análise biraniana sobre as relações entre o ego e as categorias: "se basta olhar dentro de nós mesmos para termos a ideia do ser, da substância, da causa, do uno, do mesmo, cada uma dessas ideias tem sua origem imediata no sentimento do eu (...). Ao mostrar que *todas as ideias reflexivas, e supostamente inatas, são apenas o fato primitivo da consciência*, analisado e expresso em seus diversos aspectos, teremos mostrado também que essas ideias têm uma origem, já que o eu ou a personalidade individual tem uma" (*E*, p. 219, grifo nosso).

[91] *E*, p. 114-15, grifo nosso.

Aqui se torna inevitável a interpretação que propusemos da concepção biraniana da ipseidade, interpretação a qual se poderia pensar que ultrapassa um pouco a letra e o espírito da obra de Maine de Biran. O eu, com efeito, só pode ser compreendido como a condição de todo conhecimento uma vez que não é "alguma coisa", nem, como dissemos, um ente, mas, precisamente, a condição e o elemento mesmo do conhecimento, o elemento ontológico da manifestação pura. Ainda conviria compreender esta última na estrutura mais original, uma vez que não se recobre com a manifestação da exterioridade, mas a exclui de si mesma, ao mesmo tempo que a funda. É porque o ego se dá a si mesmo numa experiência interna transcendental, ou melhor, é porque ele é o fato mesmo de se dar assim, porque sua estrutura é a estrutura dessa experiência, sua substância e fenomenalidade própria – o que chamamos, em outro lugar, acontecimento ontológico fundamental da autoafecção – que ele realiza nele a condição primeira da experiência do mundo e a efetividade de nosso acesso às coisas. É por esse motivo que, logo após ter postulado a identidade do ego com a do conhecimento ontológico,[92] se vê Maine de Biran determinar esse ser pela maneira que ele se dá em nós e, mais do que isso, preocupar-se em definir o modo *sui generis* pelo qual se realiza essa autodoação original a si mesmo, que é o fenômeno mesmo do ego e da subjetividade. Esse ser, diz, "não é um fenômeno, nem um objeto que se representa (...), é um fato interior *sui generis*, bastante evidente para todo ser refletido, mas *que precisa ser percebido com ajuda de seu senso próprio e especial*". O ser do ego se confunde, desse modo, com a própria verdade originária que é, se quiserem, o autoconhecimento do conhecimento ontológico, isto é, o fundamento deste, seu ser

---

[92] Essa identidade ainda é afirmada em um texto no qual Biran, expondo o projeto geral de sua ontologia, declara que ele procura demonstrar "que há um fato ou um mundo real (*sui generis*) único em seu gênero, inteiramente fundado no sujeito da sensação, *que é constituído como tal por esse modo mesmo*; que este pode subsistir e ter por si mesmo a característica de fato de consciência, sem estar efetiva e indivisivelmente unido a qualquer afecção passiva da sensibilidade ou a qualquer representação exterior; que nele se encontra, com *o sentimento da personalidade individual, a origem especial de todas as ideias primeiras* de causa, força, unidade, identidade, substância, as quais nosso espírito usa de maneira tão constante e necessária" (*E*, p. 176). Vê-se aqui, sem ambiguidade, que o conhecimento ontológico é um ser real, e esse ser é o do ego.

verdadeiro e subjetivo. Por consequência, "não se trata aqui de provar esse fato, que serve de fundamento a todas as provas, a todas as verdades de fato".[93]

É apenas quando é formulada no interior de uma problemática da subjetividade que a identificação do ser do ego com o do conhecimento ontológico assume significação filosófica. Fora desse contexto, a determinação do ego como ser do conhecimento ontológico só tem agora valor formal e se torna análoga à tese kantiana segundo a qual o "eu penso" deve poder acompanhar todas as nossas representações. Esta última tese não constitui nem uma verdadeira teoria do ego, nem, por esse motivo, porque deixa escapar a essência original da presença como presença a si, uma interpretação suficiente da natureza do conhecimento ontológico. O ego, nessa perspectiva, é apenas um sujeito lógico, puramente formal, ao qual nada conviria melhor do que a designação de ser. É por efeito de um estranho paradoxo que o aprofundamento do conhecimento ontológico que é relacionado, senão identificado com o ego, não nos revela, porém, nada sobre o ser deste. O que falta ao kantismo – a presença de uma ontologia da subjetividade – é, ao contrário, o que constitui o argumento do pensamento biraniano e, a partir daí, no interior dessa ontologia da subjetividade, a tese segundo a qual o ego é o ser do conhecimento ontológico não faz dele mais uma simples forma, ela funda a possibilidade desse conhecimento, ao mesmo tempo que o determina como ser da vida e da existência concreta e pessoal. A constituição do mundo não se deve a uma atividade impessoal, destacada do indivíduo, reduzido então a um estatuto empírico, ela se confunde com a apreensão do mundo, é nossa maneira de viver, e é só no interior dessa vida que nós a conhecemos. O conhecimento ontológico é um conhecimento individual, o ser de cada indivíduo é a luz do mundo e, mais profundamente, como verdade originária, é a luz dessa luz.

A imanência absoluta do ego, condição de sua determinação ontológica, pode ser estabelecida novamente a partir da análise que Maine de Biran consagrou ao problema da alma.

---

[93] *E*, p. 115-16, grifo nosso, exceto em *sui generis*.

Essa análise nos mostrará, com efeito, que se o ser originário do ego não pode ser um ser transcendente, não deve tampouco ser assimilado a um termo transcendente = x – o, que é outra maneira de afirmar sua imanência. A problemática da alma se anuncia a nós na discussão do *cogito* cartesiano. O *cogito*, como experiência interna transcendental na qual a existência do ego é imediatamente dada a si mesma, é reconhecido por Maine de Biran como fundamento da filosofia, e o cartesianismo que expôs esse fundamento é sua "*doutrina-mãe*".[94] O *cogito* afirma a unidade fenomenológica do ser do ego e da subjetividade, que Maine de Biran denomina, com Descartes, de pensamento ou apercepção, esta devendo ser compreendida, naturalmente, como apercepção interna transcendental. "A proposição simples *eu penso*, idêntica a esta: *eu existo por mim mesmo*, enuncia o fato primitivo, a ligação fenomênica entre o *eu* e o pensamento ou a apercepção, de modo que o sujeito só começa e continua a existir por si mesmo à medida que começa e continua a perceber ou sentir sua existência, isto é, a pensar."[95]

A discussão só pode incidir sobre a formulação do fato primitivo e a aparência dedutiva que corre o risco de receber, e que só é precisamente uma aparência.

É quando a alma intervém no cartesianismo para designar o ser do eu identificado com o pensamento que se inicia a crítica. É preciso compreender a originalidade desta, e tomar cuidado para não confundi-la com as críticas habitualmente dirigidas ao *cogito* cartesiano, especialmente pela filosofia clássica francesa. Esse risco de confusão é tanto maior que Maine de Biran parece censurar, e efetivamente censura, a Descartes seu substancialismo, o que, se deve convir, é a crítica mais clássica e banal. Essa acusação de substancialismo, no entanto, foi dirigida contra Descartes por filósofos que se inspiram em Kant e, particularmente, pelos neokantianos franceses, e seria surpreendente, depois de tudo o que dissemos sobre o problema da subjetividade e sua história, o isolamento de Biran a esse respeito, que as críticas do *Ensaio* sejam similares às críticas clássicas: se nossas

---

[94] *E*, p.131.
[95] Ibidem, p. 124.

análises forem exatas, estas deveriam ser não só diferentes, como opostas. A verdade do *cogito* não se altera porque este afirma que o ego, cuja existência é identificada com a do pensamento, é um ser real. Ao contrário, é *o realismo ontológico do cogito cartesiano* que constitui, aos olhos de Maine de Biran, sua verdade e sua profundidade. Enquanto a filosofia clássica censura ao cartesianismo a passagem do *cogito* como puro fenômeno do pensamento à afirmação do ser desse pensamento, como ser do eu, Biran, seguindo nisso o autêntico ensinamento de Descartes, postula: 1) que o pensamento puro, porque tem um modo de revelação original que não é o modo de manifestação das coisas, também tem um ser original que, mesmo sendo diferente do ser transcendente, não deixa por isso de ser real; 2) que esse ser, que é assim fenomenologicamente determinado, é o ser mesmo do ego. Onde está a crítica, então?

Há no movimento filosófico do *cogito* uma passagem ilegítima, passagem de uma concepção verdadeira a uma concepção falsa; porém, essa passagem não é mais, aos olhos de Biran, do pensamento puro – de resto, totalmente indeterminado na filosofia clássica, que só pode se limitar a repetir que o espírito não é a coisa, que ele está ausente, ou no máximo, quando procura superar essa determinação puramente negativa, que só pode postulá-lo como nada – a uma determinação ontológica real, ela se efetiva agora a partir do ser do ego originária e corretamente interpretado como o da subjetividade e da experiência interna transcendental, para atingir a posição do ego *como elemento do ser transcendente*. É isto, com efeito, tudo o que Biran censura à alma de Descartes: sua determinação como ser transcendente = x, e não mais como subjetividade absoluta, como ser do ego afirmado em sua imanência radical. Se Descartes errou em chamar o ego alma e substância, não foi porque, ao assim proceder, ele fazia desse ego um ser, foi porque esse ser não é mais, segundo Biran, aquele que o cartesianismo, em sua infinita profundidade, reconhecera primitivamente: um ser fenomenologicamente determinado por um parecer cuja absoluta originalidade devia levar necessariamente uma ontologia fenomenológica a circunscrever um ser de absoluta originalidade, a saber, o ser do ego.

A crítica biraniana intervém no momento em que o *cogito* acredita poder postular "a existência real e *absoluta* da alma ou da coisa pensante". Ora, já indicamos que, em Maine de Biran, o termo absoluto não se aplica à esfera da imanência que chamamos absoluto, mas designa, ao contrário, o que não pertence mais a essa esfera, o que está fora dela e se situa no interior do ser transcendente. O silogismo[96] que Biran imputa a Descartes é: "Eu penso, eu existo por mim mesmo (...). Ora, tudo o que pensa ou sabe que existe, existe *absolutamente* como substância ou coisa pensante, *fora do pensamento*. Logo, eu existo substancialmente".[97] Ressaltamos o essencial: "absolutamente", "fora do pensamento". A crítica do *cogito* cartesiano, portanto, tem o mesmo sentido que todas as análises biranianas que encontramos até aqui: o princípio é sempre o mesmo, é a exigência de um retorno a uma esfera de imanência absoluta, como meio de existência de um ser absoluto, é a exigência de fazer uma redução fenomenológica cujo trabalho de destruição é o único capaz de expor a estrutura fundamental que é ao mesmo tempo a existência concreta, o conhecimento ontológico e, enfim, o que torna possível a filosofia, o elemento da ciência do espírito humano. "Descartes, ao atravessar bruscamente todo o intervalo que separa o fato da existência pessoal ou do sentimento do eu da noção *absoluta* de uma coisa pensante, abre a porta para todas as dúvidas *sobre a natureza objetiva dessa coisa, que não é o eu*."[98]

Maine de Biran não censura a Descartes ter considerado o eu um ser, ter determinado o ego como alma, ele o censura, ao contrário, por ter determinado como algo "que não é o eu", alguma coisa que é "absoluta", transcendente, que não é mais certa, que escapa ao domínio e à competência de uma fenomenologia transcendental, que não é senão um termo = *x*, objeto de crença, postulado de uma teoria. A alma não poderia ser outra

---

[96] Reiteramos que Biran não censura a Descartes, de modo algum, ter efetuado um silogismo; o modo de expressão do *cogito* não é determinante, pede-se a ele, apenas, que nos faça conceber o que é o *cogito* em si mesmo, a única coisa que importa, e não constitui nem um raciocínio, nem uma proposição, nem qualquer coisa semelhante a isso.

[97] *E*, p. 124-25, grifo nosso.

[98] *E*, p. 127, grifo nosso.

coisa que ego, mas o ego tem um ser, que é precisamente a alma. Ou, então, a alma designa um ser que não é determinado no interior da esfera da imanência absoluta e da subjetividade, mas se situa, pelo contrário, fora dessa esfera, e se descobre transcendente em relação a ela, e então, em virtude mesmo dos pressupostos fenomenológicos da ontologia biraniana, só pode ser considerado hipótese, na verdade, nefasta, é "a alma (não ainda eu) na hipótese metafísica",[99] ou então a alma só designa o ser mesmo do ego como ser subjetivo, e não só tem direito de cidadania na filosofia biraniana, como constitui o fundamento desta, sua admissão consiste na afirmação do ser real do ego, que não é mais apenas um sujeito lógico e formal, que é a vida mesma em sua existência concreta e absoluta. Essa distinção nos livra "do erro contínuo que nasce de um sinal comum atribuído a dois objetos de atribuição, a saber: a *alma* que é *eu*, e ainda a *alma* que *não é eu*".[100]

Todo o esforço da crítica biraniana visa a *fundar o ser do ego* e essa obra de fundação se faz conforme ao progresso de uma reflexão que busca descobrir essencialmente em que região ontológica é possível determinar, de maneira rigorosa e certa, o ser desse ego. Parece, então, ao olhar dessa reflexão, que o ser do ego é precisamente o de uma região determinada e, na verdade, da única região na qual é possível uma determinação absolutamente certa. É, portanto, a posse de uma ontologia da subjetividade que permite ao biranismo resolver o problema do ser do ego, como mostram claramente as principais articulações da crítica do *cogito* cartesiano: "Nós nos atemos ao conhecimento do sentimento ou à *percepção imediata interna do sujeito pensante?*", então a determinação do ser é não só possível, como "perfeita". "Aspira-se a um conhecimento exterior ou objetivo da coisa pensante fora do pensamento? Esse modo de conhecimento, *ao qual se busca em vão tudo reduzir, e certamente não é o conhecimento primitivo*, está fora de toda aplicação ao próprio sujeito pensante",[101] isto é, o ego.

---

[99] *D*, 3, p. 218.
[100] *D*, 3, p. 189.
[101] *E*, p. 128-9, grifo nosso.

Ao denunciar o monismo ontológico como horizonte absolutamente impróprio à elaboração da questão concernente ao ser do ego, a problemática biraniana não se alça apenas a uma posição a partir da qual as teses filosóficas do pensamento moderno relativas à alma, ao ser do ego, ao conhecimento de si, devem ser repostas em questão e examinadas sobre bases inteiramente novas. Ela também se manifesta a nós em sua oposição absoluta à crítica kantiana do paralogismo da psicologia racional, crítica que reforça sua pesada herança sobre as concepções contemporâneas às quais acreditamos ter de nos opor. O que constitui a especificidade da crítica biraniana da alma é a presença de uma ontologia da subjetividade, a riqueza e a profusão de um pensamento que não são outra coisa senão uma fenomenologia – o princípio, se assim podemos dizer, da crítica kantiana, no caso que nos ocupa, é de uma indigência tão completa que não só é preciso afirmar que a experiência interior, no kantismo, se encontra submetida ao mesmo estatuto que a experiência do mundo, mas que, precisamente por esse motivo, é bem mais imperfeita que esta última, da qual não passa de uma pálida imitação, imitação, na verdade, e como admite Kant mesmo, impossível, sem que o genial pensador alemão tenha julgado necessário se interrogar sobre esse estranho paradoxo segundo o qual a alma seria menos fácil de conhecer do que o corpo, sem que os pressupostos filosóficos cuja consequência deveria ser a ruína da psicologia e de toda ciência positiva da realidade humana em geral tenham sido jamais postos em questão por ele.[102]

Enquanto a *Dialética transcendental* ilumina as dificuldades que presidem à constituição da alma como substância, depois da experiência interna, Maine de Biran afirma que a alma não é de maneira nenhuma constituída, pois a experiência interna na qual o ser do ego é dado a si mesmo é radicalmente imanente. Será este último ponto que a crítica biraniana, não mais do *cogito*

---

[102] Se insistimos sobre a oposição entre as doutrinas de Biran e de Kant a respeito da alma, não é só porque a crítica comum dirigida contra "a alma", "a substância", "a coisa pensante" pode fornecer matéria para uma grave confusão, é porque esta corre o risco de ser favorecida pelo fato de que, em sua crítica ao *cogito* cartesiano, Biran recorre explicitamente a Kant, em termos que poderia fazer pensar numa identidade entre seus pontos de vista (cf. *E*, p. 129, nota).

cartesiano, mas do conceito de alma em geral, e em particular da concepção stahliana[103] da alma, irá confirmar. Se a alma, isto é, o ser do ego, não é determinada no interior de uma esfera de imanência absoluta, ela se tornou um ego transcendente, ou então, e é o caso que nos ocupa agora, um termo transcendente = x. Este é então situado na fonte das determinações conscientes do eu, é sua origem oculta. Por que essa alma situada atrás de nós como uma força absoluta da qual deriva nossa vida consciente não seria igualmente a causa dos efeitos orgânicos que observamos em nosso próprio corpo? É essa a tese de Stahl, da qual Biran fornece esta exposição crítica tão notável:

> Considerada causa dos movimentos ou força produtiva *desconhecida*, distinguida, por conseguinte, do *eu*, que só existe uma vez que percebe e só percebe uma vez que age, a alma humana poderia ser ordenada na classe de todas as outras *forças* das quais não existe *ciência* propriamente dita, fora dos efeitos sensíveis só por meio dos quais elas podem se manifestar. É desse modo que os filósofos foram com frequência conduzidos a formar uma ideia objetiva do princípio pensante e motor (...). Stahl, *tendo apontada a substância da alma fora do eu*, pôde ser conduzido a relacionar a *essa causa comum* (x) as funções que só podem ser imaginadas ou representadas em órgãos materiais, e os atos ou operações concebidos unicamente na reflexão do sujeito que se atribui a estes.[104]

A identidade entre uma causa = x atribuída às determinações conscientes do eu e as modificações orgânicas implica, quando afirmada, uma dupla hipótese, pois supõe: 1) que essas determinações conscientes e os fenômenos fisiológicos têm uma causa desconhecida, mas real; 2) que essa causa é a mesma. Sobre este último ponto, é preciso reconhecer que :

> Essa redução à unidade sistemática de força produtiva dos fenômenos orgânicos e intelectuais assim aproximados não estava

---

[103] Referência ao médico e químico alemão George Ernst Stahl (1659-1734), criador da teoria do flogisto. Também considerava a presença de uma *anima* (alma) nos seres vivos (N. T.).

[104] *D*, 3, p. 60, grifo nosso, exceto por "desconhecida", "eu", "forças", "ciência".

absolutamente conforme ao verdadeiro método das ciências de fatos, segundo o qual não se poderia ser levado a supor ou afirmar a identidade de *causa* a não ser por analogia ou semelhança completa entre os efeitos fornecidos pela observação.[105]

Quanto à primeira hipótese, infinitamente mais grave, ela consiste em afirmar, quando se aplica às determinações conscientes, que o pensamento tem um fundamento transcendente e alguma coisa = x a determina. É aqui que a crítica biraniana faz em profundidade seu trabalho de destruição: a alma que é posta como fundamento transcendente de nossos pensamentos, não estando circunscrita à esfera da subjetividade, e não constituindo tampouco um elemento do mundo visível, torna-se inevitavelmente o que chamamos termo transcendente = x. Este, totalmente indeterminado em si mesmo, só pode receber uma determinação de maneira indireta, a partir dos fenômenos que está encarregado de explicar, e dos quais, em princípio, constitui o fundamento. Porém, semelhante determinação é variável e, para dizê-lo de uma vez, absolutamente gratuita, uma vez que se pode designar esse termo transcendente = x como fundamento de tudo o que o filósofo quiser explicar por meio dele: "pode-se atribuir tudo o que se quiser à semelhante causa".

A indeterminação do papel desse pretenso fundamento é tanto uma indeterminação de sua essência quanto do nome que lhe conferem. A crítica biraniana assume aqui um ar dialético, pois o mundo transcendente e noturno contra o qual ele irá desenvolver sua ironia é o mundo privilegiado da dialética, o mundo das determinações falsas e gratuitas que podem ser negadas assim que forem afirmadas, e ao mesmo tempo conservadas: como são absolutamente vazias, sua presença ou ausência não modifica nada, só se trata de nomes diferentes dados ao mesmo nada. Esse termo transcendente = x, que é posto nas doutrinas da alienação ontológica como fundamento transcendente de nossas determinações conscientes, pode de fato receber qualquer nome, segundo o humor do filósofo: a alma de Stahl, o Deus das causas ocasionais, o Deus de Descartes, o

---

[105] *D*, 3, p. 61.

inconsciente, o jogo de órgãos, ídolos que devem necessariamente se dissolver em sua própria vacuidade, e essa dissolução se expressa na passagem incessante que nos conduz de uma a outra. A dialética, que não passa de uma vasta tautologia, triunfa aqui, pois as oposições absolutas – entre Deus, o inconsciente ou o centro cerebral, por exemplo – se revelam despojadas de seriedade, uma vez que os diferentes termos recobrem, na verdade, a mesma realidade, ou antes, a mesma irrealidade, a mesma fantasia e a mesma ilusão. "É a diferença entre o sinal atribuído ao desconhecido que faz toda a distinção",[106] diz Maine de Biran que, em outro texto, estabelece sucessivamente;

1) A identidade entre as posições de Malebranche e Stahl. "Apesar da distância aparente que separa o sistema das *causas ocasionais* daquele que atribui à alma pensante, como causa eficaz, as funções vitais ou orgânicas, parece-me vê-las repousar sobre bases semelhantes e partir de uma mesma fonte". Essa base comum sobre a qual repousa a identidade entre as duas doutrinas é o estatuto ontológico devolvido à alma como princípio das ações, princípio que faz dela não mais uma fonte imanente de certeza absoluta, mas um termo desconhecido:

> Após haver apagado a chama que me ilumina sobre o princípio interior de meus próprios atos, irei, perseguindo sua sombra nas *trevas exteriores*, buscar uma causa fantástica, comum, de tudo o que se opera em *mim* ou em meus órgãos, *sem mim*, assim como *por mim*. A partir daí, não tendo mais nenhum fundamento em uma *ciência* propriamente dita de minhas *faculdades* ativas intelectuais, a metafísica deverá se identificar, a meus olhos, com a *teologia*, se for um Malebranche, com a fisiologia, se for um Stahl.

2) A identidade entre essas duas posições com a de Descartes:

> Descartes, buscando em vão conceber como a alma poderia colocar em jogo e dirigir com tanta precisão espíritos animais e nervos dos quais ela não tem qualquer conhecimento *objetivo* (...), recorre a uma força eficaz suprema, cuja ideia ou modelo

---

[106] *D*, 3, p. 216.

ele só pode ter encontrado na experiência ou no sentimento de sua própria força.[107]

3) Uma psicanálise exaustiva da ideia de inconsciente, ideia que, se fosse fundada, significaria para a realidade humana uma alienação ontológica comparável àquela que implica a concepção da alma como termo transcendente = x. O novo ídolo dos tempos modernos não passa de outro nome para uma velha entidade metafísica, e é essa identidade de essência e de significação que denuncia o gênio profético de Biran, quando, explicando a gênese da teoria de Stahl, afirma que este último, não sabendo como conciliar os fenômenos finalistas que caracterizam a consciência com as leis da matéria bruta e viva, transportou para esta "o princípio ativo e inteligente (...), *supondo que não é essencial a esse princípio se conhecer a fim de existir e agir*".[108]

4) Uma crítica do termo transcendente = x, visado não mais como alma ou como inconsciente, mas como o "fisiológico":

> Outros (...) [atribuem] ao *jogo dos órgãos* todo esse conjunto de atos, funções e resultados, sejam orgânicos ou estranhos ao *eu*, sejam intelectuais ou acompanhados de consciência (...). Não será mais a alma de Stahl, portanto, mas (...) as partes vivas unidas em sistemas, e correspondendo a um centro comum, das quais se diz *sentir* (e com frequência, à revelia da palavra) as impressões recebidas, executar ou mesmo *determinar* e *querer* os movimentos que os acompanham.[109]

O comentário deste último texto nos conduzirá ao centro da problemática biraniana concernente ao corpo, o que terá lugar adiante, mas devemos notar aqui a modificação de valor sofrida pelo princípio transcendente de nossos pensamentos, tornando-se um sistema de processos fisiológicos. Como a noite, em sua inquietude, aspira de maneira invencível a se submeter à lei do dia, do mesmo modo o termo transcendente, que supostamente

---

[107] *D*, 3, p. 63 e nota; p. 64, nota. A última proposição citada contém o indício de uma teoria da gênese dessa ideia da alma como termo = x, gênese que confirma aquela que conferimos ao ego transcendente (cf. supra).

[108] Ibidem, 3, p. 64, nota, grifo nosso.

[109] *D*, 3, p. 65.

dá conta de nossa vida consciente, não se situa mais apenas atrás de nós, ele também aparece à nossa frente, de modo que não é mais simplesmente um termo transcendente = x, esse x parece se determinar – toda a crítica biraniana do corpo consistirá, é verdade, em mostrar que essa determinação é ilusória – pois ele agora encontrou lugar no mundo objetivo. O "fisiológico" não é assim, quando se pretende fazer dele o princípio de nossos pensamentos, senão uma realização grosseira do transcendente noturno, sua encarnação imediata e ingênua em um universo visível. Maine de Biran denuncia esse novo subterfúgio: "O metafísico que fala da alma abstrata do sentimento do eu" corre o risco de ser "conduzido a objetivar essa coisa em um ponto do cérebro", ele se transforma em "fisiologista".[110]

Por que, então, o metafísico deve incorrer em semelhante destino, por que a "metafísica" é irmã do realismo materialista mais grosseiro? Porque a alma, como termo transcendente = x, não passa de uma sombra. Semelhante às almas dos mortos que, nas mitologias antigas, erram sem cessar à busca de um lugar onde poderiam novamente tomar forma e novamente experimentar, sentir e abraçar, a alma da metafísica não tem consistência nem ser, ela é leve, vaporosa, e se está em toda parte e se insinua até nos sonhos dos vivos, é porque na verdade não está em parte alguma; incapaz de qualquer coisa que seja, como a pseudossubjetividade dos modernos, ela aspira à existência, mas não passa de nada: *ela precisa de um corpo*. A edificação de uma metafísica fisiologista, com seu materialismo sumário, assim como a filosofia contemporânea do desespero, não é senão um pressentimento dessa exigência, *mas o corpo objetivo é precisamente como o universo, ele é aquilo em que a alma pode se encarnar, o que ela percorre em sua errância, sem encontrar habitação nem morada*. Seria preciso ter um corpo, mas também, sem dúvida, os meios para satisfazer à semelhante exigência. A edificação de uma ontologia da subjetividade, edificação da qual acabamos de reconstituir, como pudemos, as principais fases, permitiu a Maine de Biran, precisamente, dispor de um corpo que seja o nosso e que possa ser designado como a realidade da alma, como o ser autêntico do ego.

---

[110] Ibidem, 3, p. 215-16.

2. O CORPO SUBJETIVO

Em sua determinação do *cogito*, Maine de Biran se opôs explicitamente a Descartes, em quem critica uma concepção estática do pensamento, que aparece com muita frequência, no autor das *Meditações*, como uma substância fechada sobre si mesma, cuja vida se resume a ser modificada por uma sucessão de modos que não são senão momentos dessa substância, e não lhe permitem, por conseguinte, nenhuma superação em direção a outra coisa, nenhuma *ação* sobre outra coisa, isto é, nenhuma ação propriamente dita. A consciência é um "eu penso" e todas as modificações da vida da consciência não passam de determinações do pensamento, ou seja, de ideias. Quando deixamos de lidar com concepções propriamente ditas, lidando em vez disso com um desejo, uma ação, um movimento, a determinação cartesiana do *cogito* nos obriga a dizer que só se trata, na realidade, de ideias, a saber, da ideia de um desejo, da ideia de uma ação, da ideia de um movimento. Quanto à ação ou ao movimento, considerados em si mesmos, eles não pertencem mais à esfera do *cogito*, não são mais determinações do pensamento, mas, ao contrário, determinações da extensão. *O processo normal que se opera, por exemplo, da ideia de um movimento à efetivação real desse movimento, constitui um problema que não pode ser resolvido nem concebido no interior da esfera da subjetividade pura, e o corpo, que é o meio no qual se efetivam os movimentos reais, só pode se dar numa filosofia que dispõe de outra região ontológica além daquela da subjetividade.* No interior desta última, não há lugar nem para a ação, nem para o corpo, e se o eu se reduzisse ao puro pensamento, seria apenas um meio de modificações passivas no qual nossos desejos poderiam nascer, mas não se realizar.

Maine de Biran, que afirmou a identidade entre o ser do ego e o da subjetividade, não se decide, todavia, a determinar o eu como uma substância modificada por acidentes. "O eu é dado a si mesmo no fato primitivo como substância modificada, ou como causa ou força produtiva de certos efeitos?"[1] O esforço do pensamento biraniano é precisamente determinar o *cogito* como uma faculdade de produção, determinação que estava implícita, aliás, na afirmação da imanência das categorias. O lugar central ocupado pela dedução da categoria de causalidade prefigurava, com efeito, a interpretação do ser concreto do ego como causa e, como diz Biran, como esforço. O *cogito* cartesiano sofreria, então, uma modificação radical de valor a fim de se dobrar às exigências da tendência fundamental do pensamento biraniano. Precisaria se despojar desse imobilismo da substância-pensamento para se tornar, ao contrário, a experiência mesma de um esforço em sua efetivação, esforço com o qual começa e termina, segundo Biran, o ser do eu. "Esse pensamento primitivo, substancial, que supostamente constitui toda minha existência individual, (...) eu o encontro identificado, em sua origem, com o sentimento de uma ação ou de um esforço desejado."[2] O ser do ego, portanto, não é mais determinado como puro pensamento cuja essência se esgota no conhecimento da extensão e na contemplação das coisas, ele aparece agora identificado com a ação, por meio da qual eu modifico incessantemente o mundo, mesmo que fosse apenas para tornar possível, nele, a continuação de minha própria existência, com os movimentos que dirijo ao universo a fim de atingi-lo ou para lhe escapar, é o elemento mesmo desses movimentos. O ego é uma faculdade, o *cogito* não significa um "eu penso", mas um "eu posso".

Nessa oposição clássica entre o *cogito* biraniano e o *cogito* cartesiano, não reside, contudo, nem a originalidade nem a profundidade do pensamento de Maine de Biran. Muitos outros

---

[1] *E*, p. 25.
[2] Ibidem, p. 177.

filósofos, e para começar aqueles mesmos em quem Biran diz se inspirar explicitamente – Schelling, Fichte, Cabanis, Destutt de Tracy – haviam determinado a consciência do eu, não como representação, mas como esforço, força, vida, ato. É preciso reconhecer, caso nos atenhamos a esse ponto de vista da interpretação da consciência como atividade e como esforço, que, entre as várias filosofias ativistas, a de Maine de Biran é apenas uma, e poderíamos citar muitas outras concepções do mundo nas quais a oposição ao pensamento contemplativo e teórico deu lugar a desenvolvimentos mais ricos, mais brilhantes e, ao que parece, mais sugestivos. Quanto à profundidade do pensamento, ela não pode, precisamente, assim acreditamos, encontrar-se em semelhantes oposições, na intervenção, por exemplo, de uma antítese ativista erigida diante da tese contemplativa ou teórica. As filosofias que se constituem a partir de antíteses desse tipo podem nos seduzir um momento pela beleza de suas descrições, o romantismo de suas fórmulas, a amplitude de perspectivas que a generalidade de seu ponto de vista lhes permite oferecer, pelas grandes divisões da humanidade, enfim, que elas traçam entre sábios e heróis; por exemplo, elas podem exaltar a ação, glorificar o risco, defender o engajamento, dividir a história à luz dos conceitos que escolheram, mas não podem fazer que o que condenam deixe de existir, e a ingenuidade filosófica dessas construções consiste precisamente em nos apresentar determinada concepção da natureza humana, no lugar de outra, de fazer que o homem seja um ser que age *ou* um ser que pensa. A profundidade do pensamento consiste no rigor, e o único rigor de que se pode tratar numa filosofia primeira é o rigor ontológico, aquele que afasta infalivelmente as afirmações gratuitas, as oposições sedutoras ou grandiosas. A filosofia de Maine de Biran não é uma filosofia da ação por oposição a uma filosofia da contemplação ou do pensamento, é uma teoria ontológica da ação, e sua originalidade, sua profundidade não reside no fato de ter determinado o *cogito* como um "eu posso", como ação e como movimento, consiste na afirmação que o ser desse movimento, dessa ação e dessa faculdade é precisamente o de um *cogito*.

A consequência ontológica dessa tese é infinita: ao afirmar o pertencimento do ser do movimento à esfera de imanência absoluta da subjetividade, Maine de Biran nos propõe uma teoria inteiramente nova do modo de conhecimento por meio do qual o movimento nos é dado. Esse modo de conhecimento é precisamente o da experiência interna transcendental, o movimento é conhecido por nós, portanto, de maneira imediata, absolutamente certa, e *seu estudo faz parte do projeto de uma filosofia primeira*. Vê-se ainda, se este é o ser originário e absoluto do movimento, que ele não necessita ser objeto de um pensamento temático para ser conhecido e, de modo mais geral, que ele não pertence de forma alguma, e a despeito de tudo o que se possa ter pensado a respeito, à esfera do ser transcendente. O ser originário do movimento não é constituído e, se precisássemos desde já examinar uma das múltiplas consequências dessa tese fundamental, diríamos que esta nos permite desde já compreender porque, por exemplo, as crianças e os seres humanos em geral fazem seus movimentos sem pensar neles, mas não, todavia, sem conhecê-los. Mais do que isso, a dificuldade que há em compreender como podemos dispor de nossas faculdades sobre o mundo, como podemos não só fazer nossos movimentos, como estar em condições de nos associar a eles, já está suscitada. Nós nos unimos a nossos movimentos, não os deixamos em nenhum momento quando os fazemos, somos constantemente instruídos por eles; de um saber cuja originalidade e caráter excepcional, é verdade, mostramos porque nos confundimos com esses movimentos, porque seu ser, fenomenologicamente determinado segundo o modo de seu parecer, que é o da experiência interna transcendental, é o ser mesmo da subjetividade. Ao mesmo tempo, compreendemos o caráter concreto desta última, compreendemos que ela não é nada abstrata, intelectual, que ela não pensa o mundo à maneira de um filósofo, que a sobrevoaria em seu pensamento, ela o transforma, ela é uma produção. Esta, inversamente, não é nem o fato nem a obra de uma vida biológica, de um inconsciente dinâmico, de uma vontade de potência, de um impulso vital, de uma Práxis indeterminada ou em terceira pessoa, de uma força obscura qualquer, essa força é *cientemente produtiva*,[3] ela nunca faz mais do que sabe, o menor de nossos

---

[3] *D*, 3, p. 71, grifo nosso.

gestos cotidianos que o hábito, o recalque ou qualquer outra causa teriam tornado inconsciente, pertence, com efeito, à esfera de transparência e de certeza absoluta da subjetividade transcendental, seu ser é o ser mesmo da verdade originária.

O *cogito* biraniano não se contrapõe de nenhum modo ao *cogito* cartesiano, não cabe contrapor um "eu posso" ao "eu penso", pois, ao contrário, toda a análise biraniana do esforço tem por resultado único e essencial determinar esse esforço como um modo da subjetividade. Pode parecer, em muitos aspectos, que o pensamento estudado por Descartes é um pensamento reflexivo, um pensamento explícito de objetos, isto é, um conhecimento temático das determinações da extensão. Mesmo que fosse assim, no entanto, mesmo se o *cogito* cartesiano fosse um *cogito* reflexivo, seria preciso reconhecer que *o ser dessa reflexão é idêntico ao do movimento*. A estrutura fundamental da consciência, com efeito, é sempre a mesma, é sempre uma experiência interna transcendental e, qualquer que seja o modo no qual ela se expressa, nossa vida se confunde com essa experiência. A reflexão é uma intencionalidade e o que constitui seu ser é o ser mesmo de toda intencionalidade. A distinção entre *cogito* reflexivo e *cogito* pré-reflexivo é ambígua. Convém, em todo caso, perceber que, antes de ser um conhecimento temático do que quer que seja e, por exemplo, do ego, a reflexão é uma experiência interna transcendental, e é nessa compreensão originária da reflexão que buscamos um motivo para afirmar que seu ser é idêntico ao de qualquer outra modalidade de vida transcendental, ao ser do movimento, por exemplo. Semelhante identificação não significa de nenhum modo que o movimento é conhecido por meio de uma reflexão, consequência que só poderiam nos objetar se imaginassem que a reflexão, como determinação da subjetividade transcendental, é ela própria conhecida mediante uma reflexão. Bem ao contrário, e porque toda determinação da subjetividade é conhecida em si mesma, o movimento, que é precisamente tal determinação, não é, tampouco ele, em seu ser originário, pelo menos, jamais conhecido pela mediação de um pensamento.

Assim, compreendemos que as determinações do *cogito* que nos propõem Maine de Biran e Descartes não se opõem. Pode-se dizer, apenas, que, enquanto Descartes estudou o *cogito* da reflexão, isto é, a reflexão como experiência interna transcendental ou, para empregar uma linguagem inapropriada, o *cogito* pré-reflexivo que é imanente a toda reflexão e que constitui seu ser, Maine de Biran apreendeu o *cogito* no movimento, ou a seu respeito, isto é, a experiência interna transcendental que constitui todo o ser do movimento subjetivo. Se houvesse um ensinamento a extrair dessa comparação entre o *cogito* biraniano e o cartesiano, gostaríamos que fosse: *o "eu penso" e o "eu posso" têm o mesmo estatuto ontológico*, que é o da subjetividade e das experiências internas transcendentais, das quais ela constitui o meio. Sobre esse meio, seu estatuto ontológico, o modo fenomenológico segundo o qual ele se revela a nós, os dois grandes filósofos franceses estão de acordo, e o fundamento de seu pensamento é a concepção de um projeto comum que se expressa pela efetivação de uma vasta redução fenomenológica e não visa senão à edificação de uma ontologia da subjetividade. Precisamos observar apenas que, na realização desse projeto, Maine de Biran foi mais fiel do que Descartes às exigências filosóficas primeiras que o haviam motivado – observação que adquirirá toda sua importância quando se perceber que é precisamente porque ele forneceu à intuição central do cartesianismo uma significação radical, porque ele foi tão longe quanto possível na exploração da região de existência absoluta que essa intuição revelara, porque ele jamais acreditou possível romper os limites que conferiam a suas pesquisas os pressupostos de uma ontologia da subjetividade, que Maine de Biran, longe de ficar limitado por isso ao desenvolvimento de sua análise, pôde, ao contrário, aprofundar esta última até a "descoberta" do movimento subjetivo, até a concepção da teoria ontológica do corpo.

Descartes, ao contrário, esquecendo estruturas da região privilegiada que o *cogito* acabava de descobrir, se entrega, quando fala do corpo, a construções transcendentes que só podem ser derrubadas pela redução operada por toda filosofia autêntica. A teoria cartesiana do corpo, à qual voltaremos, não tem, portanto, nada em comum com aquela que o gênio de Maine de Biran edificaria e, se não tomarmos cuidado, a assimilação das teorias ontológicas biranianas relativas à subjetividade e à concepção cartesiana do *cogito* corre o risco – ainda que essa assimilação seja, como acabamos de mostrar, perfeitamente fundada – de nos conduzir a um grave contrassenso em nossa interpretação ontológica do movimento subjetivo. A determinação do movimento como movimento subjetivo significaria no cartesianismo, com efeito, uma mutilação do verdadeiro ser do movimento ou, se preferirem, uma colocação entre parênteses de seu ser real. O que subsiste do movimento no *cogito* cartesiano, como dissemos, é apenas a *ideia de movimento*. O movimento real se efetua em outro lugar, na extensão, o movimento subjetivo sendo apenas o desígnio interior, e por si mesmo ineficaz, desse movimento real. *O lugar onde se efetua o movimento real é o corpo*, o que significa, no cartesianismo, e em muitas outras filosofias, que o movimento pertence ao ser transcendente, do qual é uma determinação. Pode-se, sem dúvida, discutir sobre a essência da extensão cartesiana como meio homogêneo de exterioridade recíproca, sobre a concepção de um corpo *partes extra partes*, sobre as consequências que resultam para a natureza do movimento *enquanto opera no interior desse meio*. Não basta, todavia, colocar esse mecanismo em questão: uma interpretação dinâmica ou estrutural do movimento não mudará em nada o essencial dessa concepção, *enquanto o corpo for um elemento do ser transcendente*.

A determinação biraniana do movimento subjetivo, ao contrário, constitui uma crítica radical da concepção cartesiana do corpo, pois, *ao subtrair não a ideia, mas o ser mesmo e a realidade do movimento à esfera do ser transcendente, ela define o corpo real, e não mais a ideia do corpo, como um ser subjetivo e transcendental*. Deve-se observar que é só a uma filosofia que concebeu a verdade originária como ser, o ego transcendental como *sum*, e não como sujeito lógico e um nada, que é dada a possibilidade de completar essa obra de determinação da subjetividade e não recuar diante desse aparente absurdo que consiste em conferir ao conhecimento ontológico e originário o nome de corpo. Tal é, com efeito, em seu desenvolvimento ontológico, a intuição que está no princípio do pensamento biraniano: reconhecimento de uma esfera original de existência que é a da subjetividade; concepção numa ontologia fenomenológica do ser dessa subjetividade, que se revela idêntica à do ego; compreensão das estruturas do ego como estruturas e como ser do conhecimento ontológico; determinação do ser do conhecimento ontológico, que é o do ego, como ser mesmo do corpo; identidade, enfim, entre o conhecimento ontológico e a natureza ontológica desse corpo.

A solidariedade entre a teoria do corpo e a ontologia biraniana considerada em sua totalidade aparece assim claramente. Essa solidariedade se descobre a nós, de resto, na questão que constitui um dos principais temas do *Ensaio*, e é o da "*origem do conhecimento que temos de nosso próprio corpo*".[4] O corpo – isto é, para Maine de Biran, o movimento sentido em sua efetivação, o sentimento do esforço – nos é dado segundo um modo de conhecimento que resta precisamente a determinar, e esse *problema de nosso saber primordial do corpo* é ao mesmo tempo o *problema da natureza ontológica do corpo*, uma vez que em uma ontologia fenomenológica o ser é determinado unicamente pela maneira pela qual ele se dá a nós. A resposta biraniana a esses dois problemas, que são um só, é que o corpo nos é dado numa experiência interna transcendental, que o conhecimento que temos dele é assim, de fato, um conhecimento originário, e, por conseguinte, que o ser do corpo pertence à região ontológica na qual são possíveis e se operam semelhantes experiências internas transcendentais, ou seja, à esfera da subjetividade. O ser fenomenológico, isto é, originário, real e absoluto, do corpo é, assim, um ser subjetivo. Ao mesmo tempo, é afirmada a *imanência absoluta do corpo*, afirmação que implica a rejeição de todas as análises comandadas pelo pressuposto de que o corpo, em seu ser originário, é algo de transcendente, pressuposto em geral implícito, pois, entre todos os lugares-comuns, cabe um lugar de honra àquele segundo o qual o corpo é uma coisa, uma realidade constituída e parte do mundo. O pertencimento do corpo originário à esfera de imanência absoluta da subjetividade transcendental significa que os fenômenos relativos ao corpo, ou antes, que os fenômenos do corpo derivam de uma ordem de fatos "em relação de conhecimento imediato consigo mesmo" e, em consequência, somos conduzidos a formular alguns resultados decisivos:

---

[4] Título dado por E. Naville ao capítulo III da seção II da primeira parte do *Ensaio*.

1) *O movimento é conhecido por si mesmo;* ele não é conhecido por outra coisa, por um olhar da reflexão, por exemplo, ou por uma intencionalidade qualquer que se dirigisse a ele. Nenhuma distância fenomenológica vem se interpor entre o movimento e nós; o movimento não é absolutamente transcendente.

2) *O movimento nos pertence.* Nosso corpo é o conjunto de poderes que temos sobre o mundo. Mas como esses poderes estão em nosso poder? Como são realmente nossos, como podemos efetivamente usá-los e, por seu intermédio, ter acesso às coisas, qualquer que seja o caráter, positivo ou negativo, desse acesso, uma vez que visemos a nos apoderar ou a nos afastar dos objetos? O problema que encontramos aqui não é um novo problema, cuja solução exigiria a elaboração de nova problemática, continua sendo o mesmo problema, o problema central da análise biraniana, a saber, o do conhecimento originário de nosso corpo. A crítica da teoria de Condillac do conhecimento de nosso próprio corpo constitui, para Maine de Biran, nova ocasião para formular suas teses fundamentais. O homem de Condillac é afetado por múltiplas sensações, mas estas não trazem em si nenhuma característica que nos permita localizá-las num local determinado. O que nos leva, segundo Condillac, a ir além dessas sensações e a determinar por trás delas o real que elas indicam e no qual elas ocorrem é a sensação de solidez, cujo órgão é a mão. Ao se aplicar às diferentes partes de nosso corpo, nossa mão nos revela, aos poucos, através da sensação de solidez, o ser de nosso corpo e suas formas reais. Nossa mão é assim o instrumento de conhecimento de nosso corpo. *Porém, o corpo originário não é esse corpo cujas partes são circunscritas pelo deslocamento de nossa mão, é antes essa mão mesma na medida precisamente em que ela se aplica ao nosso ou às outras coisas para delimitar seus contornos.* O problema da natureza de nosso corpo originário, isto é, do conhecimento originário de nossa mão, por exemplo, é completamente silenciado por Condillac, cuja teoria não passa assim de um vasto círculo, uma vez que pressupõe aquilo que ela pretende explicar. A mão, órgão da sensação de solidez, segundo Condillac, é o instrumento que nos permite determinar as partes de nosso corpo, *"mas esse instrumento mesmo, como ele é conhecido?"*.

Interrogação decisiva, como se vê, e a qual se reduz a esta outra questão que Maine de Biran coloca a Condillac, ainda a respeito da mão: "Como um órgão móvel pôde dirigir constantemente sem ser conhecido?".[5] O movimento da mão não é conhecido, nesse sentido que não é constituído, mas se pode ser dirigido por nós, não é porque somos instruídos a respeito, porque temos sobre ele um saber primordial que é, precisamente, esse tipo de saber no qual não intervém nenhuma distância fenomenológica, no qual não se opera constituição alguma? O movimento da mão se dá imediatamente na *experiência interna transcendental que se confunde com o ser mesmo desse movimento*. Porque não é constituído, porque é uma experiência transcendental, o movimento da mão não tem nada a ver com um deslocamento no espaço objetivo ou em um meio transcendente qualquer, o movimento originário e real é um movimento subjetivo. Por esse motivo, também, está em meu poder, não no sentido no qual, por exemplo, objetos são submetidos a um poder que seria o meu, mas no sentido em que ele é ele mesmo esse poder, no qual é ele mesmo que domina as coisas. Assim, a tese do movimento subjetivo tem ainda esta consequência:

3) *O movimento não é intermediário entre o ego e o mundo, não é instrumento*. Caracteriza-se o corpo, com frequência, dizendo que ele é instrumento de minha ação sobre o mundo, que é por seu intermédio que posso modificá-lo no sentido que me convém. Diz-se ainda, de meu corpo, que ele é o "veículo" de meu poder sobre o mundo. Sobre o ser desse "instrumento", desse "intermediário", desse "veículo", evita-se fornecer detalhes. O que se deve entender por essas palavras é evidente, mas não nos dizem tampouco por que cada homem sabe efetivamente com o que lida a esse respeito, *por que o movimento mediante o qual um ser humano realiza uma ação qualquer não constitui para ele nenhum problema*. Se executo meus movimentos sem pensar, não é porque esses movimentos seja mecânicos ou inconscientes, é porque seu ser pertence inteiramente à esfera da transparência absoluta da subjetividade. Não existe intermediário entre a alma e o movimento, pois não há entre eles nem distância nem

---

[5] *D*, 4, p. 6, 7, grifo nosso.

separação. A alma, por conseguinte, não necessita de qualquer intermediário para executar seus movimentos. Como intermediário entre a alma e os movimentos pelos quais ela age no mundo, o corpo não existe, não passa de uma ficção do pensamento reflexivo. As crianças não têm consciência de um corpo que seria o conjunto dos meios que elas deveriam empregar para fazer isto ou aquilo, chegar a este ou àquele resultado. *Nossas ações se realizam sem que recorramos a nosso corpo como meio.* Não temos, portanto, nenhuma necessidade de refletir sobre esse meio, ou sobre esse corpo, este jamais constitui para nós um problema, nem um elemento para resolver um problema. Nossos movimentos se realizam espontaneamente, naturalmente, não têm "instrumentos" que serviriam para que os executássemos: "a alma", diz Maine de Biran, "não pensa de antemão no objeto de seu querer, ou nos instrumentos que devem executá-lo e que ela não conhece".[6] Desse modo, o ego age diretamente sobre o mundo. Ele não age por intermédio de um corpo, não recorre, na realização de seus movimentos, a nenhum meio, ele é ele mesmo esse corpo, ele mesmo esse movimento, ele mesmo esse meio. Ego, corpo, movimento, meio são a mesma coisa, e esta é bem real, não se dissolve na noite do inconsciente, nem no vazio do nada, é um ser, e esse ser é aquele de tudo o que nos é dado numa experiência interna transcendental, é o ser mesmo do ego.

O corpo não é um instrumento, pois o que chamamos instrumento está sempre a serviço de alguma outra coisa que o usa. Nessa relação de uso, essa alguma outra coisa – isto é, o sujeito, o pensamento, etc. – que usaria o corpo a seu serviço deveria ter, por hipótese, conhecimento desse corpo como de uma realidade diferente de si, ou seja, como de uma realidade transcendente. Quando se torna instrumento, o movimento do corpo não nos é mais dado a não ser numa experiência transcendente. O tema do pensamento seria então esse instrumento, e não mais a finalidade da ação ou do movimento que ele quer fazer, o que é absurdo, pois, supondo-se que o sujeito possa pensar ao mesmo tempo no meio e no fim de sua ação, ele não executaria por isso essa ação, *ele simplesmente a representaria para si*, ele representaria para si

---

[6] *E*, p. 194, nota.

o seu fim e os meios de atingi-lo, mas ele não agiria. Esse pensamento do fim e do meio existe certamente, mas *o pensamento do movimento não é o movimento*, este é um fenômeno inteiramente novo em relação àquele, e é precisamente desse fenômeno que se trata. A concepção do corpo como instrumento de nossa ação é, portanto, um elemento de nossa representação do movimento, mas não pode de nenhum modo se transformar numa teoria do movimento real.

Percebemos assim, cada vez mais claramente, que a teoria ontológica do movimento subjetivo, longe de reduzir o movimento à sua ideia, nos faz conceber, ao contrário, o único fundamento possível da realidade do movimento e de nosso corpo. Afirmar que o corpo não é um intermediário entre a alma e sua ação sobre o universo não é negar a realidade do corpo, é afirmar que o corpo constituído, do qual voltaremos a falar, não é nosso corpo originário, que o ser deste último, ao contrário, deve escapar a toda constituição para ser identificado com o próprio poder de constituição, com o meio no qual esta se realiza. É apenas sob essa condição que o corpo pode realmente agir sobre o universo, sob a condição de não ser uma massa transcendente – de nervos e de músculos, por exemplo – que não se vê como a subjetividade absoluta poderia abalar a fim de produzir um deslocamento ou uma modificação qualquer no mundo. Negar que um instrumento ou que um termo intermediário venha se interpor na ação entre a subjetividade absoluta e seu mundo é conferir significação radical à tese da imanência absoluta do corpo – tese que precisamente deveria nos recusar o direito de estabelecer qualquer separação que seja entre o ser dessa subjetividade absoluta e o de nosso corpo originário – é compreender como é sob a única condição de que o ser do movimento seja "o mais próximo de nós" que esse movimento é possível como movimento real, e não como movimento em ideia, é compreender como é possível que esse movimento seja o nosso, que possamos nos unir a ele e entrar em sua posse, e que enfim tenhamos dele um conhecimento interior que começa e se encerra com ele. Entramos em sua posse, pois na realidade não nos separamos jamais dele, nós o conhecemos à medida que ele se realiza, e esse conhecimento é perfeito, pois o ser do movimento é uma efetividade fenomenológica, cujo ser é precisamente o de nos ser dado, e de nos ser dado numa experiência interna transcendental; esse movimento é o nosso, pois seu ser assim definido é o ser mesmo do ego, cuja vida não é senão a vida mesma da subjetividade transcendental em todas as suas modalidades e em todas as suas determinações; esse movimento, enfim, é real, de uma realidade absoluta, como aquela da subjetividade, e o que o contrapõe a um movimento simplesmente representado é precisamente que ele não pertence, como este último, à esfera do ser transcendente. Eis todo o sentido que há em afirmar que o ser do movimento é um ser subjetivo.

A afirmação da imanência absoluta do corpo originário constitui o princípio do questionamento das teses de Hume relativas ao princípio de causalidade. A crítica biraniana não consiste numa refutação termo por termo das proposições defendidas por Hume, trata-se de uma destruição, isto é, de uma elucidação dos horizontes filosóficos no interior dos quais se opera a tentativa feita por Hume para determinar e apreender a origem de nosso princípio da causalidade. Eis porque essa crítica é, na verdade, uma pesquisa ontológica que nos mostrará com base em que planos Hume coloca seus problemas e situa os diferentes elementos que intervêm em sua solução ou em seu enunciado, e como o fracasso com o qual ele depara e quer nos apresentar como definitivo, porque implícito, de algum modo, na natureza das coisas, deve-se na verdade à inadequação que existe entre esses problemas e os planos ontológicos nos quais se pretende resolvê-los. É essa carência da elucidação ontológica que leva Hume, precisamente, a sustentar a respeito do movimento teses exatamente opostas àquelas formuladas por Biran no *Ensaio*.

E antes de tudo, para Hume, o movimento não é conhecido por si, tese que se expressa por meio da ambiguidade de sua terminologia, pela afirmação de que o efeito não poderia ser previsto na energia de sua causa. Essa terminologia parece ter sua origem na descrição dos fenômenos externos. Um processo objetivo se decompõe em um estado inicial que se supõe ser a causa de um estado terminal, mas quando se considera este último, não se encontra o primeiro estado que supostamente o determinaria de maneira causal ou, inversamente, quando se analisa a causa, não se vê por que ela é seguida por determinado efeito. A ideia de causalidade, por conseguinte, deve provir de outra parte, e Hume é levado a conceber *outro processo* para cuja descrição lhe falta, infelizmente, um horizonte ontológico no interior do qual semelhante descrição possa se operar corretamente. Esse outro processo é precisamente o do movimento corporal, que a análise de Hume, que carrega a pesada herança do dualismo cartesiano, divide em uma primeira fase, que é a vontade ou o desejo de fazer o movimento, e uma segunda fase, que consiste no processo material correspondente. Ao examinar o desejo ou a vontade, Hume não encontra nada que nos permita chamá-lo causa do movimento físico que se segue, de modo que, ainda aqui, "não se poderia jamais prever o efeito na energia de sua causa".[7] Temos a experiência da influência das volições sobre os órgãos corporais, assim como temos a experiência de todos os processos naturais, mas essa influência que está no princípio da realização de todos os nossos movimentos é para nós misteriosa: "Estamos condenados a ignorar eternamente os meios eficazes por meios dos quais essa operação tão extraordinária se efetua, ainda que tenhamos em nós seu sentimento imediato".[8]

Esta última frase é particularmente importante, pois nela se revela a solidariedade da tese que afirma que não temos o sentimento imediato do movimento com aquela que postula que ignoramos todos os instrumentos por meio dos quais esse movimento se realiza. Mais do que isso, parece que é porque não temos nenhum conhecimento desses instrumentos que Hume afirma que o sentimento imediato do movimento não pode nos ser dado. Não se vê como, na ontologia empirista, que só conhece o ser transcendente da natureza, haveria lugar para uma interpretação correta desse sentimento imediato do movimento, isto é, para o movimento subjetivo. A fim de fazer justiça a este último e poder reconhecer seu papel fundamental, seria preciso dispor de uma ontologia da subjetividade, e não de uma concepção empirista da vida interior, concepção que assimila esta

---

[7] *Ensaio Filosófico sobre o Entendimento Humano: Sétimo Ensaio: Da Ideia de Poder ou de Ligação Necessária*; citado por Maine de Biran, em *E*, p. 229; cf. também *D*, 3, p. 236, nota.

[8] Ibidem, *E*, p. 230.

última com um meio transcendente repleto de ser, reunidos por relações externas. É significativo, todavia, que o argumento apresentado por Hume seja relativo aos instrumentos de nossa ação, ou seja, ao corpo visto como conjunto de massas transcendentes, como "jogo interior de nervos e de músculos que se supõe que a vontade ponha em ação nos movimentos de nossos membros".[9] Mostramos, precisamente, que nenhum instrumento intervém na realização de nossos movimentos, e *essa ignorância na qual nos encontramos a respeito do corpo, que tem o anatomista ou o fisiologista, é precisamente a condição para que nossa ação possa ocorrer*. Esta se realiza como uma experiência subjetiva que não tem mais relação com um jogo de nervos e de músculos do que nosso corpo originário tem com um processo em terceira pessoa, nem como os elementos materiais que o sustentem: "Que espécie de analogia há entre o conhecimento representativo da posição, do jogo e das funções de nossos órgãos, tais como pode conhecê-los um anatomista ou um fisiologista, e o sentimento íntimo de existência que corresponde a essas funções?".[10]

Se fizermos o recenseamento dos elementos de que Hume dispõe para explicar, ou só para descrever a realização de um de nossos movimentos, perceberemos que o filósofo inglês[11] sabe realmente pouco a respeito, pois, a rigor, ele não conhece nenhum desses elementos: os instrumentos de nossos movimentos, ele os ignora absolutamente e, sobre esse ponto, só se pode dar razão a ele enquanto o termo de instrumento trouxer em si uma significação transcendente. Porém, como ele não dispõe, de resto, de nenhuma ontologia da subjetividade, ele também ignora o sentimento do movimento em vias de se realizar, e fornece assim, a Maine de Biran, a ocasião para apanhá-lo em suas próprias redes, pois, se é verdade que não conhecemos os instrumentos de nossas ações, não se vê por que pensaríamos, pelo menos, em procurá-los e conhecê-los, se não tivéssemos, *além disso*, o sentimento dessas ações em sua realização mesma. De nosso movimento *"podemos ter o sentimento, sem conhecer de*

---

[9] Ibidem
[10] *E*, p. 231.
[11] Escocês (N. T.).

maneira alguma seus meios",¹² texto decisivo que contém o essencial do pensamento biraniano sobre o problema do corpo originário. O que resta a Hume? Como, em seu ponto de vista, seria possível ao homem agir, como seus movimentos poderiam estar em sua posse e em seu poder: ele não os sente e, se quisermos falar de meios e instrumentos, ele os ignora. A rigor, Hume não deveria nem mesmo falar de nosso desejo, de nossas veleidades de efetuar um movimento, já que não dispõe de qualquer teoria capaz de explicar o pertencimento dos estados psíquicos a um eu. Seria possível dizer que, para ele, aquele que age conhece pelo menos os resultados de sua ação enquanto fenômenos naturais?

Aqui se revela para nós o fracasso completo, no terreno mesmo em que deveriam triunfar, não só do empirismo, como também de *toda filosofia que não faz do movimento uma experiência interna transcendental, isto é, que não tem os meios de determiná-la originariamente como modalidade da vida do ego.* Se considerarmos apenas os efeitos produzidos no mundo por nossas ações, esses efeitos nos parecem eventos naturais, pertencem ao ser transcendente da natureza, e não se vê de todo aquilo que, nesse ponto de vista, possa diferenciá-los de qualquer outro fenômeno espaço-temporal. O movimento de minha mão como deslocamento objetivo é um movimento em terceira pessoa, e a relação de dependência que o liga ao ego, relação que precisamente deve fazê-la parecer como um "efeito" da ação deste último, permanece misterioso. Onde pode residir o princípio de uma distinção entre semelhante movimento, entre o movimento de minha mão, que traça, por exemplo, os caracteres sobre esta folha, e o da chuva, que vejo cair lá fora? O que me permite ligar um desses movimentos ao ego, o que me permite dizer que o primeiro é efeito de minha ação, ao passo que a mesma coisa não pode ser dita em relação ao segundo? A primeira condição à qual deve satisfazer uma teoria do movimento do corpo é estar em condições de explicar esse sentimento de um movimento que faço, de um poder em exercício que é o meu. Essa exigência só pode ser satisfeita, precisamente, se o movimento for originária e imediatamente conhecido e vivido como

---

¹² Ibidem, p. 230, grifo nosso.

determinação da vida concreta do ego. Desde que se abandona essa esfera de imanência absoluta, o movimento não passa de um fenômeno estranho, assimilável a qualquer acontecimento do universo, e se existe um movimento transcendente que, todavia, seja constituído como emanando do eu, como "efeito" de sua ação, veremos que essa constituição requer um fundamento que se encontra, precisamente, no ser originário do movimento subjetivo. Quando se trata do poder de meu corpo, é verdade e é preciso dizê-lo, ao se situar em um ponto de vista originário, que esse "poder só é conhecido e pressentido à medida que nos situamos no lugar do ser motor; o esforço ou o movimento só é representado à medida que nos separamos inteiramente do ser ao qual o atribuímos; desse modo, pelo fato mesmo que o último é *conhecido como objeto* ou fenômeno estranho, ele não pode ser *sentido* em sua causa, nem, por conseguinte, sua causa pode ser conhecida em si como ele é em si mesmo".[13]

O problema, aos olhos de Maine de Biran, portanto, é ontológico: enquanto não se houver determinado o movimento em seu ser originário, em seu pertencimento à esfera da subjetividade transcendental, enquanto não se houver operado uma dissociação rigorosa entre esse elemento originário do movimento enquanto "sentido" e, de outro lado, o ser do movimento constituído que se manifesta a nós na região transcendente do mundo, só se pode, na análise do movimento de nosso corpo, ir de confusão em confusão, como faz Hume, mas também como o fazem quase todos os sistemas filosóficos que abordaram esse problema sem dispor de horizontes ontológicos, os únicos a nos permitir colocá-lo corretamente. A análise de Hume é exata, no interior de pressupostos filosóficos jamais explicitados, e imersos numa obscuridade ontológica total: "Levando em conta apenas essa representação, e considerando o movimento externo como efeito, do qual a vontade seria a causa, é correto afirmar que o poder não pode ser conhecido no efeito, e *vice-versa*, pois essas duas concepções são heterogêneas, uma se apoiando unicamente em um sentido interno, e a outra sobre um sentido externo".

---

[13] *E*, p. 231-32.

É ao restabelecer "a homogeneidade entre ambos os termos da relação primitiva de causalidade", ao ingressar "no fato de consciência", que "o sujeito do esforço se percebe internamente como causa de um movimento". E se Hume não reconheceu a realidade do esforço em sua revelação imediata a si mesmo como poder de produção, é porque ele não dispunha de uma ontologia dessa esfera de existência da subjetividade no interior da qual o ser do movimento nos é originariamente dado: "Se ele [Hume] se recusa a admitir a existência dessa causa [o eu que faz o esforço], é porque ele quer concebê-la sob uma *ideia que não é a sua, ou por alguma faculdade estranha ao sentido próprio e imediato no qual ela reside*".[14]

A afirmação segundo a qual o ser originário do movimento nos é dado numa experiência interna transcendental, é conhecido por si mesmo, confere ao pensamento biraniano sua característica original, que o situa longe tanto do empirismo quanto do intelectualismo. Nessas duas últimas filosofias, com efeito, *o movimento é conhecido por algo diferente de si mesmo*, pela sensação muscular, em um caso, pela intelecção, em outro. O intelectualismo, todavia, não abstrai da sensação muscular, sua psicologia é empírica, contenta-se em mostrar que essa psicologia não está completa e, no caso que nos ocupa, que a sensação muscular só pode adquirir significado, que é o de nos dar a conhecer o movimento, se for submetida à ação da categoria. O movimento que o intelectualismo tenta reconstruir, assim, não passa de uma representação do movimento, ao passo que o ser deste e o problema de seu conhecimento originário lhe escapam completamente.

O aprofundamento da interpretação biraniana do movimento, em sua oposição às concepções da psicologia clássica, só tem oportunidade de ser real se conseguirmos fornecer a estas últimas um significado verdadeiramente filosófico. Como conseguir fazê-lo, a não ser nos dirigindo a J. Lagneau, o mais profundo dos neokantianos franceses, que, além disso, meditou longamente sobre as teses biranianas, as quais nos esforçamos,

---

[14] *E*, p. 231, 232, 233, grifo nosso.

com meios infinitamente menores, em repensar? O encontro privilegiado que nos oferece a *Leçon sur la Perception* [Lição sobre a Percepção], com sua discussão explícita do problema da sensação muscular e do movimento, nos mostrará até onde o gênio de Lagneau conduziu sua compreensão da filosofia biraniana do esforço, mas também quais foram os limites dessa compreensão, como, no horizonte filosófico francês do fim do século XIX, semelhantes limites precisavam necessariamente ser traçados, e que consequências, enfim, acarretariam tanto no desenvolvimento de sua psicologia em geral como no da teoria do corpo e do movimento.

A discussão que estabelece a *Leçon sur la Perception* a respeito do "sentimento da ação" gira inteiramente em torno da questão de saber se o movimento é ou não o que chamamos experiência interna transcendental, e se desenvolve numa dupla direção. Em um primeiro momento, Lagneau compreende a necessidade de responder afirmativamente à questão que ele coloca: "Pode-se sentir a própria ação?". Apesar das hesitações que se manifestam logo em seguida – "não há contradição em se sentir agindo? O que é sentir, senão experimentar uma modificação sofrida?" – ele afirma imediatamente após essas interrogações: "No entanto, sentimos sim nossa ação". Essa tomada de posição resulta de um argumento biraniano – cujo admirável rigor Lagneau compreende mais do que qualquer outro – que afasta definitivamente a tese segundo a qual o movimento poderia ser conhecido por meio da sensação muscular, poderia ser conhecido por algo diferente dele mesmo: as sensações musculares que nos informam sobre as modificações que ocorrem em nossos músculos são as mesmas, qualquer que seja a origem dessas modificações, sejam estas o efeito de nosso querer ou de uma causa exterior. Para que essas modificações possam nos aparecer precisamente como efeitos de nossa ação, é preciso relacioná-las à ideia dessa ação, ideia que deve provir de outro lugar. "Para que a ideia de que ação produz um efeito se ligue à sensação desse efeito, *é preciso que essa ação nos seja revelada de outro modo que por seu efeito, que ela nos seja revelada em si mesma.*"[15]

---

[15] *Célèbres Leçons et Fragments*. Paris, Presses Universitaires de France, 1950, p. 135.

Admirável comentário do pensamento biraniano, de fato, mas como Lagneau pode afirmar que o movimento, a ação ou o esforço sejam conhecidos por si mesmos, se ele não dispõe de nenhuma ontologia da subjetividade? Por meio de que motivação intelectual seria ele conduzido a fazer da psicologia uma fenomenologia transcendental, quando ele filosofa numa perspectiva kantiana, recentemente introduzida na França e na qual não há lugar para uma psicologia empírica? É o segundo momento da análise da *Leçon sur la Perception*, momento no qual vemos o pensamento de Lagneau se afastar completamente da teoria do movimento como experiência interna transcendental, ao mesmo tempo que procura conservar os pontos que só essa teoria lhe permitia assinalar. Após haver afirmado que tínhamos o *sentimento* de nossa ação muscular, Lagneau declara que não é nada disso o que ocorre: "Nós não nos sentimos ativos, nós nos julgamos assim". Se a sensação muscular não pode explicar o sentimento que temos de produzir um movimento do qual somos a causa, não é porque tenhamos a revelação desse movimento numa experiência imediata, é porque à sensação muscular se acrescenta um juízo que une a essa sensação a *ideia* de que somos sua causa e ela é efeito de nossa ação.

> Se sentir ativo é experimentar certas modificações julgando que elas resultam do pensamento, que resultam necessariamente dele, que são seus efeitos, que entre o pensamento e suas modificações há uma relação de causalidade, uma relação necessária, cuja concepção e afirmação se impõem ao pensamento. A ideia da ação implica a de causalidade; a ideia de causalidade implica a de necessidade; ora, a necessidade não pode ser sentida, ela é afirmada como devendo ser.

Mostremos, para começar, que, por mais notável que seja o texto que a formula, essa solução não é propriamente uma. Tratava-se, para Lagneau, assim como para Maine de Biran, de compreender por que, quando fazemos um movimento, as sensações que supostamente deveriam traduzir as modificações ocorridas em nossos músculos são determinadas como efeitos de nossa ação, e como elas podem, assim, ser distinguidas de sensações musculares análogas, mas que não são mais, desta vez, consequências de um querer do sujeito. A resposta de Lagneau é que à sensação muscular se une, no primeiro caso, a ideia de que ela é precisamente um efeito, ideia que expressa que essa sensação se liga, então, sob uma relação de causalidade, a nosso querer e às determinações de nosso pensamento. Por que, todavia, essa ideia de causalidade é aplicada à sensação muscular para fazê-la aparecer como efeito de meu querer *nos casos em que sou efetivamente eu que ajo*, e não no outro, quando uma causa exterior, por exemplo, produziu em mim as mesmas sensações musculares que aquelas que um movimento voluntário teria determinado? Por que, quando os dois elementos de que dispõe Lagneau – a sensação muscular e a ideia de causalidade – são os mesmos em ambos os casos, o primeiro por hipótese, o segundo porque se trata de uma ideia universal sempre idêntica a si mesma, estamos nós em condições de diferenciar os dois casos, de dizer ora que somos nós que agimos, ora que não somos nós, e que então o efeito foi produzido em nós por outra coisa? Há aí dois juízos diferentes, mas qual a verdade desses juízos, qual seu fundamento? Se, quando ajo, julgo que a modificação produzida em mim por essa ação é resultado de uma causa exterior, onde está o princípio de meu erro, em que consiste este último, como posso reconhecê-lo ou evitá-lo? E se, quando uma causa externa produz em mim certa impressão, eu vinculo essa impressão, por meio de um juízo, a uma ação que emanaria de mim, fazendo desta a causa, e daquela o efeito, como, ainda aqui, poderia eu perceber que me engano? Como, se não tenho um conhecimento originário de minha ação, se essa ação não me é dada primeiro numa experiência interna transcendental, de modo que esse saber primordial e absolutamente certo poderá se tornar o fundamento de todos os juízos que emitir sobre a relação de dependência que une minhas sensações musculares a meus movimentos? Não ajo porque julgo que ajo, mas julgo que ajo porque ajo efetivamente. É de meu movimento efetivo que se trata, e só uma ontologia da subjetividade e, no interior desta, uma teoria do movimento subjetivo podem nos explicar como esse movimento é ao mesmo tempo um saber, como, por conseguinte, ele não é conhecido nem pela sensação muscular nem por um juízo, mas, ao contrário, se revela como *o que torna possível a intervenção de um juízo por meio do qual a sensação muscular será posta como efeito.*

Lagneau não rejeitou a teoria do movimento subjetivo, mas o horizonte ontológico no interior do qual ele filosofa não permitiu que semelhante teoria sequer lhe ocorresse ao espírito. A carência ontológica dos pressupostos kantianos em relação ao problema da subjetividade impediu Lagneau de compreender o fundo do pensamento de Maine de Biran, e o levou mesmo a cometer a seu respeito um erro histórico e técnico tão significativo como grave. Ao comentar o fenômeno do esforço, o qual vimos que ocupa papel central na edificação da teoria ontológica do corpo, e na elucidação do ser do ego, diz Lagneau: "É naquilo que ele [Maine de Biran] chama sensação do esforço muscular que se produz, segundo ele, a revelação do eu a si mesmo", e acrescenta, um pouco adiante: "Mas o que Maine de Biran não percebeu é que esse conhecimento não poderia ser chamado sensação. Nós não nos sentimos ativos, nós nos julgamos assim".[16] Erro histórico grave, pois *Maine de Biran jamais chamou sensação ao sentimento da ação muscular,* toda sua filosofia consiste precisamente na afirmação de que o sentimento da ação não resulta de uma sensação, que a ação é conhecida em si mesma uma vez que pertence à esfera da subjetividade, uma vez que é um fato em relação de conhecimento imediato consigo mesmo. Que esse modo de conhecimento não possa ser designado pelo termo sensação é o que Biran declarava expressamente em texto que citamos e cuja proposição essencial recordamos aqui: "é preciso um nome para esse conhecimento interior, pois o de *sensação* não expressa tudo".[17] Erro significativo, porém, pois se Lagneau foi levado a cometê-lo não foi, em seu caso, ignorância ou falta de probidade, foi porque, numa perspectiva kantiana, só há duas fontes de conhecimento. E assim como Lagneau, compreendendo que não se pode reduzir nosso sentimento da ação a uma sensação muscular, foi obrigado a fazer dele o produto

---

[16] *Célèbres Leçons et Fragments,* op. cit., p. 136.
[17] *D,* 3, p. 69, nota.

de um juízo, assim como devia pensar, necessariamente, que Biran, afastando-se radicalmente de uma filosofia que veria no esforço um sentimento composto, do qual um elemento seria constituído por um juízo intelectual, só podia reduzir o ser desse sentimento ao de uma sensação.

A partir daí, a análise de Lagneau mergulha em profunda contradição: após haver dito que "não se deve confundir a sensação muscular com o sentimento da ação", o que lhe ensinou propriamente Maine de Biran, ele censura a este último ter cometido semelhante confusão. É ele, contudo, que a comete, pois é na sua perspectiva que a sensação muscular permanece, senão o único elemento, pelo menos um elemento determinante de nosso sentimento de ação, elemento indispensável para o nascimento desta: "Esse sentimento é uma modificação de nós mesmos", diz ele, isto é, para o kantiano que ele é, uma modificação passiva da sensibilidade, uma sensação. Permanece válido dizer, porém, que essa modificação não basta, que ela "se liga à afirmação de que nós somos sua causa"[18] – e assim *a sensação muscular, a qual sustentamos, com Maine de Biran, não desempenhar nenhum papel no conhecimento originário que temos do movimento de nosso corpo*, encontra direito de cidadania na explicação do sentimento da ação que nos fornece a *Leçon sur la Perception*. Como poderia ser diferente, se for verdade que, no kantismo, o conhecimento é sempre o produto de uma colaboração de dois termos: o dado empírico sensível e a categoria? Semelhante conhecimento, no entanto, é um conhecimento temático do universo, o que ele constitui é o ser transcendente da natureza. Onde situar, em tal ontologia, o ser do ego, onde está sua vida concreta, sua ação, seu movimento? Onde está a origem do conhecimento que tenho de meu corpo, se esse conhecimento não pode encontrar nenhum ponto de apoio no mundo, e se não pode tampouco nascer de uma ideia? Como posso saber que sou eu que ajo, de onde me vêm o sentimento, o conhecimento imediato de meu esforço? Como eu poderia viver se minha própria vida não é dada a mim mesmo, se não sou minha própria vida?

---

[18] *Célèbres Leçons et Fragments*, op. cit., p. 135.

Para estar em condições de responder a semelhantes questões, que são apanágio da filosofia primeira, seria preciso recusar a ontologia kantiana e estar de posse de uma ontologia que seja antes de tudo uma ontologia da vida, uma ontologia da subjetividade e do ego. Sem dúvida, julgo que sou eu que ajo, esse juízo supõe a intervenção, em meu espírito, da ideia de causalidade, mas a dedução transcendental das categorias nos mostrou, precisamente, que estas não flutuam no ar e não ocupam nosso espírito por acaso, que têm um fundamento, que é precisamente a vida concreta do ego, sua ação e seu movimento, em suma, seu corpo. Não se deve só inverter a dedução de Lagneau e afirmar que a ideia de necessidade supõe a ideia de causalidade, e a ideia de causalidade supõe a ideia de ação, é preciso ainda verificar que a ideia de ação supõe a própria ação, que só podemos falar de uma ideia de ação se, como Lagneau compreendeu por um momento, a ação se "revela em si mesma", e que, por conseguinte, só uma teoria da imanência absoluta do movimento em seu pertencimento originário à subjetividade pode explicar as ideias sob as quais poderemos, em seguida, pensá-las. Em outros termos, a causalidade do eu que nos permite sentir as sensações musculares como efeito de nossas ações não é conhecida inicialmente por intermédio de uma ideia, que seria a ideia de causalidade – essa causalidade, antes de ser uma ideia, é um poder, e esse poder nos é revelado da mesma maneira que o ser do ego, com o qual, aliás, se confunde.

Determinamos assim o ser originário do corpo como pertencendo à região na qual se realiza a revelação a si mesmo da intencionalidade, no âmbito da experiência interna transcendental. Por pertencer a essa região da verdade originária, o ser do movimento subjetivo é uma revelação imediata de si a si mesmo, sem que nessa revelação ele apareça para si mesmo, pela mediação de uma distância fenomenológica, no elemento do ser transcendente. Por esse motivo, precisamente, afirmamos que o movimento nos era conhecido imediatamente, e negamos que a sensação muscular ou qualquer outra forma de mediação desempenhe o menor papel nesse saber primordial que é o nosso, e é menos um saber de nosso corpo que o ser fenomenológico desse corpo. Porém, toda consciência é consciência de alguma coisa, a experiência interna transcendental é sempre também uma experiência interna transcendente. Se o movimento é verdadeiramente uma intencionalidade, é porque é o local mesmo no qual se realiza a verdade originária e que, por meio dessa realização, se anuncia igualmente a nós alguma coisa na verdade do ser transcendente. Só então teremos razão em afirmar que o ser do corpo é efetivamente o do conhecimento ontológico, porque, em sua própria revelação a si, é também o ser do mundo que lhe será manifestado.

O movimento, no entanto, é uma intencionalidade *sui generis* e, quando o termo transcendente que nos é dado é o estrito correlato de semelhante intencionalidade, ele se dá a nós com características específicas, cuja originalidade convém destacar. O que se manifesta a nós, quando temos acesso por meio de um movimento, em nada se compara com qualquer outro conteúdo transcendente que seria atingido por uma intencionalidade comportando uma tese dóxica.[19] Porque o movimento não é conhecimento no sentido comum, isto é, porque não traz em si uma intencionalidade como aquela que constitui o ser de nossa vida teórica, o que se manifesta a ele não é de modo algum representado, o elemento transcendente é aqui vivido de modo bem diverso que numa representação; a maneira pela qual é vivido é precisamente a vida do ego no modo próprio que ela assume agora, ou seja, o movimento.

Entretanto, se mostrássemos que o movimento não é apenas uma intencionalidade entre outras, mas que é a intencionalidade mais profunda da vida do ego e, por conseguinte, uma intencionalidade que se encontra em todas as outras determinações da subjetividade transcendental, seria preciso dizer, então, que o ser transcendente em cuja presença vivemos traz em si o princípio de uma unidade de todas as formas que ele pode assumir para nós. Essa unidade, que resulta da presença na vida da subjetividade de um modo fundamental de nosso poder de constituição, ou, se preferirem, da determinação de nossa intencionalidade mais profunda como movimento, não é só o aspecto comum de todos os aspectos que o mundo pode assumir para

---

[19] Tese dóxica: referente à *doxa*, opinião em grego, distinta, portanto, de *episteme* (ciência). (N. T.)

nós, torna-se como que seu fundamento. Este, a essência do ser transcendente tal como a compreende Maine de Biran, é o que todas as outras intencionalidades virão determinar para conferir a nosso mundo a totalidade de seus predicados humanos. Em si mesmo, no entanto, e independentemente da intervenção de outros modos de nosso poder de constituição, esse fundamento, isto é, o correlato da intencionalidade motriz, nos é conhecido; ele nos é conhecido não, precisamente, como objeto atingido pela intencionalidade do conhecimento teórico, mas como o que se manifesta a nós bem antes que nos ocorresse conhecê-lo dessa maneira, como aquilo que, pelo contrário, tornará possível o nascimento de nova intencionalidade, a qual, porque o ser real do mundo já lhe será dado, poderá formar o projeto de conhecê--lo em conhecimento temático e intelectual de outra ordem. Se, todavia, o termo transcendente, experimentado por nosso movimento, e que nos é fornecido sem a mediação de qualquer representação, não é por isso um mero nada fenomenológico se for efetivamente descoberto na verdade do ser transcendente, *é por esse único motivo que o movimento de nosso corpo não é tampouco um processo inconsciente ou fisiológico, mas pertence, em seu ser originário e enquanto movimento real, à esfera de imanência absoluta da subjetividade.* É a verdade mais originária na qual se banha o ser do movimento subjetivo que faz que o conteúdo transcendente que ele experimenta seja posto por nós na verdade do ser como determinação que será o fundamento de todas as determinações do mundo, e é determinado pura e simplesmente pelo fato de que é o correlato de nosso movimento. Nosso corpo só pode conhecer o mundo porque é um corpo subjetivo, transcendental e, reciprocamente, esse mundo do corpo é um mundo que só é originalmente conhecido pelo corpo, isto é, só é conhecido por nosso movimento.

Afirmar agora que a *mais profunda* intencionalidade da vida do ego é o movimento é afirmar que o mundo que nos é *originariamente* dado é justamente esse mundo do corpo, um mundo cujo ser, na origem, não passa de um termo transcendente do movimento, *como termo que resiste ao esforço*, é uma determinação essencial, não pressupõe nada mais, não faz um uso implícito e não confessado de noções ou categorias cuja intervenção efetiva, nesse estágio da constituição do real, tornaria ilusório o caráter pretensamente essencial de semelhante determinação. O elemento que resiste não é, porém, na realidade, alguma coisa que resiste, de modo que seremos obrigados a reconhecer, aqui, o papel da *categoria de substância* na determinação desse elemento que supostamente constitui o fundamento do mundo real? A ideia de substância se relaciona com o "contínuo resistente", mas, longe de que este possa ser constituído por aquela, ele é ao contrário seu fundamento, segundo os termos mesmos da dedução biraniana das categorias.

Por esse motivo, não se pode acolher a objeção de Lagneau: "Parece que sentimos imediatamente a resistência. É uma ilusão, pois a ideia de resistência supõe a ideia de um corpo exterior que nos resiste, e a representação de dois corpos em contato na extensão".[20] A resistência não é sentida, é verdade, no sentido em que seria conhecida por uma sensação, mas todas as ideias com as quais Lagneau pretende explicar nosso conhecimento da relação do movimento com um termo que resiste repousam sobre essa relação real, a qual experimento. Sem dúvida, uma ideia não poderia nascer de um fato, mas se dizemos que o contínuo resistente, embora escape à representação e ao conhecimento teórico, se manifesta a nós em meio ao ser transcendente, é porque a transcendência do movimento em sua direção é uma experiência interna transcendental, e que assim o dado de onde as categorias se originam não é de nenhum modo um fato bruto, é um fato em relação de conhecimento imediato consigo mesmo; e se ele é o fundamento do conhecimento teórico, é precisamente porque é a verdade original em sua realização imanente. A dedução transcendental das categorias assume assim, a nossos olhos, um sentido cada vez mais profundo: se as categorias se fundam em nossa vida, é porque o que pensamos depende do que somos. A ideia não é o fundamento do real, é o contrário que é verdadeiro, e só podia ser afirmado por uma filosofia com os meios para nos fazer conceber um real capaz de ser efetivamente a origem de nossas ideias, porque é o lugar onde se realiza originariamente a verdade.

---

[20] *Célèbres Leçons et Fragments*, op. cit., p. 134.

Em sua determinação como puro e simples correlato de uma intencionalidade do movimento, o real transcendente recebeu o nome de "contínuo resistente". Procuramos mostrar o que se devia entender por esse termo que resiste, e como a originalidade de Biran consistia em explicar o fato de que ele podia existir para o homem no âmbito de sua experiência mais concreta, sem se tornar tema de conhecimento teórico ou intelectual. Gostaríamos de concluir nosso comentário sobre esse ponto por meio de uma observação sobre o significado do termo "contínuo" empregado aqui pelo autor do *Ensaio*. Por "contínuo" não convém compreender uma continuidade espacial. O espaço, com efeito, não é, no biranismo, uma forma constitutiva de minha experiência do real, se constitui antes pelo desenvolvimento dessa experiência. É no desenrolar do movimento e por meio dele que o correlato transcendente que lhe resiste adquire essa extensão que é, assim, o produto, e não a condição de minha experiência primeira. O elemento resistente se opõe continuamente a meu esforço, é o termo que este sempre encontra como limite, e também como ponto de apoio, de sua própria realização.

Poderíamos, então, pensar em interpretar o qualificativo de contínuo fornecido ao elemento resistente como a expressão da forma temporal segundo a qual se realiza a experiência que tenho da dualidade primitiva. O caráter temporal dessa experiência não parece, contudo, ter um privilégio sobre a constituição do espaço, parece antes se identificar com o modo mesmo segundo o qual essa constituição se efetua. A designação do termo resistente como contínuo tem, de fato, uma significação mais originária; ela se refere ao fato de que esse termo resistente constitui o fundamento do real, a essência das coisas, e isso por princípio, porque há aí uma questão de direito, porque a determinação do real como o que resiste é uma determinação *a priori*, que estamos certos de que tal determinação não estará jamais ausente de nossa experiência do real, mas constituirá sempre seu fundamento. Esta última certeza repousa, por sua vez, não sobre uma exigência de nossa razão, mas sobre a natureza mesma de nossa experiência do real, sobre o fato de que o movimento é a intencionalidade originária, uma intencionalidade de algum modo permanente da vida do ego, de maneira que o que nos é fornecido na experiência apresenta, de modo inelutável, esta característica essencial de ser dado a nosso movimento. Nossa vida concreta que faz a experiência interna e transcendental de si mesma como movimento subjetivo constitui, por isso mesmo e ao mesmo tempo, a experiência do mundo como termo transcendente desse movimento, como contínuo resistente.

É na determinação eidética do correlato da experiência interna transcendental do movimento que reside o motivo pelo qual a certeza deste último é partilhada pelo termo que lhe resiste. Eis porque esse termo transcendente escapa ao domínio da redução fenomenológica, pois a certeza inerente à esfera de imanência absoluta na qual se realiza nosso movimento originário é precisamente *a certeza do termo resistente* que ele atinge, e é essa significação comportando a rejeição de todo idealismo problemático que está incluída na denominação de "contínuo" dada àquilo de que nosso movimento é a experiência. A comparação dessa tese biraniana com a crítica kantiana – comparação que, sem dúvida, está na origem da bela análise de Lagneau sobre a relação entre a unidade do sentir e a unidade do universo[21] – não deve fazer esquecer que as premissas da conclusão comum, segundo a qual a existência do mundo exterior é tão certa como a de nossa vida interior, são bem diferentes nos dois casos. A prova kantiana, apesar de tudo, é indireta, se limita a fazer valer que a constituição de nossa vida interior não pode reivindicar qualquer privilégio em relação à do mundo exterior, mas, ao contrário, pressupõe esta última como sua condição. A tese biraniana é bem diferente: ela não pode argumentar a partir das condições necessárias para a constituição de nossa vida interior, uma vez que, para ela, esta não é de nenhum modo constituída, pelo menos enquanto se quiser considerá-la em sua natureza originária – algo de que o kantismo, é verdade, não se preocupa em absoluto, pois é incapaz de determinar o ser da subjetividade no plano da imanência absoluta. O argumento biraniano, de inspiração fenomenológica, e não reflexiva, é: é porque nossa vida interior como subjetividade é uma esfera de certeza absoluta de que aquilo de que ela está certa é, também, absolutamente certo. É desse modo

---

[21] Cf. *Célèbres Leçons et Fragments*, op. cit., p. 136-38.

que a característica pela qual o termo resistente se dá a nós como irredutível, como escapando ao domínio da redução, se funda precisamente sobre a certeza absoluta que temos, isto é, sobre o ser subjetivo do movimento que constitui sua experiência. Nossa certeza é a origem da verdade do ser, é por esse motivo, precisamente, que, desde o início de nossa pesquisa, fomos levados a determinar essa certeza como verdade originária, e a elaborar uma ontologia que nos faça compreender como é só na subjetividade radical que a verdade pode encontrar fundamento. É no interior do homem que habita a verdade e, no caso que nos ocupa, devemos dizer que é o ser subjetivo do movimento que traz em si a certeza que temos da realidade do mundo.

3. O MOVIMENTO E O SENTIR

A teoria ontológica do movimento se confunde com a teoria ontológica do corpo. O corpo não é apenas o movimento, é também o sentir, mas a decomposição do pensamento, uma vez que este é aqui a decomposição da faculdade de sentir, mostra precisamente que a essência do sentir se constitui pelo movimento. O ato de sentir, para começar, não é conhecido pela sensação, ao contrário, é o que a conhece. Biran afirma tanto a realidade transcendental do sentir quanto o ser transcendente da sensação. O corpo, na medida em que é o corpo subjetivo, confunde-se com o ato de sentir, não é de nenhum modo um composto de sensações, qualquer que seja a unidade, nas variações correlativas, por exemplo, que se possa descobrir entre essas sensações. Essa unidade, com efeito, é uma unidade constituída, é a unidade de uma massa transcendente, não é de nenhum modo a unidade do ser originário de nosso corpo. Em texto sobre a relação entre a impressão visual e o eu, diz Maine de Biran: "Que qualquer impressão visual, confusa ou distinta, uniforme ou variada, esteja nele, isto é, no órgão, ou fora dele, no espaço, ainda assim, desde que ele [o sujeito] o perceba, ela não é *ele*, seu *eu* não se identifica com ela".[1] Arrancado à esfera da imanência, rejeitado no elemento do ser transcendente, a sensação não é, por isso, objeto de representação teórica. Pois, se ela não é aquilo por meio da qual conhecemos nosso corpo, e tampouco esse corpo mesmo, a sensação

---

[1] *D*, 4, p. 82.

é conhecida por ele, não representada, mas dada ao movimento com o desenrolar do processo subjetivo de seu esforço no sentir.

Porque a faculdade de sentir, concebida em si mesma, é independente da sensação, uma problemática concernente ao ser dessa faculdade deve começar por uma redução que tem por efeito abstrair nosso poder de sentir, de apreendê-lo no estado puro, separando-o de tudo o que tenha a ver com sensação. É esta, propriamente falando, uma decomposição do pensamento, cujo processo de abstração, no entanto, não deve ser compreendido como se nos revelasse um termo que não bastaria a si mesmo, mas teria necessidade de um fundamento. O que a decomposição abstrai, ao contrário, é o essencial, é o corpo sem a sensação, *o corpo antes da sensação*, ou seja, precisamente o ato de sentir considerado em si mesmo e como puro poder. Podemos supor, por conseguinte, que esse "corpo puro" se empenha em sentir na ausência de todo objeto e, assim, de toda propriedade sensível. O que encontramos então, o que resta que se retira de tudo o que é transcendente em nossa vida sensível, é essa vida mesma, e é ela que Maine de Biran determina no fundo de cada sentido como aquilo que constitui seu ser próprio. "Afastemos [o] objeto. A mesma determinação voluntária pode se efetuar novamente sem auxílio de qualquer força externa, os atos podem se reproduzir e ser percebidos na própria determinação de sua força, que não se modificou (...) *a única coisa que falta absolutamente é a sensação*."[2]

No momento em que se opera, assim, a abstração de um poder puro, que é como que a raiz de cada um de nossos sentidos, Maine de Biran determina imediatamente, e de maneira a excluir qualquer equívoco, a natureza desse poder como subjetividade. É a determinação subjetiva dessa origem de nosso poder de sentir que faz que os movimentos por meio dos quais temos consciência de exercer tal poder não sejam determinações fisiológicas de nossos órgãos, mas se deem a nós, ao contrário, como movimentos originários que estão imediatamente em nossa posse. Qualquer que seja a natureza das sensações

---

[2] *D*, 4, p. 182-83, grifo nosso.

que se trata de darmos, quer se trate de sensações visuais, olfativas, auditivas ou táteis, é sempre por intermédio de um só e mesmo poder que nos dirigimos para elas e as obtemos. As sensações visuais, por exemplo, estão sob a dependência imediata do movimento de nosso olhar. É esse movimento que me revela a cor amarela da parede do meu quarto, na minha frente, depois, através da janela, as colorações das árvores mortas pelo inverno, no parque e, acima dele, o azul pálido do céu. A unidade de nossas sensações visuais é constituída, mas essa unidade tem um fundamento que reside, precisamente, no poder que a constitui, e não é senão o movimento subjetivo do olhar.

A determinação das sensações visuais no espaço visual, determinação que constitui a estrutura do mundo visual, não resulta de nenhum modo de uma relação imediata entre esta sensação e aquela determinação do espaço. O espaço, por si mesmo, é totalmente indeterminado, não seria possível lhe conferir uma determinação, como se acreditou durante muito tempo, pela inserção, nele, de uma sensação visual, pois a relação desta com seu lugar é universal e vazia, já que é sempre a mesma, qualquer que seja a sensação considerada. A sensação está sempre onde está, e esse "aí" não deixa de ser totalmente indeterminado, e só se torna determinação espacial propriamente dita sob a condição de um movimento real ou possível de meu olhar, que o situa, que o determina espacialmente em relação a mim. É a esse movimento que se torna possível afirmar que tal situação visual se encontra aqui ou ali, que o azul pálido do céu está acima das cores negras, azuis, violetas da floresta no inverno. A unidade de nossas sensações visuais não se estabelece diretamente entre elas, não se trata de uma unidade imediata, resulta da mediação de nosso poder sobre elas, isto é, da unidade do movimento subjetivo de nosso poder sobre elas. É em nosso poder sobre ele que reside originariamente a unidade do mundo, essa unidade se realiza no estágio mesmo da constituição sensível do universo, e de uma forma que é imanente ao exercício de cada um de nossos sentidos tomados em particular e separadamente de todos os outros. É por meio dos movimentos de meus olhos que me apodero de todas as coisas, e é abrindo-os que um espetáculo visual se manifesta a mim.

O que dissemos a respeito da visão cabe para os outros sentidos. A decomposição do sentido do odor, por exemplo, evidencia, por um lado, um ato subjetivo, que é precisamente aquele por meio do qual sentimos os odores, e, de outro, esses odores mesmos como termos transcendentes de nossos movimentos de inspiração. Semelhantes movimentos, na verdade, são sempre o mesmo movimento, e é sobre a identidade deste que repousa a unidade do mundo sensorial considerado. Do mesmo modo, na audição, uma "ação motriz se realiza (...) interiormente"[3] e é a ela que os sons são dados. Foi sobretudo na análise do "órgão ativo vocal" que Maine de Biran evidenciou "a função motriz" que concorre para tornar perceptível a impressão feita por uma causa externa. A voz, com efeito, repete o som ouvido, e o movimento subjetivo no qual o elemento sonoro é apreendido é assim ele mesmo repetido, reforçado, torna-se um ato voluntário, cujo estatuto ontológico, no entanto, é semelhante ao estatuto do primeiro ato subjetivo de apreensão: é essa identidade no interior de um mesmo estatuto, que é o do ser originário do movimento subjetivo, que nos permite falar de um segundo ato que repete o primeiro.

> No instante em que o abalo sonoro é comunicado ao ouvido, além da *reação motriz simultânea* (...) que completa a sensação, há, além disso, *uma determinação da mesma ordem*, que mobilizará o instrumento vocal; este repete o som externo e lhe faz eco; o ouvido é atingido por duas impressões, uma direta, outra refletida, interna; trata-se de duas marcas que se acrescentam, ou melhor, é a mesma que se duplica.[4] As duas impressões sonoras são ambas constituídas, o poder de constituição é o mesmo em ambos os casos, trata-se de uma reação ou ação motriz, é o ser originário do movimento subjetivo, é o corpo.

A determinação do ser originário do corpo como movimento subjetivo nos fornece o princípio de uma *fenomenologia da memória*, cuja possibilidade repousa, assim, inteiramente, sobre a teoria ontológica do corpo. Quando um som é ouvido, a impressão sonora é constituída, mas o movimento subjetivo

---

[3] *D*, 4, p. 54.
[4] *D*, 4, p. 57-58, grifo nosso.

no qual consiste o poder de constituição que está presente aqui conhece-se originariamente como tal, já que nos é dado numa experiência interna transcendental. É precisamente a posse da lei interior de constituição da impressão sonora que me permite repetir essa impressão, de reproduzi-la novamente, tantas vezes quanto quiser, e de reconhecê-la durante essa reprodução, porque, precisamente, o conhecimento do poder de constituição é imanente a seu exercício, e se confunde com este último. O que repete a impressão sonora é o corpo, logo, o ego, o que é o mesmo que afirmar que o poder de constituição da impressão sonora é o ego. Enquanto repito a impressão sonora, sei que já tive a experiência dessa impressão, que agora repito, que sou eu que a repito, e que é a mesma impressão que já experimentei e agora repito. A reminiscência implicada nesse fenômeno se duplica em uma reminiscência do poder de constituição, reminiscência que é a repetição propriamente dita, e em uma reminiscência da impressão sonora, que é a reminiscência do termo repetido ou reproduzido. A primeira reminiscência se efetua no plano da imanência transcendental, ela se produz sem intervenção de qualquer constituição, ela se conhece como tal, interior e imediatamente. Ao primeiro tipo de reminiscência Maine de Biran denominou "reminiscência pessoal", ao segundo, "reminiscência modal".

Deve-se observar, agora, que essa distinção só intervém para maior clareza da análise, pois a reminiscência modal se baseia, na verdade, na reminiscência pessoal, ou melhor, confunde-se com esta. Se, com efeito, a impressão sonora constituída no elemento do ser transcendente é reconhecida enquanto é repetida, e reconhecida precisamente como impressão repetida, é porque o poder que opera a constituição dessa impressão se reconhece a si mesmo originariamente em sua repetição, e assim, a repetição e o conhecimento da impressão são o mesmo que a unidade e a permanência do ego através do desenvolvimento de seus poderes de constituição e da repetição de seu exercício.[5] Na repetição, por meio da voz, de uma impressão

---

[5] Cf. *D*, 4, p. 72: "Os sons percebidos em sua sucessão correspondem, cada um, a um *movimento* particular, o qual, após ter operado a distinção completa no sentido, *prepara sua recordação exata*, seguindo a mesma ordem". (grifo nosso)

sonora originalmente ouvida, encontramo-nos em presença de uma relação entre a unidade e a diversidade, entre a unidade do ego que ouve e profere o som e a diversidade de impressões sonoras que, mesmo idênticas em seu ser, são todavia individualmente diferenciadas pelo lugar que ocupam no tempo, e faz que uma seja primeira, outra a segunda, etc. Essa relação entre a unidade e a diversidade, porém, e precisamente porque a memória é um fenômeno corporal, encontra-se em qualquer atividade sensorial como seu elemento constitutivo. Como "as sensações variam e se sucedem, enquanto o esforço permanece o mesmo, há pluralidade sentida ou percebida na unidade",[6] e é assim que o corpo, como unidade subjetiva do movimento, é o princípio de unidade do poder ao qual é dada a infinita diversidade de impressões sensíveis: "Partindo do mesmo princípio de motilidade, eu o segui (...) no exercício de cada sentido em particular". É portanto "o exercício da motilidade, isto é, da faculdade de efetuar movimentos e ter consciência deles",[7] que constitui a raiz de nosso poder de sentir, como o mostra ainda a decomposição da função motriz do tato.

Essa decomposição evidencia imediatamente o movimento subjetivo do tato como princípio de todas as nossas sensações táteis. No tato, mais do que em qualquer outro sentido, percebemos como "esse modo fundamental" que é o movimento "pode concorrer com o exercício de diversos sentidos",[8] porque é dirigindo nossos movimentos sobre e contra as coisas que fazemos nascer em nós as sensações táteis, que vêm como que recobrir a substância mesma do real, uma vez que, segundo Maine de Biran, é essa substância que, no exercício do tato, atingimos imediatamente como termo transcendente de nosso esforço. Por esse motivo, compreende-se que o tato motor nos revela algo bem diferente de uma camada sensível por si mesma indeterminada e que deveria ainda receber o significado transcendente de ser a manifestação imediata do real. O tato motor sendo um movimento, o que se manifesta a

---

[6] *D*, 4, p. 47-48.
[7] Ibidem, 4, p. 45, nota.
[8] Ibidem, 4, p. 8.

ele são as coisas mesmas na resistência que nos oferecem, e as sensações táteis que são como que inseridas nesse contínuo resistente, lhe pertencem e são as determinações sensíveis do ser real do mundo. O significado do conteúdo transcendente de nossa experiência do tato motor, significado que é transcendente em relação ao dado sensível propriamente dito, inclui-se todavia neste último, na medida em que se dá precisamente a nosso movimento.

Mas, segundo Maine de Biran, *o movimento é imanente ao exercício de cada um de nossos sentidos* e, por conseguinte, *o privilégio do tato deve ser partilhado por todos os demais sentidos, ele pertence por princípio à atividade sensorial em geral.* Não há um sentido que nos faria conhecer o mundo real, e depois outros que só nos entregariam sensações às quais a significação de nos manifestar o ser real só poderia ser acrescentada, por exemplo, em virtude de sua constante associação com nossas percepções táteis. Por termos dado uma significação radical à tese da imanência do movimento subjetivo à atividade sensorial em geral, rejeitamos o privilégio biraniano do tato, ou melhor, nós o estendemos à vida de todos os sentidos em geral e, ao mesmo tempo, afirmamos que *o mundo sensível em geral é o mundo real.* Se for verdade afirmar que o sentimento de causalidade "se associa de diversas maneiras com as diferentes impressões, seja por meio de uma relação de derivação, se essas impressões resultam da verdade, seja mediante *uma simples relação de coexistência ou de simultaneidade, se forem passivas por natureza*",[9] é verdade também e é necessário afirmar que nossas impressões se constituem todas pelo ser originário do movimento subjetivo, o qual, nesse movimento de constituição que as projeta sobre o fundo do contínuo resistente, lhes confere essa significação transcendente, logo, imanente à significação do sensível em geral, de ser uma manifestação imediata do próprio ser real. A diversidade ou mesmo a contingência de nossas sensações não é senão a expressão da maneira infinitamente diversa pela qual o ser se manifesta a nós, mas, em toda parte e sempre, qualquer que seja o modo pelo qual se realiza,

---

[9] *D*, 4, p. 7, nota, grifo nosso.

essa manifestação é verdadeiramente uma manifestação, é o desvelamento do ser que se descobre a nós em sua verdade.

A visão, por conseguinte, não nos oferece apenas imagens mudas, flutuando em algum ponto do ar, no intervalo que se estenderia entre o real e nós. Os sons e as cores não compõem, tampouco, uma película sensível que, em sua indigência, exigiria, similar à matéria dos antigos, uma forma intelectual para pensá-la e determiná-la, enquanto, de resto, só o mundo do tato teria consistência e seria suficiente por si. Cada mundo sensorial é um mundo real, e autônomo. *A razão dessa suficiência e dessa autonomia, entretanto, é precisamente aquela pela qual este mundo não forma um mundo isolado, mas se faz um com todos os outros mundos sensoriais.* O mundo visual não é real porque posso tocar as coisas que ele me manifesta. Já por si mesmo, precisamente, *ele me manifesta coisas*, e não imagens coloridas, e é esta a razão pela qual também posso tocar essas coisas, pois só se toca coisas, e não fantasmas. É isto que faz que o mundo visual seja um mundo real, que faz igualmente que ele me seja acessível por meio de todos os demais sentidos. O que vejo é também o que posso tocar, ouvir ou sentir. O fundamento desse "também", que é precisamente o fundamento da realidade de cada mundo sensorial, é o contínuo resistente, imanente a cada um desses mundos, *porque o movimento subjetivo é imanente ao exercício de cada sentido, porque é o ser mesmo do corpo.* É essa imanência aos diversos sentidos do poder de constituição do contínuo resistente que explica que este não seja transcendente ao dado sensível, que possa formar, ao contrário, como que o lugar comum de todas as nossas impressões. Eis porque não precisamos, para fundar a realidade do mundo de nossa experiência cotidiana, recorrer a uma ideia, à ideia de substância ou de real, pois esse real já está implícito na experiência sensível. Como, de resto, seria possível fundar o real sobre uma ideia? Não é, com toda evidência, o contrário que é verdadeiro?

Podemos então formular algumas conclusões, que nos permitirão compreender o princípio da unidade de nossos sentidos, como esta unidade é a de um saber, em que consiste, enfim, a individualidade da realidade humana como individualidade sensível.

§ 1. A unidade dos sentidos e o problema da relação entre nossas imagens e nossos movimentos

Nossas sensações não têm, por si mesmas, nenhuma unidade, elas são heterogêneas; o que elas nos fornecem é a pura diversidade. Porém, consideradas em si mesmas, elas não passam de abstrações, pois na verdade são sempre constituídas por um poder ao qual o movimento subjetivo é imanente. O que significa afirmar que esse poder é o de nosso corpo, e que o que ele constitui é o próprio real, que ele atinge em seu ser como termo resistente. Esse termo, cuja constituição se efetua com o exercício de nossos sentidos, é de algum modo apresentado pelo conteúdo especificamente sensível de nossa experiência. No fenômeno dessa apresentação residem: 1) a razão pela qual o sensível se dá a nós como manifestação imediata do ser, e não como eflorescência irreal recobrindo a nossos olhos a existência de alguma coisa = x; 2) o princípio da unidade transcendente do mundo sensível. Porque semelhante unidade é a do contínuo resistente que atravessa os diversos mundos sensoriais e funda em cada um deles sua realidade, ao mesmo tempo que sua abertura a todos os demais, ela se baseia na unidade do poder que constitui o contínuo real e uno, sobre a unidade de nosso corpo subjetivo. Este, por sua vez, repousa sobre a estrutura interna da subjetividade, na qual reside a origem última e essência de toda unidade possível em geral.[10]

Fora dessa esfera ontológica originária só existe, com efeito, uma unidade constituída, e a ilusão filosófica mais corrente consiste em construir a unidade do mundo com base em uma unidade que, porque não é originária, não pode de nenhum modo desempenhar o papel que se espera dela, mas exige, ao contrário, por sua vez, um fundamento. Um filósofo como Lagneau foi vítima de uma ilusão quando acreditou poder fazer repousar a unidade do mundo sensível exterior sobre a unidade de nossas sensações internas, sobre o que ele chama "ordem fixa do senciente [*sentant*]".[11] É sobre uma ordem fixa do sentir, com

---

[10] Cf. *L'Essence de la Manifestation*, op. cit., § 35.
[11] Ibidem, p. 140.

certeza, que repousa a unidade de nossa experiência sensível, mas essa ordem fixa do sentir não poderia consistir na unidade de variações concomitantes de nossas sensações internas. Estas últimas são transcendentes, como todas as sensações em geral, a unidade que elas nos manifestam é constituída, só a unidade do poder de constituição do mundo sensível em geral pode dar conta delas. É apenas pensando na esfera subjetiva à qual pertence esse poder de constituição que podemos compreender sua unidade, ao mesmo tempo que a origem das unidades transcendentes de que ele é o princípio. Gostaríamos de destacar esta última tese, com base em um exemplo preciso.

O problema da relação entre nossas imagens e nossos movimentos sempre preocupou os psicólogos, que se esforçaram, em vão, em solucioná-lo. Em *O Imaginário*, Sartre enfrenta esse problema, e toma como exemplo o movimento que faço com meu dedo, e por meio do qual desenho uma curva e um círculo no espaço. Trata-se de compreender a relação entre a imagem visual dessa curva com os movimentos que efetuo para desenhá-la. Sartre critica, em primeiro lugar, a tese de um psicólogo, Dwelshauvers, que decompõe dessa maneira o conjunto do processo em questão: 1) ideia de um movimento a efetuar; 2) encarnação dessa ideia numa atitude motriz inconsciente; 3) "imagem provocada na consciência como registro da reação motriz, e qualitativamente diferente dos elementos dessa reação".[12] Essa tese, que é uma formulação, entre outras, da tese clássica, é evidentemente inaceitável. Para começar, é bem evidente que, em nossa vida natural, não formamos a ideia de nossos movimentos antes de executá-los. Quando apanho uma caixa de fósforos em meu bolso, ou acendo o palito, esses movimentos bem simples não são precedidos, em minha consciência, de nenhuma representação, nem pelo que quer que seja. A encarnação dessa ideia, que não temos, numa atitude motriz em terceira pessoa, que ignoramos, é um primeiro mistério. A aparição, como consequência desse processo motor inconsciente, da imagem visual de que tenho consciência, é outro mistério. A afirmação da existência de uma relação

---

[12] Cf. Dwelshauvers, *L'Enregistrement Objectif de l'Image Mentale*, VII Inter. Congress of Psychology e *Les Mécanismes Subconscients*, Paris, Alcan; citado em Sartre, *L'Imaginaire*, Paris, Gallimard, 1940, p. 100.

entre essa imagem e semelhante processo motor não passa da expressão, na linguagem da mitologia reflexiva do inconsciente, do simples fato da aparição da imagem. Essa aparição não é de nenhum modo explicada, e sua relação com o processo motor, dito fisiológico, é efetivamente incompreensível, ao passo que todo o problema consiste precisamente em explicar essa relação.

Qual, então, a solução de Sartre? Essa solução apela às análises husserlianas relativas ao modo temporal de constituição de nossas impressões, mas esse recurso a teses certamente válidas em si mesmas apenas dissimula a ausência de uma verdadeira resposta ao problema que nos ocupa. A imagem visual da trajetória descrita por meu indicador se constitui a partir das impressões visuais, mediante uma série de protensões e retenções que separam o presente concreto, que é, segundo Sartre, cinestésico. As impressões cinestésicas, porém, também elas se constituem e são unificadas por atos retencionais e protensionais, embora esta última constituição, que resultaria na tomada de consciência de uma forma motriz transcendente de fato existente, isto é, em uma percepção cinestésica, só se realize à sombra da percepção visual da trajetória de meu indicador. Se as coisas se passassem de modo diferente, a aparição dessa forma motriz, no campo da consciência, seria acompanhada, como nota Sartre, do desaparecimento da imagem. Por conseguinte, no caso da percepção visual da curva tal como ela se dá habitualmente, e enquanto não for interrompida pela percepção cinestésica de nossos movimentos, podemos afirmar que "a retenção e a protensão retêm e antecipam as fases desaparecidas e futuras do movimento, sob o aspecto que elas teriam se eu as houvesse percebido por meio dos órgãos da visão";[13] a partir daí, toda retenção é conversional, isto é, consiste de uma conversão do cinestésico em visual. No entanto, é apenas pela descrição da protensão que se dedica a análise de Sartre, descrição que deve ser mais fácil e mais simples, "pois a impressão futura não necessita ser convertida".

Consideremos, portanto, o caso em que "a partir do conteúdo sensível presente", que corresponde à posição atual de minha

---

[13] *L'imaginaire*, op. cit., p. 103.

mão e de meu dedo no espaço, "a consciência aguarda uma sensação visual". A impressão sensível, lastro dessas intenções, é cinestésica, pois é a partir do movimento do meu braço que espero a efetivação da forma visual da curva. Essa impressão

> não poderia, portanto, dar-se como visual, porém, ela é "a ponta extrema de um passado", que se dá como visual (...). Assim, por um lado, ela é o único elemento concreto da forma intencionada, é ela que confere a essa forma seu caráter de presença, que fornece ao saber degradado aquilo que ele visa. Porém, de outro, ela extrai seu sentido, seu alcance, seu valor, de intenções que visam a impressões visuais: ela mesma foi aguardada, recebida como impressão visual. Certo, isto não basta para fazer dela uma sensação da visão, mas não é preciso, por isso, conferir-lhe um *sentido* visual: essa impressão cinestésica, provida de sentido visual, funcionará como análogo de uma forma visual.[14]

É o mesmo que afirmar que, quando espero perceber um hidroavião, e vejo chegar em seu lugar uma cabra, tomo essa cabra pelo hidroavião, ou que, pelo menos, mesmo percebendo-a como cabra, confiro-lhe o significado de um hidroavião. A crítica que Sartre dirige a Dwelshauvers atinge em cheio sua própria teoria.

Como nos surpreendermos com essa comparação singular, se for verdade que ambos os autores têm em comum um postulado fundamental, a saber, como declara explicitamente Sartre, que "somos informados de maneira direta sobre os movimentos de nosso corpo, *por um tipo especial de sensações, as sensações cinestésicas*", postulado que o leva a colocar o problema nos mesmos termos de Dwelshauvers e os clássicos em geral: como sensações cinestésicas podem servir de matéria para uma consciência imagética [*imageant*] que visa a um objeto fornecido por percepções visuais?[15] Posto nesses termos, o problema é insolúvel, pois nos coloca na obrigação de encontrar uma passagem do cinestésico ao visual, e aceitar que essa passagem deve se realizar no plano mesmo do sensível. Ora, o ser do sensível é uma totalidade opaca e irredutível. Quando se fala da significação do

---

[14] Ibidem, p. 104.
[15] Ibidem, p. 100.

sensível, é preciso cuidado com o que se diz. O sensível pode perfeitamente ser portador de uma significação, esta pode até ser sensível, como no caso em que um azul nos remete a um vermelho. Porém, um azul é azul, e o vermelho, vermelho. A significação de um azul não pode fazer que esse azul, em seu ser sensível próprio, seja um vermelho – proposição que, do ponto de vista fenomenológico, é tipicamente absurda. Com mais forte razão, quando se passa de um campo sensorial a outro, é verdadeiro afirmar que uma sensação cinestésica não pode, por nenhum subterfúgio, transformar-se em uma sensação visual. O cinestésico é inteiramente cinestésico e só isso, e o mesmo vale para o caráter sensível próprio a cada sentido. Precisamente porque o mundo sensível é um mundo real, não se pode fazê-lo se tornar algo diferente do que é. Não se sente o que se quer. Nosso poder de intencionalidade não se exerce de maneira gratuita, a intencionalidade que visa a um conteúdo sensível dado não é qualquer uma, é rigorosamente determinada, não posso dirigir a uma cabra a intencionalidade constitutiva de um hidroavião. A constituição de uma imagem visual, da curva, por exemplo, que descreve meu indicador no espaço, não pode, portanto, de nenhum modo, apoiar-se sobre uma sensação cinestésica. Os dados sensíveis são rigorosamente heterogêneos, cada conteúdo sensível se refere a um modo específico de constituição, em outros termos, não pode receber a significação de ser algo diferente do que é. A intervenção do tempo não tem o poder de retirar a heterogeneidade irredutível entre o cinestésico e o visual como tais, e a relação entre nossas imagens e nossos movimentos é absolutamente incompreensível e, na verdade, impossível, *se for verdade, todavia, que o movimento de nosso corpo nos é conhecido pela intermediação de nossas sensações cinestésicas e, por outro lado, que a imagem visual da curva é, de certo modo, secundária em relação à pluralidade de impressões visuais.*

Antes de mostrar como a teoria ontológica do corpo – que põe o movimento subjetivo e o ato de visão no lugar das impressões cinestésicas e das sensações visuais – nos fornecerá o fundamento da relação entre nossos diferentes sentidos, relação sobre a qual repousa a unidade de nossa experiência, gostaríamos de expor à plena luz as inconsequências dessas teorias clássicas, inconsequências que têm a ver com o papel que se pretende atribuir à sensação cinestésica. Na análise de Sartre, esse papel é considerável: de um lado, com efeito, é a sensação cinestésica que está na origem de nosso conhecimento do movimento de nosso corpo, de modo que é só por intermédio dessa sensação que poderá se estabelecer a relação entre nossos movimentos e nossas imagens, por exemplo; de outro, é essa mesma sensação cinestésica que serve, no exemplo considerado, a definir o presente, presente que se assemelha, estranhamente, ao presente coenestésico dos empiristas, ou ao presente sensório-motor de Bergson. O presente não é sensível, é ontológico, mas o que importa notar aqui é que a importância do papel atribuído à sensação cinestésica não combina com a total incerteza que reina a respeito da natureza exata dessa sensação. Em uma nota de *A Imaginação*,[16] Sartre declara que ele explicou "a base motriz da imagem", atendo-se à tese de James "sobre a origem periférica do sentimento do esforço"; ele não levou em conta a "hipótese" – formulada por certos contemporâneos, especialmente por Mourgue – segundo a qual haveria "movimentos esboçados, sugeridos, retidos, impressões motrizes que não teriam por origem as contrações musculares"; caso essa hipótese se confirmasse, acrescenta Sartre, "bastaria conceber que a intenção imagética [*imageant*] se aplique a essas impressões motrizes não periféricas".

Eis o que é singular numa perspectiva fenomenológica: a impressão cinestésica, que se supõe constituir o ser do presente, bem como o fundamento da relação entre nossas imagens e nossos movimentos, é uma coisa = x, totalmente indeterminada e, na verdade, puramente hipotética, a ponto de se tornar precisamente objeto de hipóteses dos psicólogos e cientistas. Há mais: essa incerteza a respeito do ser da sensação cinestésica, como "base motriz da imagem", deve receber seu verdadeiro nome: é na realidade uma inconsciência absoluta. A inconsciência da sensação cinestésica como suposto elemento do conhecimento do movimento por meio do qual desenho a imagem de um círculo no espaço resulta diretamente da tese ontológica segundo a qual o movimento que nos é imediatamente presente como

---

[16] Ibidem, p. 110.

experiência interna transcendental, de resto, ignora totalmente os pretensos instrumentos por meio dos quais ele seria realizado. Essa inconsciência é reconhecida por Sartre, que declarava, em sua crítica a Dwelshauvers, que a aparição da sensação cinestésica seria acompanhada do desaparecimento da imagem. Como, então, essa sensação cinestésica cujo ser é entregue às especulações das teorias, que não nos dá a conhecer o movimento, e cuja simples presença à consciência basta para excluir a da imagem, poderia nos fornecer o princípio da relação entre nossos movimentos e nossas imagens, e o conhecimento que temos a respeito? Há, sem dúvida, impressões cinestésicas, e sua constituição pode indicar tema explícito do pensamento. Tenho então conhecimento temático de um de meus movimentos, mas, precisamente, deixei de traçar uma figura no espaço com meu dedo. Neste último caso, que é o que estudamos, há lugar, igualmente, para impressões cinestésicas, que não escapam, portanto, à constituição de conjunto do fenômeno. Não é motivo para lhes atribuir um papel que elas não têm, e se as chamamos de inconscientes é porque as tomamos numa atitude de redução, que visa a destacar o essencial do fenômeno a considerar e a nos revelar, por conseguinte, o fundamento da relação entre nossos movimentos e nossas imagens.

Esse fundamento é: no fenômeno originário do ato de traçar com o meu indicador uma curva no espaço, o movimento de meu olhar que constitui a figura espacial da curva é o mesmo que o movimento de minha mão que traça a curva, e a unidade desses dois movimentos, que formam um só, é uma unidade ontológica, é uma unidade na imanência absoluta da subjetividade. O tema do pensamento é aqui a imagem visual da curva, que é o objeto transcendente de meu olhar, *mas também do movimento subjetivo de minha mão, que traça precisamente essa curva, que a toca, por assim dizer, e a cria.* O tema, ou mais simplesmente, o termo do movimento de minha mão, não é, portanto, de nenhum modo, uma impressão cinestésica, esta está ausente do fenômeno central e originário constituído pelo movimento subjetivo e seu correlato transcendente, e é essa ausência que quisemos assinalar, declarando que a impressão era inconsciente. A constituição das impressões cinestésicas é um fenômeno marginal e secundário, e daí provém a característica que essas impressões têm de se perfilar na sombra, no interior de nosso corpo, de certo modo, em uma parte do espetáculo que não aparece à plena luz e na verdade mais manifesta do ser transcendente. O que ocupa esse lugar na luz é a curva que traço.

O fenômeno marginal da constituição das impressões cinestésicas, contudo, à sua maneira, é fenômeno decisivo, pois é com ele que se inicia *o ser do movimento constituído e também que meu próprio corpo se anuncia a nós no elemento do ser transcendente*, onde aparece como o rastro do ser originário do corpo subjetivo. É preciso evitar confundir essa primeira camada constituída de nosso corpo – camada que fornece a nosso corpo constituído, tomado na primeira fase de sua constituição, essa característica de estar sempre aquém do mundo, à margem do espetáculo com o qual nos relacionamos – com o ser originário do corpo, ou seja, com a subjetividade absoluta. A característica das impressões cinestésicas pela qual elas se dão como "em nós", por oposição à curva que minha mão traça no mundo, e que se dá como exterior a nós, compõe apenas uma interioridade relativa que não tem nada a ver com a interioridade do movimento subjetivo, que é absoluta. A esta última damos o nome de *interioridade ontológica*, pois significa que ela pertence a uma região de ser original, que se caracteriza precisamente pela presença de uma relação imediata consigo, ao passo que a interioridade do corpo constituído – interioridade que faz que, a seu respeito, também nós falemos de um "em nós", por oposição a um "fora de nós" – é uma interioridade constituída, que não tem nenhuma característica ontológica, isto é, que não pode de nenhum modo servir para definir uma região de ser, já que precisamente ela se situa, assim como o que se situa "fora de nós", na esfera do ser transcendente em geral.

Se o fenômeno marginal da constituição de nossas impressões cinestésicas significa uma primeira manifestação de nosso corpo no elemento do ser transcendente, e se ele deve, a esse título, ser descartado da descrição do fenômeno central no qual se efetua a relação entre nossas imagens e nossos movimentos, sua tomada em consideração nos ajuda, todavia, a melhor compreender em que consiste essa relação originária. A constituição de nossas impressões cinestésicas não acompanha só o movimento subjetivo pelo qual traço a curva no espaço, *essa constituição pode também acompanhar o exercício da visão;* é por efeito da operação dessa constituição marginal que somos conduzidos a falar de "movimentos de nossos globos oculares". Assim, a existência de sensações cinestésicas acompanhando o fenômeno da visão não é apenas uma estrondosa confirmação da tese segundo a qual o movimento subjetivo é imanente à existência de nossos diferentes poderes de sentir, ela nos permite ainda compreender que *a relação entre nossos movimentos e nossas imagens não se reduz, de nenhum modo, à relação entre nossas sensações cinestésicas e nossas sensações visuais*, uma vez que esses dois tipos de sensação estão igualmente presentes, isoladamente, no exercício da visão, por exemplo.

Se, à luz das análises precedentes, quisermos tentar dar do fenômeno no qual traço a curva com meu indicador uma descrição fenomenológica correta, percebemos que temos de distinguir:

1) Um ato de constituição secundária e marginal, que se duplica em um ato de constituição das impressões cinestésicas que acompanham o movimento de minha mão e, de outro lado, em um ato de constituição efetivamente semelhante das impressões cinestésicas que acompanham o movimento de meu olhar. Esse ato duplo resulta na constituição de um duplo movimento: do "movimento de minha mão", de um lado, e do "movimento de meus olhos", de outro. Esses dois movimentos são constituídos, são como o duplo rastro que faz surgir imediatamente depois de si o ato originário do corpo subjetivo, ou seja, o movimento propriamente dito. Esses dois movimentos, no entanto, se realizam na penumbra; quando constituem o tema do pensamento, o fenômeno central se desvanece.

2) Esse fenômeno central, que consiste precisamente no ato de traçar a curva com a ponta de meu indicador (abstração feita do rastro que esse ato deixa no corpo "interior" por consequência da constituição das impressões cinestésicas sob forma de movimento de nossos órgãos), decompõe-se em dois tipos de elementos: os que pertencem à imanência da subjetividade

absoluta, de um lado, e os que são constituídos, de outro. A teoria do movimento subjetivo nos permite compreender a unidade profunda que atravessa todos esses elementos e já se encontra em uns como unidade originária, em outros como unidade fundada. O movimento que apreende a curva traçada no espaço se decompõe, certamente, em um movimento de minha mão e em um movimento de meu olhar, mas essa decomposição se efetua no interior da esfera transcendental, e não resulta em nenhuma verdadeira divisão, expressa antes a unidade da vida concreta do ego, que é imanente ao desenvolvimento de todos os seus poderes, porque a raiz destes é precisamente o ser originário do movimento subjetivo cuja unidade conservamos desde que compreendemos sua natureza, que é de nos ser dada numa experiência interna transcendental.

O que é essa unidade dos movimentos do olhar e da mão, a natureza do termo transcendente que eles atingem nos permite especificá-lo, ainda que essa unidade se funde, por sua vez, sobre a primeira unidade, é uma unidade subjetiva originária. Com efeito, é uma só curva que traço, vejo, e poderia também sentir, por exemplo, se a desenhasse numa corrente de ar que afetaria a extremidade de meu indicador por meio de determinada sensação. Ora, a teoria do termo transcendente do movimento já nos forneceu o princípio de unidade dessa curva: se não há uma curva traçada, uma outra vista, outra sentida, enfim, é que cada mundo sensorial é um mundo real e, por conseguinte, que todos os mundos possíveis formem um só e mesmo mundo, e mostramos igualmente que o fundamento da unidade e da realidade do mundo sensível é precisamente o ser originário do movimento subjetivo.

Quando falamos da unidade da vida absoluta do ego, não queremos de nenhum modo dizer que esta vida é monótona, ela é na realidade infinitamente diversa, o ego não é um puro sujeito lógico encerrado em sua tautologia, é o ser mesmo da vida infinita que, todavia, permanece uno nessa diversidade e nessa atividade por meio da qual ela traça figuras, as vê e as sente, porque essa sua diversidade lhe pertence precisamente à medida que ela lhe é dada numa experiência interna transcendental. Mais uma vez, é o estatuto ontológico dessa vida que é o princípio de sua unidade e, por conseguinte, da unidade do mundo. A unidade de sentidos, mais profundamente, a unidade da vida corporal, encontra seu fundamento na estrutura ontológica da subjetividade e, portanto, a teoria dessa unidade está contida, por princípio, na teoria ontológica do corpo.[17]

§ 2. A unidade do corpo interpretada como a de um saber. Hábito e memória

Após haver apreendido o princípio da unidade dos sentidos, podemos compreender também como essa unidade é realmente a de um saber, e em que consiste este.

1) Uma vez que é uma experiência interna transcendental, nosso corpo é um saber imediato de si. Deve-se ver que a experiência imediata de nosso corpo não nos revela nada além dela mesma, o corpo não é, primeiro, um ser, e, em segundo lugar, uma experiência que teríamos de semelhante ser – ser que preexistiria, então, a essa experiência, ou que existiria independentemente dela. Nosso corpo se anuncia a nós como ultrapassando a experiência que temos dele, mas não é do corpo originário que falamos agora. Quando se trata deste último, seu ser é o da experiência imediata que temos dele, é um ser que é um parecer, mas, como vimos, um parecer de determinado tipo, uma aparência que se revela a nós na ausência de qualquer distância fenomenológica, e se confunde com essa maneira de se dar. É por essa via que nosso corpo é originariamente um saber. Ele é um poder, mas esse poder é um saber imediato de si, *um saber que não pressupõe que já nos esteja aberto o horizonte da verdade do ser*, mas que, ao contrário, é o fundamento e a origem dessa verdade.

2) Ao mesmo tempo que é uma experiência interna transcendental, nosso corpo é uma experiência transcendente. Precisamente porque o saber de si do corpo originário não é

---

[17] Apenas o desenvolvimento dessas visões poderia conduzir, assim acreditamos, a uma teoria satisfatória do simbolismo.

temático, *porque o "si" e a ipseidade do corpo não são o fim, mas a condição desse saber*, este não se encerra sobre si, não é o saber *de* si, mas o saber do ser transcendente em geral. Voltamos a encontrar aqui o ser da subjetividade absoluta, em sua raiz e em sua estrutura mais profunda. É porque semelhante ser não é constituído que ele é um poder de constituição, é porque ele se dá a si mesmo, sem que, nesse ato, ele apareça em qualquer momento no elemento do ser transcendente, que essa região do ser transcendente permanece livre para ele, e que alguma coisa pode lhe ser dada no elemento dessa região. É nessa estrutura ontológica originária do corpo como subjetividade absoluta que se encontra a razão pela qual nosso corpo conhece o mundo sem conhecer os "instrumentos" com os quais ele deveria supostamente conhecê-lo nas perspectivas clássicas, a razão pela qual, igualmente, seu conhecimento do mundo se efetua sem recorrer a nenhuma espécie de "meios".

Nosso corpo, sem dúvida, tem o poder de conhecer seus membros, assim como os diferentes órgãos de sentidos que se afirma comporem seu ser, mas o que ele conhece, então, é ainda um elemento do mundo, seu conhecimento ainda é, nesse caso, conhecimento do mundo, não é de nenhum modo conhecimento do instrumento de seu conhecimento do mundo. Se os "instrumentos" com os quais conheço o mundo, se os poderes de meu corpo se erguessem diante de mim no elemento do ser transcendente, eu não conheceria mais o mundo, ou melhor, conheceria um novo setor dele, o do corpo transcendente, ao passo que os demais setores desapareceriam na penumbra. Assim, quando eu prestava atenção a minhas sensações cinestésicas, a curva que o movimento de minha mão traçava no espaço não passava do objeto incerto e vago de uma consciência marginal. Os poderes de meu corpo só me revelam o ser do mundo sob condição de pertencer à esfera da imanência absoluta, sob condição de serem conhecidos em um conhecimento no qual o conceito de mundo não exerça qualquer papel. O conhecimento do mundo pelo corpo e o conhecimento originário do corpo por si, no entanto, não são dois conhecimentos diferentes, já que o segundo, ao contrário, é a substância mesma do primeiro. A experiência transcendente, em si mesma, é uma experiência interna transcendental, a experiência originária é uma experiência na qual nos estão presentes o ser do mundo, assim como o ser do corpo, ainda que o modo segundo o qual essa presença se efetue seja radicalmente diferente em ambos os casos: o corpo nos está presente na imanência absoluta da subjetividade, o mundo, no elemento do ser transcendente.

Se voltamos nossa atenção, agora, para esse conhecimento do mundo que é apanágio do corpo, esse conhecimento, como dissemos, não é nem intelectual, nem mesmo representativo. Quando considero, por exemplo, o ato por meio do qual apanho com a mão a caixa de fósforos que está em meu bolso, o conhecimento que tenho dessa caixa é unicamente aquele que tem o movimento que se apodera dela e a usa. As relações que intervêm em semelhante conhecimento, que podemos chamar, de maneira menos equívoca, processo, porque é inteiramente imanente a esse processo, do qual constitui o próprio ser, não são relações espaciais objetivas, mas relações que são a réplica exata, o correlato contínuo, por assim dizer, dos movimentos que faço. É nesse sentido que é correto afirmar que o ser originário das coisas não é um *Vorhanden*, mas um *Zuhanden*. Ao afirmar, todavia, que a relação originária entre o ser das coisas e nossos movimentos, ao dizer que os objetos não são inicialmente representados, mas imediatamente vividos pelos poderes graças aos quais nós nos relacionamos com eles, não pretendemos constituir qualquer primado da mão sobre a visão, por exemplo; postulamos, ao contrário, que a visão é conhecimento do mesmo tipo que a preensão manual, ou o tato motor, isto é, conhecimento que não é intelectual ou teórico, que não é representação, pois se opera por meio do corpo, porque é conhecimento corporal, porque é o fato do movimento subjetivo, como nos mostrou a decomposição da faculdade de sentir. Devemos nos situar no interior dos poderes que ele desenvolve para compreender a natureza do mundo que nosso corpo conhece, *é no interior desses poderes, na verdade, que estamos situados*. Eis porque o conhecimento corporal não é provisório, primitivo, talvez, mas rapidamente superado pelo homem inteligente, é, ao contrário, conhecimento ontológico primordial e irredutível, fundamento e solo de todos os nossos conhecimentos e, em particular, de nossos conhecimentos intelectuais e teóricos.

3) Esse conhecimento corporal do mundo não é efetivo. Nosso corpo não é exatamente conhecimento, é antes poder de conhecimento, princípio de conhecimentos infinitamente variados, múltiplos, e todavia coordenados, e dos quais é verdadeiramente proprietário. O ser do conhecimento ontológico foi identificado, por Maine de Biran, com o do ego, mas o ego é o corpo. Eis porque o conhecimento ontológico não é uma possibilidade vazia, porque sua existência não é virtual, que necessitaria do auxílio de uma realidade externa para passar ao ato, porque, enfim, é um ser real, porque é o ser mesmo de nosso corpo, sua vida concreta e infinita. Como uma pura possibilidade pode ser um ser concreto? Qual é o ser do corpo, se ele é precisamente o ser concreto da pura possibilidade ontológica?

Um texto de Maine de Biran nos esclarecerá sobre esse ponto:

> Todos os movimentos executados pela mão, todas as posições que ela assumiu ao percorrer o sólido podem ser voluntariamente repetidos na ausência desse sólido. Esses movimentos são os signos de diversas percepções elementares, relativas às qualidades primeiras (...); poderão servir, portanto, para relembrar as ideias, e essa lembrança, executada por meio de signos disponíveis, constitui a memória propriamente dita; haveria, por conseguinte, uma verdadeira *memória das formas tangíveis*.[18]

A hipótese da ausência de sólido fora da reprodução do movimento da mão deriva do projeto geral de decomposição da faculdade de sentir, não passa, ainda neste caso, de uma ficção destinada a evidenciar a essência do fenômeno considerado. A partir daí, como no caso da audição e da reprodução voluntária de uma impressão sonora, devemos distinguir, inicialmente, nesse fenômeno da reprodução do movimento de preensão de um sólido, quatro conhecimentos: 1) o conhecimento originário do movimento por si mesmo; 2) o reconhecimento desse movimento como o mesmo que aquele que já foi efetuado; 3) o conhecimento do termo transcendente do movimento, a saber, o sólido; e 4) o reconhecimento desse termo transcendente como termo já atingido pelo mesmo movimento. Especificar a natureza desses diferentes

---

[18] *E*, p. 408, grifo nosso.

conhecimentos, compreender porque eles se identificam no interior de um mesmo saber primordial, é ser levado a conferir à fenomenologia biraniana da memória seu pleno desenvolvimento e, ao mesmo tempo, remontar ao fundamento deste, precisamente ao ser do conhecimento ontológico, idêntico ao do corpo.

Se refletimos sobre o conhecimento e reconhecimento do sólido, vemos que o modo segundo o qual este nos é dado tem uma significação absolutamente geral: as coisas não estão nunca presentes ao corpo numa experiência que traga em si essa característica de ser única; elas se dão sempre, ao contrário, como o que será visto duas vezes. O ser de um objeto é o que posso atingir sob condição de certo movimento. Como esse movimento, de outro lado, é uma possibilidade própria, irredutível, inaliável e, enfim, ontológica de meu corpo, segue-se que o ser do mundo é o que posso sempre atingir, o que me é acessível por princípio. Cada vez que um objeto é dado a meu corpo, ele não se dá tanto como objeto de uma experiência presente, mas como algo que meu corpo *pode* atingir, como algo que está submetido a um poder que o corpo tem sobre ele. Quando nos parece que a coisa se dá de modo diferente, quando, por exemplo, vemos uma paisagem ou um rosto que não voltaremos a ver, essa nova significação que se liga a nossa experiência não passa de uma determinação negativa da significação geral sob a qual o mundo se dá a nosso corpo, e essa determinação negativa, longe de excluir a significação segundo a qual o fim de minha experiência corporal me é, por princípio, acessível, encontra nessa significação geral, ao contrário, seu fundamento, e é precisamente uma determinação desta última.

Convém observar o mesmo em relação ao desaparecimento de fato de qualquer um dos poderes de meu corpo, por exemplo, a visão, ou de seu desaparecimento como um todo, que nos é representado na ideia da morte. Esta ideia é uma determinação da significação geral de nossa experiência do mundo. O mundo, assim, consiste na totalidade de conteúdo de todas as experiências de meu corpo, é o fim de todos os meus movimentos reais ou possíveis. Esse fim pode ser indefinidamente evocado, esses conteúdos, por princípio, estão sempre acessíveis para mim, pois meu movimento não é um estado presente e, por assim dizer, empírico de meu corpo, porque seu ser, ao contrário, é o ser mesmo do conhecimento ontológico. É essa identidade do ser originário do movimento com o do conhecimento ontológico que expressamos ao dizer que o corpo é um poder, que seu conhecimento não se limita ao instante, mas que é uma possibilidade de conhecimento em geral, a possibilidade real e concreta de que um mundo me seja dado. Chamamos *hábito* ao ser real e concreto da possibilidade ontológica, e expressamos igualmente a ideia de que o corpo é um poder afirmando que ele é um hábito, o conjunto de nossos hábitos. Quanto ao mundo, ele é o fim de todos os nossos hábitos, e é nesse sentido que somos verdadeiramente seus habitantes. Habitar, frequentar o mundo, é este o fato da realidade humana, e essa característica de habitação é uma característica ontológica, que serve tanto para definir o mundo quanto o corpo que o habita.

Se voltarmos agora ao exemplo biraniano que ora discutimos, e aos quatro conhecimentos fundamentais nele implicados (conhecimento e reconhecimento do movimento da mão e do seu termo transcendente), vemos por que não cabe, na realidade, distinguir entre conhecimento e reconhecimento. Se todo conhecimento é também reconhecimento, é porque ele não é fruto de um ato isolado, mas da própria subjetividade, isto é, de um poder, se preferirem, porque não é conhecimento empírico, mas ontológico. Aquilo por meio do qual o sólido está presente em meu conhecimento é minha mão, não é um ato singular de agarrar, é uma possibilidade geral de preensão que, em seu presente, isto é, no presente ontológico, traz em si, também, todas as preensões passadas e futuras desse sólido e de todos os sólidos do mundo em geral. Eis o sentido de afirmar que o ser de meu corpo é hábito, ou seja, uma possibilidade geral e indefinida de conhecimentos. Essa possibilidade é o ser real do ego, é sua efetividade ontológica, é a identidade do corpo, é ainda, como diz Maine de Biran, o "durável mesmo de nossa individualidade pessoal".[19] O corpo não é um saber instantâneo, é esse saber permanente que é minha existência mesma, é memória.

---

[19] *E*, p. 327; cf. ibidem, p. 350.

O caráter memorativo inerente ao poder de sentir e de agir – a memória do tato e das formas táteis é apenas um exemplo – forma um tema constante do pensamento de Maine de Biran. "O eu sozinho se recorda do que ele percebeu ou operou por sua força constitutiva."[20] É a imanência dessa força constitutiva a todas as apercepções ou operações do eu que faz que o saber que estas trazem em si seja sempre memória, isto é, que seja sempre uma possibilidade de saber em geral. O corpo que se recorda não se separa dos primeiros passos que o conduziram às coisas, ele conserva em si o segredo do acesso a todos os objetos que o cercam, é a chave do universo, estende seu poder sobre tudo o que existe. O que permanece fora de seu alcance e de sua influência só recebe essa significação de lhe ser recusado no interior de um poder mais primitivo de acesso e de abertura ao mundo. Desse modo, porque o movimento pertence a uma esfera de imanência absoluta, nosso conhecimento do universo, que é o seu, assume essa característica de não ser um novo conhecimento, é, se não em seu conteúdo empírico, pelo menos em sua estrutura ontológica e em sua possibilidade primeira, um conhecimento tão antigo quanto nossa própria existência.

Dissemos que o corpo era hábito, afirmamos agora que ele é memória. Como compreender essas duas afirmações? Que relação memória e hábito têm entre si? Seriam apenas dois nomes diferentes para designar o mesmo fenômeno? Em que consiste este? Ele é realmente um fundamento, e como se situam a memória e o hábito em relação a ele?

Para responder a essas questões, façamos um novo retorno a nosso exemplo, no qual a mão apreende um sólido. Mostramos que os quatro modos de conhecimento imanentes a essa apreensão se reduziam na realidade a dois: de um lado, conhecimento e reconhecimento do movimento (que formavam um só e se confundiam com o ser do movimento subjetivo); de outro, conhecimento e reconhecimento do termo transcendente se identificavam igualmente no interior de uma unidade transcendente de significação, que encontrava seu fundamento na

---

[20] Ibidem, p. 303-04.

unidade originariamente subjetiva do movimento. É nessa redução do reconhecimento ao conhecimento – redução que fornece a este último seu caráter de conhecimento não mais individual e imediato, mas propriamente ontológico – que definimos o fenômeno do hábito. Nos fenômenos que descrevemos (por exemplo, do ato por meio do qual apanho todos os dias e várias vezes por dia minha caixa de fósforos em meu bolso, antes de fumar), *nenhuma significação do passado vem à luz*. Semelhante fenômeno não deriva, propriamente falando, da memória. O ato de apanhar a caixa de fósforos, porém, não é um ato individual no tempo, ato que estaria presente no momento em que o realizo e, em seguida, recairia no passado. O que passou está irremediavelmente perdido, retirado para sempre de nossa influência e nosso poder, podemos no máximo guardar dele uma recordação, mas esta é a consciência de algo como passado, ou seja, que, longe de nos entregar diretamente àquilo que ficou para trás no tempo, nos fornece apenas uma imagem cujo sentido, precisamente, é de nos entregar seu objeto como o que perdemos. Mostra-se imediatamente que semelhante descrição não convém, de modo algum, ao ato de preensão de um sólido. Semelhante ato não é passado, é por essência uma possibilidade permanente que se oferece a mim, *um poder que domina passado, presente e futuro*, cuja estrutura ontológica definida como hábito nos permite precisamente conceber e compreender o que é o ser real da pura possibilidade de um conhecimento ontológico.

Ao mesmo tempo, há outra verdade, não menos essencial, que se anuncia a nós: o conhecimento no qual o movimento subjetivo apreende o sólido sendo um conhecimento ontológico, uma possibilidade geral de conhecimento desse sólido, ela não o conhece como um isto individualizado no tempo, ela o conhece como o que ela poderá sempre conhecer no interior desse mesmo movimento, ela o conhece e reconhece em um conhecimento que o movimento produz e poderá sempre reproduzir. Sem dúvida, a teoria do hábito reduziu o reconhecimento ao conhecimento, mas é mais exato afirmar que ela compreende esse conhecimento como o que carrega em si um reconhecimento. Este, que é imanente ao conhecimento do sólido pelo movimento, e precisamente faz do conhecimento pelo movimento um conhecimento ontológico, pode a qualquer momento se tornar tema explícito do pensamento. Trata-se de nova intencionalidade que nasce então, intencionalidade na qual o reconhecimento do sólido é tema de um pensamento explícito, o sólido é reconhecido como o que já foi conhecido, ou ainda, o movimento de preensão do sólido é explicitamente posto como movimento que já foi produzido. Tenho então, no primeiro caso, a recordação do sólido; no segundo, a recordação do conhecimento que tive outrora desse sólido, a recordação do movimento de preensão que foi realizado por mim no passado. *O hábito é o fundamento da memória* e, como define a estrutura ontológica do corpo, é justo ver no ser deste último o princípio de nossos atos de rememoração e lembrança. É com efeito porque o ser originário do corpo subjetivo é o ser real do conhecimento ontológico em geral, *um saber do mundo em sua ausência,* que é também, por esse motivo, *recordação do mundo, memória de suas formas, conhecimento a priori de seu ser e de suas determinações.* "A recordação de um ato", diz Maine de Biran, em texto de infinita profundidade, "encerra o sentimento da força do repetir".[21]

A esse sentimento da força de repetir um ato, sentimento que é imanente à recordação, e *é seu fundamento,* podemos chamar por seu verdadeiro nome: *é a experiência interna transcendental do ser originário de nosso corpo subjetivo.* A unidade de nosso corpo é o sentimento da imanência em todos os modos de nossa vida concreta dessa força de produzir e repetir, é a experiência imediata desse poder ontológico. Essa unidade, portanto, é ainda a do conhecimento ontológico, é nela e por ela que se constitui a unidade do mundo, ela é ela própria a unidade transcendental que é seu fundamento e, no próprio plano transcendental, confere a cada um de nossos movimentos e nossos atos esta característica por meio da qual esse movimento ou esse ato são vividos por nós como um só e mesmo poder, cujo exercício não se deixa reduzir à determinação deste ato, deste movimento, à individuação de um conhecimento cujo ser seria destinado a ser arrastado pelo tempo. Em seu ser originário, nosso corpo escapa ao tempo, assim como a subjetividade absoluta, ele não tem outra relação com esta senão constituí-la.

---

[21] *E,* p. 605, nota.

Não se pode sonhar em fazer repousar a unidade de nosso ser originário, a unidade do corpo ou a do ego, sobre a memória. Não é pela recordação, isto é, pela mediação do tempo, que se reúne numa unidade o conjunto de atos e movimentos que realizam ou executam os poderes fundamentais de meu próprio ser. Essa unidade de meu ser através do tempo, que constitui a memória, exige um fundamento. Este é o hábito, ou, se preferirem, o ser mesmo de meu corpo, que precisamente torna possível o ato de rememoração e não é nada mais que o ser do conhecimento ontológico entendido como ser real da pura possibilidade. Explicar por meio da memória a unidade do ego e do corpo é cometer um paralogismo, é explicar a unidade originária por meio de uma faculdade que encontra seu fundamento, pelo contrário, em semelhante unidade. Em outros termos, a unidade de nosso ser não é constituída, arrancada ao tempo pelo poder de nossas protensões e retenções, é imanente, ao contrário, ao ser de nosso conhecimento ontológico, confunde-se com ele, é precisamente o que faz desse ser o ser de um conhecimento ontológico.

Maine de Biran expressou coisas semelhantes: tendo explicitamente censurado a Locke o paralogismo que denunciamos a respeito do fundamento da unidade do ego, ele se referiu a uma unidade mais originária, cujo estatuto ontológico é evidentemente, após todo o contexto do biranismo, o da subjetividade absoluta:

> O sujeito do esforço reconhece imediatamente sua identidade, sua duração contínua. Ele sente que é o mesmo que antes do sono, sem que qualquer impressão acidental venha motivar *recordações distintas, ou alguma relação determinista entre um tempo presente e um tempo pretérito*. Dessa experiência simples do sentido íntimo, segue-se: 1) que a identidade pessoal tem seu sentido próprio (...); 2) que essa identidade ou o durável de nossa existência pessoal sendo a base da recordação ou da memória (...), Locke incorre em verdadeiro círculo vicioso quando afirma que nossa existência pessoal se funda, ao contrário, na memória ou na reminiscência de nossas maneiras de ser, variadas ou sucessivas.[22]

---

[22] *E*, p. 322, grifo nosso.

No entanto, é necessária uma observação relativa à terminologia, se quisermos penetrar no pensamento de Maine de Biran sobre o ponto capital que nos ocupa. Maine de Biran afirma que a unidade originária do ser do ego ou, se preferirem, do ser originário do corpo subjetivo, não repousa sobre a memória, sobre a reminiscência, para retomar seus termos, mas constitui, ao contrário, o fundamento de suas faculdades psicológicas. Quando se trata, contudo, de fornecer um nome a essa unidade originária, que é a de nosso ser, Maine de Biran a caracteriza como reminiscência: "A reminiscência pessoal não difere do sentimento da mesma existência contínua".[23] A ambiguidade, todavia, é apenas das palavras. Maine de Biran distinguiu perfeitamente a memória propriamente dita, como pensamento explícito do passado, da unidade infratemporal do ego, que é o fundamento da memória psicológica. É o que mostra o seguinte texto:

> Não poderia haver aí (...) a percepção mais simples que fosse [que sempre supõe uma pluralidade sucessiva de impressões ou atos] se não houvesse continuidade entre o *eu* ou *reminiscência pessoal* conservada na sucessão dos termos ou modos elementares: porém, essa reminiscência conservada na sensação de um mesmo movimento contínuo deve ser distinguida da *memória* propriamente dita.[24]

Assim, é porque o corpo é memória, *uma memória, é verdade, na qual a ideia de passado ainda não aparece*, que ele pode ser também uma memória que se recorda do passado, fazendo deste o tema de seu pensamento. A memória originária de nosso corpo é o hábito, nosso corpo, como dissemos, é o conjunto de todos os nossos hábitos.

É preciso ver agora que esses hábitos não são mais inconscientes que nossas recordações. Desde que o conceito de inconsciente surge, é sinal de que nos aproximamos de uma região originária, pois o inconsciente, com frequência, não passa de um nome atribuído à subjetividade absoluta por filosofias incapazes de apreender a essência do fundamento de outro

---

[23] *E*, p. 532.
[24] *D*, 4, p. 106, nota.

modo que a projetando na noite de um mundo subterrâneo, entre as quais está a psicanálise. Os hábitos não são mecanismos montados que aguardariam em algum lugar, numa região = x, que um movimento de nossa vontade ou de nosso desejo lhes forneça a ocasião para se desencadear e desenvolver o jogo melódico de seus processos e de suas articulações. Esses pequenos seres psicológicos, convenientemente estruturados, poderiam permanecer por muito tempo na poeira do lugar distante em que se encontram, pela boa razão de que a ideia de nos servir deles e colocá-los em movimento não nos ocorre. Quem sabe essa ideia ou esse desejo são inconscientes, também? A coisa se passa provavelmente assim: é próprio das mitologias crescer incessantemente, cada mito, em sua indigência, exige outro mito que o justificará, e assim cada vez mais, até que o conjunto de nossa vida psicológica abandone o plano em que vemos evidentemente que ela se produz, para se transportar a outra região, na qual viverá nova vida que imaginações grosseiras ou simplistas querem lhe atribuir – uma vida em meio a seres fantásticos e conceitos absurdos.

Só temos uma chance de apreender o ser originário do hábito ao fim de uma pesquisa ontológica que nos permite ultrapassar o conceito de ser individuado e empírico, bem como de seu meio e de seu horizonte transcendental, para nos elevar ao conceito de ser originário da subjetividade. A realidade do ser de que se trata, então, não reside mais em sua individuação, nem no âmbito de toda individuação possível em geral, mas na realidade de sua própria possibilidade, pois este ser é o do conhecimento ontológico. É ao compreender o corpo como subjetividade absoluta que poderemos compreender, igualmente, o fenômeno ontológico do hábito, fenômeno no qual o ser do corpo encerra em seu presente ontológico todos os conhecimentos possíveis do mundo, sem que esses conhecimentos se ergam em algum momento fora da esfera da imanência absoluta para se perder na fragmentação e na diversidade lacunar dos termos transcendentes ou na noite do inconsciente. O corpo traz em si a profundidade de seu passado. Essa profundidade, no entanto, é também a ausência de toda profundidade, pois trata-se de uma transparência absoluta.

§ 3. A individualidade da realidade humana como individualidade sensível

A unidade subjetiva do corpo – unidade de nossos sentidos e de nossos movimentos, unidade de seu saber – nos permite compreender a individualidade da realidade humana, uma vez que essa individualidade é sensível. Convém aqui rejeitar toda concepção empírica da individualidade, concepção que domina a história do pensamento filosófico desde a Antiguidade até nossos dias. É precisamente por meio de um recurso ao corpo e à condição corporal da realidade humana que se acreditava ter encontrado o meio de reduzir a individualidade do ser do ego à concepção empírica da individuação espaço-temporal. Tendo o homem um corpo, com efeito, sendo esse corpo concebido como objeto empírico individuado no tempo, a existência desse corpo se tornava naturalmente o princípio da aplicação ao ser da realidade humana das condições gerais de individuação espaço-temporal. Mais do que isso: o corpo não era só o ponto de aplicação à realidade humana da forma geral da individualidade. Não era só o meio e o fundamento dessa aplicação, era verdadeiramente sua origem e causa. Em outros termos, é porque o homem tinha um corpo que ele podia ser igualmente compreendido como indivíduo. Se abstraíssemos desse corpo, só restaria ao homem o ser de um puro espírito, um ser que não é um ser propriamente dito, uma vez que, precisamente, não seria mais individuado, uma espécie de "νους" impessoal, substância homogênea e não diferenciada. O homem se tornava verdadeiramente duplo, era, de um lado, uma consciência pura, universal, e de outro, uma individualidade empírica. Era esta última, todavia, que lhe conferia efetivamente essa propriedade de ser um homem, isto é, um indivíduo. Era graças a seu corpo que o homem vinha ao mundo, a individuação empírica era de fato o princípio de seu nascimento.

Essa estranha alquimia filosófica era, e ainda é, tema de dissertações semiteóricas, semimorais, pois o dualismo do espírito e das características empíricas assume imediatamente significação axiológica, é o âmbito de um esforço proposto ao homem para se elevar acima dessas determinações e alcançar seu verdadeiro eu, que não é mais um eu, mas um Eu, Espírito, ou tudo o que se quiser. O elemento empírico é o elemento a ser vencido, é, por exemplo, o conteúdo patológico que deve superá-lo, algo temporal, destinado à corrupção, um despojo mortal e contingente. Com certeza, é estranho fundar a individualidade do ser humano sobre um elemento provido de significação pejorativa, pois toda atividade do homem só pode consistir, então, numa luta contra esse elemento, a qual, se fosse bem-sucedida, teria por efeito aniquilar o princípio de nossa individualidade, de modo que o esforço moral do homem se voltaria para a destruição de seu próprio ser. No entanto, não são as consequências dessas construções fantasiosas que nos importam, por ora. Desejamos compreender como a individualidade, cuja teoria fornecemos em outro lugar,[25] é uma individualidade sensível.

Ora, a teoria ontológica do corpo nos impede de ver nele um princípio empírico de individuação. Se a individualidade não se encontra no plano da subjetividade absoluta, se não é uma *individualidade transcendental*, não é o estabelecimento de uma relação dessa subjetividade com o corpo que poderá trazer a essa o princípio de individuação de que ela necessita, já que o próprio corpo, em sua essência, é subjetividade absoluta e não traz em si, por conseguinte, nenhum princípio de individuação empírica. O problema da individualidade se coloca no plano da subjetividade absoluta, ele se coloca para o ser do corpo, portanto, para o ego; na verdade, trata-se de um só e mesmo problema que a consideração do corpo nos permite apenas levar mais longe. A individualidade da subjetividade absoluta encontrou seu fundamento na teoria segundo a qual o ser dessa subjetividade é o ser mesmo do ego. Quando a vida do ego é a vida concreta do corpo, essa individualidade se torna uma individualidade sensível. Esta não é uma individualidade empírica, pois não é uma individualidade da sensação, mas do sentir. A sensação, sem dúvida, é individuada no tempo, mas o poder de sentir e de fazer movimentos escapa, por princípio, à individuação empírica, como escapa ao tempo: é o ser absoluto do hábito, e é nisto que é realmente um indivíduo.

---

[25] Cf. "A problemática da ipseidade", in *L'Essence de la Manifestation*, op. cit., Introdução e seção IV.

No biranismo, a individualidade do ser do corpo subjetivo não é objeto de uma tese particular, é antes o fundamento de toda a teoria, falar de individualidade do esforço é cometer uma espécie de tautologia, pois há duas palavras para designar a mesma realidade, a do eu. Deve-se ver, contudo, o fundamento ontológico dessa individualidade, a qual, por conseguinte, está implicada na teoria ontológica do corpo, ao mesmo título que sua unidade: "Assim", diz Maine de Biran, resumindo seu pensamento, "começa a personalidade, com a primeira ação completa de uma força hiperorgânica *que só é para si mesma ou como eu à medida que se conhece* e só começa a se conhecer à medida que começa a agir livremente".[26] É, portanto, na medida em que o ser originário do movimento é subjetividade que ele é também, e por isso mesmo, o ser do ego – a individualidade, ou se preferirem, a ipseidade não sendo senão o meio no qual se realiza, na imanência, uma revelação *sui generis*, isto é, um meio ontológico de existência que é precisamente a subjetividade. Porque o ser do movimento, que é imanente a todos os nossos poderes de sentir, é um ser subjetivo, a vida de nossa força de sentir é uma vida individual, é a vida mesma da individualidade.

Foi J. Lagneau quem avançou mais na compreensão da individualidade que constitui a essência de nosso poder de sentir. Depois das críticas que dirigimos à sua teoria do movimento e da ação, após a acusação de intelectualismo que lhe fizemos, contra sua concepção do corpo, esse recurso ao autor das *Célebres Lições* não deixará de parecer surpreendente. Não menos surpreendente, no entanto, é o movimento de pensamento que se opera no fim da *Lição sobre a Percepção*, quando o problema do indivíduo vem, precisamente, constituir o tema de algumas reflexões rápidas, mas decisivas. É o momento do gênio aquele em que, ao mesmo tempo que aprofunda a tradição filosófica que o alimentou, o filósofo escapa a ela e a supera em direção ao futuro. Após ter fornecido uma teoria intelectualista da percepção, após haver fundado a natureza do mundo sensível sobre o conjunto de significações que nossos juízos lhe conferem, Lagneau se interroga sobre a verdade desse mundo assim constituído, e descobre,

---

[26] *E*, p. 199, grifo nosso.

de saída, que a verdade, precisamente, está ausente. A verdade é obra do juízo, mas o juízo pelo qual a determinamos, segundo Lagneau, nossas representações, só tem um significado prático e utilitário, só define uma forma de perceber normal, e que nos permite, afinal, encontrarmos em nosso mundo habitual. Ele não recorre, propriamente falando, a uma ideia, mas antes a uma imagem geral, um esquema, um meio de nos orientar no mundo que nos cerca. "Não existe verdade do conhecimento sensível",[27] este não é propriamente falando uma verdade objetiva, e funda o acordo de todos os espíritos. *Cada indivíduo, ao contrário, sente à sua maneira.* "Perceber é voltar ao ponto de vista do indivíduo que sente, e se ater a ele." A percepção, por conseguinte, "não pode ser verdadeira ou falsa",[28] ela é o que é, o que nós sentimos é algo irredutível e próprio a cada um de nós.

O ser do sentir, essencialmente individual, parece, é verdade, desvalorizado em relação ao conhecimento intelectual, fonte e domínio da verdade. Lagneau não segue rigorosamente a linha clássica, uma vez que reserva a verdade propriamente dita ao conhecimento intelectual e à ideia, sendo que ele só retira a vida sensível do erro para confiná-la no domínio da ilusão: "Toda percepção, em suma, será uma ilusão, uma maneira subjetiva de ver as coisas e as ideias?",[29] Pelo menos, a originalidade da vida sensível e sua irredutibilidade à vida teórica são enfaticamente afirmadas. Desse modo, o ser de nossa vida sensível não se constitui mais pelo juízo, há em nós uma vida primitiva, uma vida originária que não é intelectual e, mais do que isso, surgirá como fundamento do conhecimento teórico e da verdade abstrata. O que se anuncia a nós, aqui, em uma síntese singular, são já as teses husserlianas de *Erfahrung und Urteil* [Experiência e Juízo], por exemplo. *A vida teórica está fundada.* "Não há verdade puramente abstrata", diz Lagneau, e acrescenta: "Se concebemos que há uma verdade, nós a concebemos como a verdade do que sentimos."[30] Assim, a verdade intelectual, a verdade do juízo, de-

---

[27] *Célèbres Leçons et Fragments*, op. cit., p. 181.
[28] Ibidem, p. 180.
[29] Ibidem, p. 180-81.
[30] Ibidem, p. 182.

senvolve-se sobre um solo que já lhe foi dado, e é nossa própria vida sensível, que é a vida concreta da percepção ingênua.

Ora, essa vida, cujo papel fundamental é assim afirmado, é individual, é a vida mesma do indivíduo. A partir daí, o individual não pode mais se confundir com o empírico; ele não é uma espécie de acréscimo contingente e sintético a uma consciência pura, *ele define o modo primitivo da vida mesma dessa consciência*, é sobre essa vida que a predicação, por sua vez, será fundada, e, assim, mesmo nossos juízos não serão senão a expressão do que existe de individual em nós. A vida originária é individual, mas essa vida é precisamente a vida sensível, a vida do corpo. A individualidade sensível se refere, portanto, ao que há de mais primitivo em nós, não a um elemento empírico, mas à vida concreta e original da subjetividade absoluta, à sua determinação mais profunda, que será fundamento de todas as demais determinações e de todas as outras modalidades nas quais essa vida poderá se expressar. Estas palavras de Lagneau recebem, então, seu sentido decisivo:

> Não poderíamos conceber uma maneira de sentir que deva ser considerada a verdadeira para nós em circunstâncias dadas. Com efeito, isto suporia, seja que nossa natureza sensível não mude, seja que seu desenvolvimento esteja submetido a uma lei rigorosa, ou seja, que essa natureza resulte completamente, em nós, de sua relação com o mundo exterior, do qual ela seria apenas uma resultante. Mas, então, não haveria em nós espontaneidade, natureza sensível. Ora, *é o mesmo afirmar que somos indivíduos, e afirmar que nesses indivíduos há uma natureza sensível* na qual alguma coisa não resulta da ação do meio. Se tudo na natureza sensível estivesse submetido à necessidade, se houvesse para nós uma maneira de sentir que fosse a verdadeira, se a cada instante nossa maneira de sentir resultasse do mundo exterior, nós não sentiríamos.[31]

A desvalorização da sensibilidade, que parece ainda aqui se fazer presente, uma vez que essa sensibilidade está privada de

---

[31] Ibidem, p. 182, grifo nosso; para um comentário mais aprofundado desse texto, cf. *L'Essence de la Manifestation*, op. cit., § 55.

verdade, significa, na realidade, uma desvalorização da verdade intelectual, que não é adequada à região originária na qual se move nossa existência concreta, que não passa de uma verdade derivada e secundária. O que é afirmado como essencial, como verdadeiramente um fundamento, é algo individual e sensível, é a vida do corpo. É o corpo sim o fundamento de nossa individualidade, não o corpo empírico, é verdade, mas o ser originariamente subjetivo do corpo transcendental.

Por outro lado, o fato de que a natureza sensível seja explicitamente designada por Lagneau como espontaneidade nos mostra como sua análise rompe bruscamente com os pressupostos kantianos, que de início enquadravam sua pesquisa. A espontaneidade de nossa vida sensível indica sua natureza propriamente subjetiva, pois só a subjetividade absoluta é uma espontaneidade. O que é imanente à nossa vida sensível e constitui seu ser é o ser subjetivo do movimento, que define tanto o poder de nosso corpo quanto a qualidade própria de nossa individualidade. Ser um indivíduo é ter com o mundo uma relação absolutamente original, e isso não em virtude de uma decisão ética, no fim de um esforço deliberadamente empreendido, mas em toda parte e sempre, tanto na exaltação romântica quanto na banalidade cotidiana. A originalidade do modo segundo o qual me relaciono com o universo é uma necessidade ontológica, é inerente à estrutura ontológica do hábito. É porque minha maneira de sentir o mundo é a experiência mesma que tenho de minha subjetividade, que é dada só a mim, na experiência interna transcendental do ser originariamente subjetivo de meu corpo. Sou único, não porque decidi sê-lo, porque, em meu estetismo, só aprecio o excepcional de sensações raras e, como Keats, o perfume de flores murchas, mas simplesmente porque sinto. "Se" não sente. A sensibilidade é uma possibilidade própria do ser do ego, é sua possibilidade mais eminente, pois não é senão a possibilidade ontológica mesma. Sentir é experimentar, na individualidade de sua vida única, a vida universal do universo, é ser já "o mais insubstituível dos seres".

4. O DUPLO EMPREGO DOS SIGNOS E O PROBLEMA DA CONSTITUIÇÃO DO CORPO

O problema da constituição do corpo escapa ao campo de nossas pesquisas, pois não é tema de uma reflexão que se concentre sobre o ser da subjetividade absoluta e do ego originário. A necessidade de atentar ao ser do corpo constituído se impõe a nós, porém, uma vez que agora temos de levar em consideração uma questão que não pode ser adiada. Se o ser do corpo, como mostramos, é um ser originariamente subjetivo, se a vida de nosso corpo não passa de uma modalidade da vida da subjetividade absoluta, como se dá que este corpo que é o nosso não tenha sido jamais considerado, pelos diferentes sistemas filosóficos, nem pela psicologia, nem pela reflexão científica, nem mesmo pelo pensamento profano, de outro modo além de elemento do ser transcendente, sejam quais forem as características do que se pretendia atribuir a ele para distingui-lo, *no interior dessa região da existência*, dos outros seres que a povoam, ao mesmo título que ele, e entre os quais ele surge com determinações que não impedem a instauração de um sistema de relações de inerência e de ação recíproca, mas, ao contrário, parecem exigi-lo mais imperiosamente? É só na medida em que é uma realidade constituída que o corpo é capaz de manter com os outros seres da natureza relações, como as que nos fazem conceber as ciências, relações cuja validade, de resto, é universalmente reconhecida.

Nosso corpo, com certeza, manifesta-se na verdade do ser transcendente, qualquer consciência pode descobri-lo aí, ele surge como configuração espacial que é também o meio onde se realizam inúmeros deslocamentos objetivos e de movimentos pelos quais esse corpo entra em contato com os corpos exteriores, se choca com eles, os atrai ou repele. Como o que vemos poderia ser tachado de ilusão? Como semelhante ilusão poderia ser tão universalmente partilhada? O surpreendente não é essa opinião comum que nos faz considerar nosso corpo objeto, opinião que mostraremos em que se funda, é antes a omissão que parece implicada nele e concerne ao ser originário de nosso corpo. É como se, com efeito, em semelhante concepção, nosso corpo não fosse em nada diferente desse objeto que vemos, e como se o ser originário do corpo, cuja análise ontológica fornecemos, não passasse de uma quimera, cujo vestígio buscaríamos inutilmente em nossa experiência real. Há como que uma absorção do ser originariamente subjetivo do corpo nesse corpo que se manifesta a nós entre as coisas, o primeiro se torna como que interno ao segundo, todo o ser de nosso corpo se reduz a seu ser constituído e, fora desse fenômeno transcendente, não há nada, a não ser a consciência que o pensa, o espírito ou a alma que o sobrevoa. O que pode haver de subjetivo em nosso corpo, o elemento que caracterizamos como imanente, é de fato imanente, mas trata-se de um elemento imanente a um corpo transcendente que pertence à natureza. Se considero o elemento imanente de meu corpo o coração e o núcleo desse corpo, esse elemento me aparece precisamente como o coração e o núcleo do corpo-objeto que vejo ou que posso tocar. O que chamamos imanência se tornou, assim, a essência do transcendente. Antes de esclarecer a ambiguidade ontológica fundamental que preside à realização de semelhante transformação, devemos mostrar como esta está na origem da percepção ou do conhecimento que temos de nosso corpo, desse conhecimento, pelo menos, que expressa o senso comum na linguagem corrente. Trata-se dos pressupostos filosóficos dessa linguagem que deverão, em seguida, constituir o tema de uma elucidação ontológica radical.

Essa linguagem diz: o olho vê a paisagem, a mão se move em direção à mesa e a toca, o ouvido ouve a melodia. O olho, a mão, ou o ouvido são elementos do corpo transcendente, eles se manifestam para a consciência na verdade do ser, têm lugar, configuração espacial, relações percebidas ou cientificamente determinadas com todos os objetos da natureza. E são precisamente esses elementos transcendentes que trazem em si o núcleo do corpo, isto é, esse conjunto de poderes por meio dos quais o corpo vê, se move, toca e ouve. Estes, no entanto, haviam sido caracterizados por nós como pertencendo a uma esfera de imanência radical, como constituindo o ser de um corpo *subjetivo*. O que significa então essa degradação em virtude da qual a imanência deixa de definir a esfera de nossa existência absoluta para se exteriorizar num ser ao qual ela confere uma espécie de intimidade e de profundidade? Não expressam estas a presença, em nosso corpo transcendente, de poderes sensíveis e motores cujo ser havíamos acreditado apreender, determinando-o como aquele da subjetividade? Qual é verdadeiramente o estatuto desses poderes?

Não se trata, para nós, de voltar aos resultados da análise ontológica do ser originário de nosso corpo, resultados que são absolutamente certos, que fazem parte do saber absoluto por meio do qual se edifica a ontologia fenomenológica. Como sustentar, aliás, esse absurdo no fim do qual o que vemos e tocamos seria igualmente o que vê e toca? Este corpo que vemos e o qual chamamos, também, nosso pressupõe, como nos mostrou Biran, *outro corpo* que vê e toca, que vê e toca todas as coisas e, entre elas, esse corpo que é visto e tocado. É esse outro corpo que é o corpo originário, cujo ser foi determinado como pertencendo à esfera da subjetividade absoluta fora da qual ele não podia surgir sem perder imediatamente tudo o que faz dele o que ele é. Esse poder ontológico, na verdade, não pode passar ao elemento do ser transcendente, não pode ser identificado ou incorporado a um elemento da natureza, essa identificação é uma representação ingênua e, de fato, uma ilusão. É a teoria geral dessa ilusão que Maine de Biran nos propõe na análise do que ele chama "duplo emprego dos signos".

Consideremos a experiência da visão: trata-se de uma experiência interna transcendental. Essa experiência transcende para um mundo, mas se realiza inteiramente numa esfera de imanência radical. Se expressarmos agora na linguagem essa experiência da visão, empregaremos a palavra "ver", que, para falar como Maine de Biran, é seu "signo". Como esse signo se relaciona à experiência interna da visão, como, de maneira geral, a linguagem se funda sobre a vida da subjetividade absoluta que ela expressa, é o que não pode ser elucidado aqui. Digamos, simplesmente, que essa obra de fundação da linguagem se realiza de duas maneiras bem diferentes, que ocasionam, de um lado, a linguagem natural, a qual expressa imediatamente a vida da subjetividade e, de outro, a linguagem da reflexão, que se baseia numa operação mediata. Neste último caso, que examinamos aqui porque ele pode suscitar graves confusões, a expressão "eu vejo" não se baseia em minha experiência interna transcendental da visão, mas numa reflexão dirigida a essa experiência. Esta, a partir daí, deixa de ser um conteúdo imanente para se tornar objeto de nova experiência, que é precisamente minha reflexão. O fim dessa reflexão, minha experiência primitiva da visão, tornou-se agora uma realidade transcendente, e é aqui que a análise ontológica deve se fazer mais rigorosa.

A partir do momento em que a visão se propõe como fim de uma intencionalidade, ela está prestes a ser circunscrita em um elemento do ser transcendente, por exemplo, no corpo-objeto que vejo, e o qual pertence à natureza. O paralogismo ontológico que estaria implicado na admissão dessa tese, segundo a qual a visão poderia ser designada, na sequência de seu deslocamento para a esfera do ser transcendente, como propriedade de um elemento da natureza, é: a visão que, na reflexão que dirijo a ela, se tornou o simples correlato transcendente da vida da subjetividade absoluta, *não é mais a visão que vê*, mas uma mera representação desta, não é mais o conhecimento ontológico que nos descobre a transcendência de um mundo visual, mas a simples manifestação exterior desse conhecimento. A representação da visão, no entanto, pressupõe a visão real como seu fundamento. A reflexão não cria jamais seu objeto, apenas a maneira pela qual ela se dá esse objeto. É porque vejo que posso refletir sobre a visão, é porque esta é originariamente a minha, numa esfera de imanência absoluta, que posso representá-la para mim mesmo.

Se, portanto, a palavra "vê" se refere, na linguagem reflexiva, à visão sobre a qual reflito, isto é, a um correlato intencional, a característica transcendente deste não pode nos induzir a erro. O tema de minha reflexão é uma manifestação transcendente, mas o conteúdo dessa manifestação, a substância do que ela representa, é tomado de empréstimo à vida subjetiva de nosso corpo absoluto. O processo de fundação da linguagem reflexiva se reduz, afinal, ao da linguagem natural. Supondo-se que as palavras "eu vejo" designam a representação de minha visão, e não minha visão mesma, é sobre esta, todavia, sobre sua experiência radicalmente imanente e apenas sobre ela, que repousa, em última instância, sua significação.

Toda a ambiguidade ontológica do fenômeno descrita por Maine de Biran sob o nome de "duplo emprego dos signos" reside no fato de que se estabeleceu uma relação entre estas palavras, "eu vejo", e um órgão fisiológico, de modo que o signo "ver" tem um duplo emprego, e designa tanto o olho ou, pelo menos, uma propriedade deste, quanto a experiência interna transcendental da visão. Diz-se: é o olho que vê. O olho é um ser da natureza e, antes de mais nada, um ser extenso. A visão, portanto, será um fenômeno natural e, mais do que isso, um fenômeno provido de extensão espacial, o que é o maior absurdo que se pode imaginar. Se quiséssemos ignorar esse absurdo ontológico, voltaríamos a encontrá-lo, porém, sob a forma desta outra dificuldade: se a visão é um fenômeno localizado no espaço, não se vê, de todo, como essa visão pode sair do lugar em que está e ir para outro lugar, ao lado, até essa casa que vejo, acima e mais distante, até a beira da floresta, mais alto ainda no céu, e até as estrelas. Semelhante visão, aliás, não veria nada, nem mesmo o que se encontra no lugar em que se pretende que esteja. Ela é um fenômeno natural, isto é, um elemento do ser transcendente. Este não pode nem sair de si mesmo, nem conhecer a si mesmo, só poderia estar presente às coisas se pudesse estar presente a si mesmo. Estar presente às coisas no interior de sua presença originária a si, este é precisamente o fenômeno do conhecimento ontológico, ou seja, o ser mesmo da subjetividade absoluta. É na medida em que é uma experiência interna transcendental, isto é, uma modalidade da vida absoluta, que a visão é possível. É a essa única visão possível que se refere a palavra ver, que não se pode, de resto, relacionar a qualquer outra coisa, senão ao incidir em uma confusão e uma obscuridade ontológica total.

"Cada um de nossos sentidos", diz Maine de Biran, "define-se a si próprio por seu exercício".[1] O ser originário de nosso corpo, como ele diz ainda, é um querer "cuja ideia própria está toda em reflexão",[2] o que significa, na terminologia da *Memória*, que se trata de uma modalidade da vida absoluta, cujo ser é idêntico ao do conhecimento que temos a respeito. É no âmbito dessa vida sensível e motriz que se conhece originariamente a si mesma, e não na representação de nossos órgãos ou de suas propriedades, que os signos por meio dos quais expressamos suas diversas modalidades encontram conteúdo e sentidos. É porque semelhante vida, no entanto, se manifesta precisamente a nós em modalidades diversas, corre-se o risco, novamente, de confundir essa diversidade com a de nossa organização fisiológica. Parece-nos, com efeito, que se podemos estabelecer uma distinção entre nossos poderes de sentir, é nos baseando na diferenciação e na separação materiais de nossos órgãos dos sentidos. É o contrário que é verdade: se a natureza "preparou uma espécie de decomposição de nossa faculdade [*faculté*] exterior de sentir",[3] essa divisão de nossos sentidos como divisão de nossos órgãos dos sentidos repousa, na realidade, sobre uma *divisão transcendental* de nossos poderes de sentir, sobre a divisão que há entre a visão, a audição, o tato, etc., que nos é originariamente dada na experiência interna transcendental que temos do ser subjetivo de nosso corpo. É porque sabemos, por um saber originário e primitivo, o que é a visão, a audição ou o tato que podemos, em seguida, nos representar o olho, a mão ou o ouvido como órgãos providos de capacidades próprias e irredutíveis umas às outras, e chegar assim à ideia de "uma decomposição de nossa faculdade [*faculté*] de sentir".

---

[1] *E*, p. 180.

[2] *D*, 3, p. 199, grifo nosso. O termo "querer", usado com frequência por Biran, não pode mais nos induzir a erro, pois sabemos que não se trata de um querer que precederia a ação, que seria apenas uma ideia da ação, uma veleidade subjetiva ou um desejo, mas do ser do movimento em sua realização.

[3] Ibidem, 3, p. 72.

É o que assinala Maine de Biran, em texto muito importante: "uma distinção de sedes atribuídas ao exercício de cada *faculdade* (...) deve se referir, necessariamente, a *outra divisão das faculdades*, preestabelecida de maneira quer *lógica*, quer *refletida*, independentemente de toda observação ou hipótese fisiológica".[4]

A divisão lógica de nossos poderes [*pouvoirs*] de sentir e, por conseguinte, das sensações em direção às quais esses poderes se transcendem é uma divisão nominal, uma divisão em classes, que nos oferece, se quiserem, uma nomenclatura das possibilidades de nossa vida sensível. Essa divisão lógica, que expressa a linguagem reflexiva, se apoia, evidentemente, sobre a "divisão reflexiva", isto é, sobre o que chamamos divisão transcendental. Se fizermos corresponder a essa divisão lógica "uma suposta e demonstrada diversidade das sedes orgânicas", esta nada acrescentaria à "realidade das distinções ideológicas", às distinções transcendentais que nos oferecem essa diversidade e seu conteúdo no estado originário, uma vez que é na experiência transcendental que buscamos a ideia desse conteúdo – ou seja, do conjunto de nossos poderes [*pouvoirs*] de sentir – bem como a de sua diversidade. Se a "divisão fisiológica" corresponde àquela que nos oferece "a análise metafísica", isto é, a fenomenologia transcendental, é precisamente porque ela se calca sobre a divisão originalmente traçada por esta última, e, desse modo, essa divisão fisiológica é "própria só a realizar ou a representar numa sede orgânica ideias de modos ou de operações, que não podem existir fora do sujeito pensante, nem ser concebidas fora de sua reflexão mais íntima".[5]

Estamos em condições, portanto, de compreender em que consiste o fenômeno do duplo emprego que Maine de Biran destaca em texto que concerne precisamente à sensibilidade:

> O fisiologista, após haver empregado primeiro o termo *sensibilidade* em sua acepção própria, como signo de uma *faculdade*, ou de uma propriedade íntima de seu ser individual, transporta, em seguida, sem, talvez, se dar conta disso, a expressão de uma

---

[4] *D*, 3, p. 73-75, "outra divisão das faculdades", grifo nosso.
[5] Ibidem, 3, p. 75.

ordem de fatos – que só podem existir ou ser concebidos no ponto de vista interior de um sujeito senciente *único* – a uma ordem paralela, mas bem diferente, de fenômenos compostos que se representam ou se imaginam fora do jogo dos instrumentos orgânicos; envolvendo assim sob os mesmos signos duas espécies diferentes de concepção, e depois julgando a identidade real das ideias ou fatos pela identidade convencional das formas lógicas que lhes são aplicadas. Daí uma comparação com frequência ilusória entre o fisiologista e o metafísico, os quais, por empregar os mesmos termos, poderão acreditar se ocupar com as mesmas coisas, ou abarcar um mesmo sistema de ideias.[6]

A relação entre o ser originário do corpo com o sistema de órgãos estudado pela fisiologia só pode ser, segundo Maine de Biran, uma relação simbólica, no fim da qual a divisão fisiológica surge como símbolo ou signo da divisão transcendental. Se considerarmos o movimento, por exemplo, a fisiologia pensará explicá-lo imaginando no cérebro um centro de ação que será como a origem a partir da qual esse movimento se desenvolverá.

Mas será algo diferente de um símbolo? O eu individual pode se identificar com um centro orgânico qualquer? A ação que relacionamos objetivamente com determinado centro é a mesma que nós nos atribuímos na consciência íntima de um esforço? Não se tratará de duas ideias, dois fatos de ordem bem diferente? Como o espírito poderá passar de um a outro?[7]

A relação entre esses dois "fatos", isto é, entre o corpo fisiológico e o ser originário de nosso corpo, sendo análoga à relação do signo com a coisa significada, a significação filosófica dessa relação é dupla: de um lado, o signo nos auxilia em nossa compreensão da coisa significada, "toda a análise se apoiando com confiança sobre uma divisão fisiológica dos órgãos, de suas funções e de seu jogo receberá essa clareza, essa aparente facilidade que as imagens comunicam às noções reflexivas, unindo-se com elas, como símbolos próprios a explicar o que, em si, é obscuro".

---

[6] *D*, 3, p. 58-59.
[7] Ibidem, 3, p. 211.

De outro, esse auxílio é ilusório, ele nos faz acreditar que se pode "deduzir da combinação de certos movimentos orgânicos (...) fatos psicológicos que só podem ser constatados pelo sentido íntimo", de modo que "essas pretensas explicações não ensinam sobre o assunto e só servem para obscurecê-lo, colocando imagens confusas no lugar das ideias simples e *perfeitamente claras* da reflexão".[8] Este último texto, que afirma novamente o caráter absoluto da evidência inerente à esfera da imanência transcendental, volta a pôr em questão muitas análises de Biran, nas quais as pesquisas fisiológicas surgem como complemento necessário e útil das pesquisas propriamente psicológicas. Ao mostrar aqui que essa colaboração resulta numa confusão e num obscurecimento da esfera da subjetividade absoluta, salientando o quanto é perigoso ligar experiências internas transcendentais a signos que são elementos do ser transcendente sem qualquer relação com semelhantes experiências, de modo se corre o risco de tomar o signo pela coisa significada, e que se acabe tomando o olho pelo centro da *visão*, Maine de Biran separa radicalmente, após parecer ter tentado aproximá-las, as determinações subjetivas que compõem o ser originário de nosso corpo das divisões fisiológicas que formam a estrutura de nosso exterior e extenso.

Encontramo-nos, então, em presença de grave dificuldade: se não há nenhuma relação entre a vida subjetiva na qual experimentamos poderes originários de nosso corpo e a estrutura fisiológica de nosso corpo-objeto, como se dá que tal relação seja instaurada entre o que Maine de Biran chamaria duas espécies de concepções absolutamente heterogêneas? Dir-se-á que o estabelecimento de semelhante relação deriva de uma ilusão que a teoria do duplo emprego vem precisamente denunciar. A tarefa da filosofia, no entanto, não é de denunciar as ilusões, mas antes a de justificá-las, mostrando pelo menos o fundamento que as torna possíveis, a estrutura ontológica a partir da qual elas se desenvolvem. O que buscamos aqui, com efeito, é um fundamento, é o que nos permitirá compreender: 1) por que não temos um só corpo, mas, de algum modo, dois corpos ou, se preferirem, por que o ser de nosso corpo se duplica num ser originariamente

---

[8] *E*, p. 603-04, grifo nosso.

subjetivo, de um lado, e, de outro, num ser transcendente que se manifesta a nós na verdade do mundo; 2) por que esses dois corpos formam, todavia, um só, isto é, por que e como o duplo emprego dos signos é precisamente possível, por que e como é possível que um mesmo signo seja aplicado de maneira tão geral e universal a dois elementos absolutamente heterogêneos, ou, antes, a dois fenômenos que diferem em sua fenomenalidade mesma; 3) por que esses dois fenômenos recebem o caráter de serem precisamente os meus, por que e como semelhante característica, que é uma determinação essencial da subjetividade absoluta, parece aqui estender seu reino até o elemento do ser transcendente, uma vez que uma realidade constituída me aparece como a minha, e que é justamente esse pertencimento ao ego que me permite designá-la como "meu corpo" e, assim, distingui-la, no interior dessa região transcendente, dos demais seres da natureza, de contrapô-la aos demais corpos.

Essas diferentes questões nos ajudam a circunscrever o problema da constituição do corpo próprio, ao mesmo tempo que põem em dia as principais dificuldades que a teoria dessa constituição deve enfrentar. Semelhantes dificuldades, que formam como que a substância do problema que nos ocupa, ultrapassam, todavia, sob muitos aspectos, o âmbito mesmo desse problema. Algumas delas, com efeito, são relativas às estruturas mais gerais do ser, a suas determinações concretas e essenciais. O que elas põem em questão são os fundamentos mesmos da ontologia fenomenológica. É o caso, por exemplo, das dificuldades que lidam com a questão dos dois corpos. Evidencia-se imediatamente que a dualidade que vem cindir de maneira incompreensível a unidade de ser de meu corpo, e faz que esse ser me seja, de algum modo, dado duas vezes, encontra seu fundamento na estrutura ontológica da verdade, estrutura em virtude da qual alguma coisa só se manifesta a nós na verdade do ser transcendente sob a condição de uma revelação mais originária em um meio de imanência absoluta. *O dualismo ontológico é o fundamento do duplo emprego dos signos.* É porque existem, como diz Maine de Biran, "duas fontes de evidências", que nosso corpo se dá a nós de tal maneira que cada um de seus poderes originários, dos quais temos conhecimento imediato na experiência subjetiva do movimento que constitui sua essência, se manifesta também a nós sob a forma de um órgão ou de uma determinação fisiológica ou espacial qualquer. A diferença entre o ser originário desse poder e o órgão que nos parece, de resto, ser seu instrumento, não se situa de nenhum modo em um plano ôntico, não se trata de uma diferença entre alguma coisa e uma coisa diferente, trata-se de uma diferença ontológica, *uma diferença não na individualidade, mas na maneira de ser*, isto é, relativa à região no âmbito da qual o ser se manifesta e existe.

Maine de Biran enfatizou fortemente o caráter propriamente ontológico da distinção que intervém entre o poder e o órgão: essa distinção, com efeito, não se baseia, nele, em propriedades individuais que determinariam, em sua oposição recíproca, dois seres submetidos, de resto, às mesmas condições de possibilidade do ser em geral; ela concerne, ao contrário, a essas condições mesmas, ela se refere às regiões nas quais os dois seres do poder e do órgão encontram sua condição de possibilidade, ao mesmo tempo que sua estrutura interna. O caráter ontológico que constitui o *ser* do órgão é a transcendência, é o fato de que nossos sentidos se dão a nós "pondo-se numa espécie de relevo fora de nós".[9] É o pertencimento a uma esfera de imanência absoluta, ao contrário, que é a determinação ontológica essencial de nossos sentidos uma vez que eles definem, desta vez, nossos poderes próprios e imediatos, uma vez que compõem o ser originário de nosso corpo. Podemos, com Maine de Biran, conferir a cada um desses poderes subjetivos o nome de "conceito refletido", conceito cuja especificidade, segundo o *Ensaio*, é de "não ter qualquer signo direto de manifestação".[10] O que não pode se manifestar diretamente por meio de qualquer signo não é, todavia, a noite do inconsciente, ou a opacidade da matéria bruta, o que é privado de toda transcendência não é a coisa encerrada sobre si mesma, prisioneira de sua própria espessura, ignorante de si mesma e do universo, é uma região de imanência absoluta na qual se realiza a revelação originária da verdade de si mesmo e do mundo.

---

[9] *E*, p. 78, grifo nosso.
[10] Idem.

Mostramos[11] como essas duas verdades formam uma só, como o dualismo ontológico não tem por efeito instaurar como que uma fratura no interior do ser, sob a forma de uma separação entre o eu e as coisas, entre a subjetividade e o universo, como é, ao contrário, o que torna possível a presença do ser a uma presença originária a si, o que faz nascer, para nós, a verdadeira proximidade das coisas no seio de uma proximidade absoluta. A ideia de dualidade tem um valor efetivamente especial, quando intervém para caracterizar as estruturas últimas do ser, não significa mais, então, como o entendemos habitualmente, uma dualidade de dois termos *no interior de uma mesma região ontológica*, mas, antes, a ausência de qualquer dualidade, pois é o que torna possível a experiência, que é sempre uma unidade. A unidade da experiência, que é a unidade entre a vida e o ser transcendente, encontra seu fundamento na existência de uma subjetividade absoluta que se transcende em direção a um mundo porque é em si mesma o meio na qual se realiza, de maneira originária, a revelação a si desse ato de transcendência. Aquilo que se quer significar quando se fala de dualismo ontológico é só a necessidade de existência dessa esfera da subjetividade absoluta, sem a qual nossa experiência do mundo não seria possível. O dualismo ontológico não pode ser confundido, portanto, com a dualidade propriamente dita, com uma dualidade ôntica que presidiria às oposições que estabelecemos no interior do mundo. Falar de dualismo ontológico é precisamente excluir a ideia de semelhante dualidade. A dualidade que se manifesta a nós na dificuldade inerente ao problema dos dois corpos se refere, com toda evidência, ao dualismo ontológico, não tem por efeito nos situar diante de uma verdadeira dualidade que, de algum modo, cindiria nosso próprio ser em duas partes opostas. Ela satisfaz antes às condições gerais que constituem a possibilidade ontológica da unidade da experiência. O ser originariamente subjetivo de nosso corpo e corpo transcendente, o poder e o órgão, não são, para falar como Maine de Biran, "dois fatos", mas "duas ordens de fatos", dos quais a dualidade, como expressão particular do dualismo ontológico, não é senão uma determinação da

---

[11] Cf. *L'Essence de la Manifestation*, op. cit., § 32, p. 33, 34.

estrutura ontológica fundamental sobre a qual repousam a unidade e a possibilidade de nossa experiência.

Respondemos assim à primeira questão que suscita o problema da constituição do corpo propriamente dito, questão que concerne à dualidade de modos segundo os quais nosso corpo se manifesta a nós. Restam as questões 2 e 3, relativas ao problema da unidade dos dois corpos, dos quais um se revela a nós na experiência do movimento subjetivo e o outro se manifesta na verdade da transcendência. Ora, no ponto que atingimos em nossa análise, compreendemos bem a dualidade dessa revelação e dessa manifestação, mas não vemos por que o que se revela originariamente a nós e o ser transcendente que se manifesta nos aparecem como uma só coisa, a saber, como o ser mesmo de nosso corpo. A unidade geral da experiência, isto é, a unidade na presença do ser do mundo e do ser do ego não pode servir de fundamento para a unidade dos dois corpos. O que, na unidade da experiência, se apresenta à vida da subjetividade absoluta é precisamente o que essa vida não é por si mesma, é o outro, o não ego, que é a significação geral do ser transcendente. Vemos imediatamente o vínculo que une as questões 2 e 3, e vemos também como a dificuldade com a qual elas se relacionam é a mesma, ainda que ela só apareça em toda sua amplitude na questão 3, onde assume uma característica aparentemente insolúvel. Se a diferença ontológica, como mostramos, consiste na diferença entre o eu e o não eu, não se vê como um elemento do ser transcendente, no caso, o ser de nosso corpo objetivo, pode receber a significação de ser o nosso, isto é, de pertencer ao ego, cujo ser, ao contrário, se identifica com o da subjetividade absoluta. É o mesmo problema de compreender por que o corpo transcendente e o corpo subjetivo são um só e mesmo corpo, e compreender por que esse corpo transcendente pode ser designado por mim como meu corpo. Se, com efeito, o corpo transcendente é o mesmo que o corpo subjetivo, então ele deve ser o meu, deve ser o próprio ego absoluto, uma vez que é precisamente esse pertencimento ao ego que constitui todo o ser do corpo originário e subjetivo. Porém, como o ego absoluto, que é uma vida na imanência absoluta da subjetividade, poderia ser um ser transcendente? Como poderia ele se arrancar à esfera da imanência para aparecer em algum lugar no mundo?

É preciso compreender por que essa dificuldade é, para nós, radical. Não podemos dizer, por exemplo, que nosso corpo (ou nosso eu) é em si mesmo um só e mesmo corpo, que nos é todavia conhecido de duas maneiras diferentes, a saber, do exterior e do interior. Da mesma maneira, pretende-se, por vezes, que nosso ser próprio seja constituído por um conjunto de condutas ou comportamentos, mas que dois meios de ter acesso ao ser dessas condutas ou desses comportamentos nos são dados, sob a forma de um conhecimento pelo interior, ou de um conhecimento pelo exterior. Só há, em semelhante perspectiva, um só e mesmo comportamento, que atingimos por duas diferentes perspectivas. O ser do comportamento, ou ser do corpo, está então *além dos dois fenômenos* por meio dos quais ele se propõe a nós, e é nesse além que reside a unidade dos dois fenômenos, o fundamento sobre o qual nos apoiamos quando dizemos que estamos de posse de dois modos de manifestação *de um só e mesmo corpo*. A fenomenologia, no entanto, não pode apresentar uma solução tão ilusória, pois ela reduz o ser a seu parecer, porque, para ela, não há nada além dos fenômenos, nada por trás das diferentes manifestações que nos são dadas, e se reduzem a dois tipos essenciais, cuja estrutura ontológica estudamos. A fenomenologia não é uma teoria das aparências, teoria que deixaria para trás o ser real das coisas. Esse ser real, ela nos mostra precisamente que ele se dá inteiramente na maneira pela qual se dá a nós, nas aparências, ela nos mostra que *o ser é sua própria revelação*, de modo que ali onde dois fenômenos se opõem, devemos afirmar também que estamos em presença de dois seres, e o cuidado de superar sua dualidade não pode ser deixado a um termo misterioso situado por trás deles, a um pretenso absoluto, cujo poder mágico não passa da projeção, no céu metafísico, das exigências às quais deve satisfazer uma unidade que não se pode explicar no plano concreto e real de nossa experiência. Esse termo mágico pode assumir muitas formas, e nós o detectamos mais facilmente quando se trata do absoluto de Espinosa ou de Schelling, e do Deus de Malebranche, do que quando assume um aspecto mais humilde, aparentemente "científico", e se torna, por exemplo, o conceito de "comportamento".

Afirmar que nosso comportamento nos é dado de duas maneiras diferentes é dar por solução o enunciado mesmo do problema, e a noção de comportamento, que funda a unidade dos dois fenômenos nos quais esse comportamento se revela e se manifesta a nós, não passa, na realidade, de um além desses fenômenos, um termo vazio que se reduz ao papel que se pretende que ele desempenhe e para o qual ele foi inventado, tal e qual. O corpo subjetivo não é um fenômeno que deixaria para trás o ser real do corpo, ser ao qual seria deixada a possibilidade de se manifestar a nós por meio de outros fenômenos, por meio de um corpo objetivo, *ele é o ser real do corpo, seu ser absoluto*, ele é *todo o ser* desse corpo, um ser que é uma transparência absoluta, e no qual nenhum elemento escapa à revelação da verdade originária. Meu corpo como uma montanha que vejo, ora de um lado, ora de outro, tampouco um objeto que eu veria sempre do mesmo lado, e muito menos algo que eu atingiria ora do exterior, ora do interior. Não vejo meu corpo do exterior porque *eu não estou jamais fora de meu corpo*, eis o que devemos afirmar se quisermos conferir sentido às palavras e à teoria segundo a qual o ser de meu corpo pertence a uma esfera de imanência absoluta.

Parece, então, que as principais teses ontológicas que formam o âmbito de nossa análise do corpo nos afastam de toda solução possível ao problema da constituição do corpo. O duplo emprego dos signos parece encontrar seu fundamento no dualismo ontológico, mas este não nos aparece agora como o que nos impede de compreender a unidade desse corpo, do qual divisamos não as aparências sob as quais ele se dá a nós, mas o ser mesmo, uma vez que afirmamos, de um lado, a identidade entre a revelação originária do movimento subjetivo com o ser mesmo de nosso corpo e, de outro, a da manifestação transcendente desse corpo com um ser que deve ser o do corpo-objeto. Estamos efetivamente, então, em presença de dois seres, e o dualismo ontológico, se não desemboca em uma dualidade análoga à que existe entre dois elementos do mundo, não deixa de constituir uma dualidade real, radical, na verdade, uma vez que os dois seres de que se trata aqui não se destacam sobre o fundo de uma estrutura comum, mas diferem em sua essência mesma, em sua origem ontológica, que se refere a duas regiões absolutamente heterogêneas do ser.

No momento em que parece que deparamos dificuldades insuperáveis, convém destacar os elementos positivos que o dualismo ontológico e a teoria do corpo subjetivo nos permitiram estabelecer. Esses elementos concernem precisamente aos problemas da unidade do corpo e de seu pertencimento ao ego. Compreendemos, com efeito, que é só no interior de uma ontologia da subjetividade que o corpo recebe um estatuto originário, sobre o qual possam repousar tanto sua unidade quanto a identidade de ser com a do ego. Não é, portanto, no momento em que devemos completar a teoria dessa unidade e dessa identidade que podemos cogitar em recolocar em questão os pressupostos ontológicos, que são os únicos a poder fornecer um fundamento a essa teoria. Esta será completada, precisamente, quando tivermos evidenciado as condições que permitem à unidade do ser originário do corpo e à sua identidade com a do ego estender seu domínio, de algum modo, para o ser do corpo transcendente, cuja identidade com o ser do corpo subjetivo receberia, com isso, um fundamento sólido. Temos em nossas mãos, por conseguinte, todos os elementos para uma solução: dualidade de duas regiões do ser, unidade e pertencimento ao ego do ser do corpo, essa unidade e esse pertencimento se instituindo, todavia, no interior da esfera da subjetividade absoluta e só dizendo respeito, originariamente, ao ser subjetivo do corpo. Se o problema que apresentamos é o de saber como essas determinações ontológicas podem ser estendidas ao ser do corpo transcendente, compreendemos, desde já, que semelhante extensão só se efetuará apoiando-se sobre o ser originário do corpo, que *a unidade e o pertencimento do corpo transcendente ao ego se constituem com base no ser originário do corpo subjetivo, com base em sua unidade e em seu pertencimento ao ego, isto é, em determinações ontológicas que são originariamente privilégio exclusivo de determinada região ontológica, que é uma região de imanência absoluta.* Eis o que nos ensinaram, no mínimo, longas análises, que podiam parecer estéreis e as quais compreendemos agora que visavam a justificar os pressupostos ontológicos no interior dos quais se opera nossa análise do corpo, mostrando que esses pressupostos não conduzem a teoria da constituição do corpo a dificuldades inextricáveis, mas lhe fornecem, antes, os elementos de que ela necessita e sem os quais o problema da unidade de nosso corpo não poderia sequer ser posto.

Resta-nos agora descrever essa constituição do corpo. Até o momento, o esforço de nossa análise se voltara, sobretudo, à elucidação do ser subjetivo do movimento, e se contentara em rejeitar para fora da esfera da imanência absoluta todos os elementos que não lhe pertenciam precisamente, cuja consideração só teria obscurecido e alterado a natureza originária do ser de nosso corpo. No entanto, no momento mesmo em que, numa atitude de redução, nós nos mantínhamos no interior de uma esfera de subjetividade absoluta, éramos levados a tomar em consideração o termo em direção ao qual o movimento se transcende imediatamente, a saber, o termo que resiste ao esforço. Esse termo se manifestava a nós como contínuo resistente, o qual escapava à redução fenomenológica, que devia ser considerado por nós como fundamento de todo ser transcendente, e nos oferecia assim a solução do "grande problema das existências".[12] Se examinarmos, agora, esse contínuo resistente em si mesmo, veremos que sua homogeneidade ontológica admite uma diferenciação, na verdade, essencial, uma vez que ela deve nos permitir distinguir, no interior dessa região do corpo transcendente em geral, um corpo que é o nosso entre corpos estranhos. Na ausência de semelhante diferenciação, seríamos levados, como nota Maine de Biran, a uma posição análoga à dos estoicos, que viam na alma o princípio do universo, e faziam dela "a alma do mundo". O poder imediato do ego só se estende, na realidade, a um corpo particular que é o seu, e é só de maneira mediata que ele age sobre o universo, o que é o mesmo que afirmar que, no interior do mundo, nosso corpo *transcendente* se distingue dos demais corpos e se contrapõe a eles em virtude de propriedades distintivas que é preciso explicar – bem entendido que não se trata de uma diferença representada, ou antes, de uma diferença entre a representação de nosso próprio corpo e dos corpos exteriores, mas de uma diferença entre esses corpos tais como são originariamente vividos por nós, tais como se dão ao movimento subjetivo que o experimenta.

---

[12] *E*, p. 216.

A diferenciação de que se trata aqui se baseia, no biranismo, no fato de que o movimento se choca, em um caso, a uma resistência absoluta – e é este o fundamento fenomenológico do ser do corpo estranho –, ao passo que essa resistência cede ao esforço, quando se trata do ser transcendente do próprio corpo. Maine de Biran chama "extensão interior" o meio transcendente que cede assim ao esforço de nosso movimento. Nessa maneira *sui generis* de se dar reside, aos olhos de uma ontologia fenomenológica, todo o ser de nosso corpo transcendente, cuja solidariedade imediata com o ser originário de nosso corpo não é senão a expressão da relação fundamental de transcendência do movimento. É desse modo que, ao ser originário de nosso corpo, se liga uma espécie de corpo orgânico, do qual a alma, segundo expressão de Leibniz, citada por Maine de Biran, não se separa jamais. Esse *corpo orgânico*, que é o ponto de aplicação do esforço e lhe está ligado é um *espaço orgânico* primitivamente "vago e ilimitado",[13] cuja homogeneidade ontológica, convém repeti-lo, se funda inteiramente sobre seu modo originário de manifestação. Porque não é representado, porque o movimento subjetivo, e só ele, o experimenta, esse espaço orgânico ou interior não tem nada em comum com o espaço exterior. Ele não é tampouco um *continuum* vazio ou sem profundidade, uma espécie de espaço monótono e sem vida, como aquele que nos revela a pura intuição da extensão cartesiana, ou do espaço kantiano. É, pelo contrário, um termo que resiste, um ser real, uma massa que move o esforço e, mesmo em estado de repouso, está sempre como que erguida e retida fora do nada por uma espécie de tensão latente, que é a vida mesma da subjetividade absoluta, uma vez que esta vida é a do corpo originário.

Essa massa que sustenta nossa vida, que ela retém (como afirmamos que seguramos nossa respiração), não permanece, todavia, uma massa indiferenciada e amorfa, ela permite que apareça em si estruturas às quais faremos corresponder o nome das diferentes partes de nosso corpo, que serão para nós nossos membros, torso, pescoço, músculos, etc., mas que, originariamente, não são nada disso, e se dão só a nós como sistemas

---

[13] *E*, p. 211.

fenomenológicos que expressam *as diferentes maneiras pelas quais ele cede a nosso esforço*. No fenômeno dessa estruturação à qual se acha submetida, a massa originária de nosso corpo transcendente se cinde em diferentes partes que obedecem a nossos movimentos, e sobre as quais estes têm poder imediato. Desse modo, nosso corpo orgânico constitui sim o conjunto de nossos órgãos, mas: 1) esses órgãos não são partes da extensão e, por conseguinte, não estão justapostos no espaço; seu ser fenomenológico originário não tem nada a ver com o das determinações anatômicas ou fisiológicas que a ciência toma por objeto; 2) como não são nada mais do que os termos que obedecem imediatamente aos modos originários do movimento subjetivo, compreende-se que esses órgãos se deem a nós como um império sobre o qual temos poder e autoridade, como região que conhecemos interiormente, precisamente a partir do poder que exercemos sobre ela; compreende-se que esse poder a atravesse como um todo, e que vá até o fundo dela mesma, uma vez que essa região não é senão esse fundo, esse limite de nosso poder – limite que não deve ser interpretado como determinação negativa, como nosso movimento, mas deixando ainda atrás de si alguma coisa que esse movimento não atingiria. O limite de nosso poder, no caso, significa, ao contrário, o complemento deste, seu efeito, o resultado no qual o ser subjetivo do movimento manifesta que ele não é a veleidade de um poder, mas um poder real.

O ser de nosso corpo orgânico não se deixando reduzir a este ou àquele de nossos órgãos, mas tendo sido determinado como o conjunto no qual todos esses órgãos se integram, devemos agora fornecer uma interpretação ontológica do que se deve entender por esse "conjunto", interpretação que assume grande importância a nossos olhos, pois lida com o problema que comanda todas essas análises, que é o da unidade de nosso corpo. *A interpretação do corpo orgânico como conjunto de todos os nossos órgãos, isto é, da unidade de nosso corpo transcendente nos mostrará precisamente que essa unidade não é senão a unidade transcendental do ser originário do corpo subjetivo.* A unidade do corpo orgânico, com efeito, é uma unidade essencialmente prática, é uma unidade por meio da qual e na qual todos os nossos órgãos se encontram igualmente à nossa disposição. A unidade desses órgãos, isto é, a coerência interna dos sistemas fenomenológicos que se dobram a nossos movimentos, opondo-lhes essa resistência relativa que caracteriza, segundo Biran, o ser de nosso corpo transcendente, não passa da unidade de nossos movimentos, dos quais esses órgãos são os termos móveis, unidade que mostramos que se trata de unidade originariamente subjetiva, e pertence a uma esfera de imanência absoluta. Nossos órgãos são igualmente integrados numa totalidade e, nesse sentido, têm entre si relações laterais. Essa totalidade e o conjunto de relações que se manifestam aí, e a definem, não têm, por si mesmas, nenhuma característica originária, não fundam de nenhum modo a unidade de nosso corpo transcendente, mas repousam, ao contrário, sobre ela. Em outros termos, dispomos imediatamente de cada um de nossos órgãos, e é em sua referência comum a esse poder, que é o do corpo subjetivo, que esses diferentes órgãos encontram sua unidade. *A unidade do corpo transcendente não é uma unidade transcendente*, é a unidade do poder que move as diferentes partes do espaço orgânico que confere a estas sua unidade e lhes permite aparecer na coerência de uma estrutura que as contém todas e podemos considerar o verdadeiro esquema de nosso corpo.

Esse esquema, evidentemente, não é uma imagem, não é nada representado ou teórico, e se quisermos pensar com algum rigor seu estatuto ontológico, devemos afirmar que semelhante esquema implica a existência de dupla relação, a saber, de um lado, a relação que mantêm entre si todos os nossos órgãos e, de outro, a relação imediata que cada um destes mantém com o ser originário do movimento subjetivo. Esta última relação é uma modalidade da relação transcendental do ser-no-mundo, uma especificação do ato geral de transcendência, especificação na qual o movimento se supera cada vez em direção a tal ou qual dessas estruturas resistentes, que cedem a seu esforço e vêm determinar, assim, a massa originariamente homogênea do corpo orgânico. É preciso repetir, agora, que essas duas relações, que constituem o esquema de nosso corpo, não estão no mesmo plano: a relação de nossos órgãos entre si, que parece fundar a coerência interna do corpo orgânico, repousa, na realidade, sobre a relação de cada um desses órgãos com o poder que os move. *Se todos os meus órgãos constituem um só corpo orgânico, é porque o poder ao qual eles estão submetidos é apenas um só e mesmo poder*, é porque ele é uma unidade subjetiva, que é a unidade mesma de nosso corpo originário, a unidade do ser originariamente subjetivo do movimento. Assim, a unidade do corpo orgânico não é senão a unidade transcendental da subjetividade absoluta, é na unidade da experiência interna transcendental do poder que constitui o ser de nosso corpo originário que reside o princípio de integração de todos os nossos órgãos a uma estrutura conjunta, isto é, o princípio desse esquema pelo qual nosso corpo orgânico se dá a nós como totalidade coerente e prática.

Não se deve nem mesmo dizer que a unidade de nossos órgãos – isto é, a característica em virtude da qual estes se dão a nós no poder que temos sobre eles como pertencendo a um "conjunto" – é uma unidade transcendente, a qual deveríamos apenas reconhecer que se funda e implica a existência de uma unidade subjetiva mais originária, é preciso afirmar que a unidade do corpo orgânico não é diferente da unidade originária de nosso corpo subjetivo, uma vez que é na experiência interna transcendental do movimento que reside a unidade das estruturas orgânicas que esse movimento desencadeia. Há sim uma unidade transcendente de nosso corpo, mas trata-se de uma unidade da imagem ou da representação desse corpo. O fenômeno que descrevemos aqui e é o do esquema de nosso corpo orgânico não tem qualquer relação com uma imagem ou representação desse tipo. Afirmar que o poder do ego sobre seu corpo orgânico se exerce por intermédio do esquema corporal concebido como uma imagem ou representação qualquer entre o movimento originariamente subjetivo e o termo desse movimento é recair na tese intelectualista segundo a qual uma representação do movimento ou de seus instrumentos sempre precede a real efetivação deste. Afirmar, ao contrário, que a unidade de nosso corpo transcendente reside na unidade do poder que se transcende em direção aos diferentes sistemas de resistência do corpo orgânico, e confere a esses sistemas a coerência de uma estrutura de conjunto, no qual são tomados e se tornam como que as linhas de clivagem ao longo das quais é cedido a esse poder uno do corpo subjetivo, é conferir todo o sentido às teses que sustentamos em relação à realidade do movimento subjetivo, ao caráter imediato com o qual o termo desse movimento se dá a ele, e enfim, ao fato de que todas as determinações ontológicas desse termo transcendente, que é aqui o corpo orgânico, são o correlato estrito do ato subjetivo que o visa e nele se apoia. Em outros termos, é a vida subjetiva que retém o corpo orgânico na unidade, numa unidade que é, assim, originariamente a sua, e pertence, enquanto tal, a uma esfera de imanência absoluta.

Mas então, *se a unidade do corpo transcendente é a unidade mesma da vida absoluta do corpo subjetivo, é a unidade dos dois corpos, que, ao mesmo tempo, vê-se afirmada, ao mesmo tempo que se revela o fundamento do pertencimento ao ego do corpo orgânico, fundamento que reside, precisamente, em sua unidade, que é a unidade da subjetividade absoluta, ou seja, da vida mesma do ego.* As questões 2 e 3, relativas ao problema da constituição do corpo, encontram assim, por sua vez, uma solução, solução que revela a solidariedade que as une e havíamos notado no momento mesmo em que as colocávamos. Essa solidariedade, na realidade, é uma unidade, e pode se expressar assim: é porque a unidade do corpo transcendente é a unidade subjetiva do corpo originário que esses dois corpos formam um só e são atravessados por uma só e mesma vida. Sem dúvida, o corpo transcendente não pertence à esfera da imanência absoluta, e parece haver algum abuso em identificar seu ser com o do corpo originário, que é o ser subjetivo do ego. Do mesmo modo, não foi semelhante identificação que efetuamos; mostramos, em vez disso, que o ser do corpo orgânico é um ser abstrato, que não tem por si mesmo nem autonomia nem suficiência ontológica. É, na realidade, a unidade desse ser que o funda e lhe permite existir, e essa unidade é aquela da vida absoluta do ego. É o ser desta que faz todo o ser do corpo orgânico, embora não se confunda com ele, assim como a visão não se confunde com o termo que é visto. É como termo do movimento que o corpo orgânico existe e se dá a nós como totalidade coerente de partes, cada uma das quais é o termo de um movimento, cujo conjunto se refere à totalidade virtual de todos os movimentos possíveis de nosso corpo. É, portanto, o movimento que sustenta o ser do corpo orgânico, ao mesmo tempo que lhe confere sua unidade e seu pertencimento ao ego. E é precisamente porque não pode ser separado dessa realidade subjetiva concreta do movimento que o anima e o carrega que o corpo orgânico, como de resto o termo transcendente do movimento em geral, escapa à redução fenomenológica. Eu sou a vida de meu corpo, o ego é a substância de seu organismo, a matéria e o princípio são de seus movimentos, e é por isso que ele não seria nada sem esse fundamento, que é para ele a vida absoluta da subjetividade, que nosso corpo transcendente, que é apenas a fronteira dessa vida, encontra nesta sua unidade e o princípio de determinações ontológicas que fazem dele o corpo do ego.

Que o ser do corpo orgânico só se torne um ser concreto por meio da e na vida do ego, que se volta para ele para sustentá-lo e carregá-lo, isso poderia ser contestado, e ficaríamos tentados a inverter essa proposição ou, pelo menos, estabelecer uma simetria entre os dois seres do ego e do corpo orgânico, fazendo de sua relação apenas algo concreto e absoluto, e vendo em cada um dos termos dessa relação só um elemento, por si mesmo abstrato, e só se tornaria real em sua referência ao outro. Se não há corpo orgânico sem um ato de transcendência do movimento subjetivo, precisaríamos reconhecer, inversamente, que o ser do corpo originário não poderia subsistir por si mesmo, e só existe, ao contrário, na relação transcendental que o une ao ser transcendente do corpo orgânico. Não é nessa solidariedade da interioridade ontológica e do ser manifestado que reside o motivo pelo qual os dois termos da relação que essa solidariedade expressa escapam, ambos, à redução, e se dão a nós como termos absolutos, ou antes, como os dois termos de uma relação absoluta?

O fato, para o corpo orgânico, de não se sujeitar à redução, não significa, em absoluto, que tenha a mesma dignidade ontológica que o ser originário do corpo subjetivo, nem que a suficiência ontológica da subjetividade absoluta seja usurpada e deva, de algum modo, deslocar-se para vir se situar, não mais na esfera da imanência e do ser, zona da qual constituirá então essência e fundamento. Semelhante zona de troca, à qual conferimos o nome de distância fenomenológica, certamente existe, mas sabemos que ela requer um fundamento, e este reside precisamente na essência da verdade originária da subjetividade. Esta não é, portanto, um termo que permaneceria por si mesmo abstrato, e longe de encontrar sua realidade e seu complemento no ser transcendente do corpo orgânico ao qual se liga imediatamente segundo uma relação transcendental, ela é, ao contrário, o fundamento desse ser que, como termo em direção ao qual transcende, aparece-nos como seu limite, mas como limite que ainda lhe pertence.

Essa característica em virtude da qual a subjetividade desempenha, do ponto de vista ontológico, o papel de verdadeiro fundamento não escapou a Maine de Biran, o qual, após ter mostrado que o fato primitivo é uma dualidade, isto é, consiste na relação originária que institui a transcendência entre a subjetividade e o mundo, e, no caso que nos ocupa, entre o ser subjetivo do corpo originário e o corpo orgânico, afirma, todavia, que "há uma relação mais simples e anterior a essa".[14] O que pode ser essa relação, que é a mais originária de todas, a não ser uma relação que se institui no interior da própria subjetividade, e em virtude da qual esta se revele imediatamente a si mesma no fenômeno da experiência interna transcendental, uma relação que, na verdade, não é mais uma relação, uma vez que é a negação mesma (negação imediata, e não dialética) de toda mediação, mas que é o ser mesmo da vida absoluta. É essa vida, que é a do corpo originário, que desenvolve as diferentes partes do corpo orgânico e as retém na unidade, é nela que reside o princípio do pertencimento do corpo orgânico ao ego, pertencimento que não é, assim, senão seu pertencimento a uma vida que é a do ego. A unidade e a ipseidade da vida do corpo originário são a unidade e a ipseidade da vida absoluta do corpo orgânico, pois a vida deste, o movimento que o habita e o anima são precisamente a vida e o movimento do corpo originário, isto é, do ser subjetivo e transcendental de nosso corpo.

A conclusão da teoria da constituição de nosso próprio corpo exigiria, paralelamente a essa teoria da constituição do corpo orgânico, uma teoria da constituição de nosso corpo *representado*

---

[14] *D*, 4, p. 127, grifo nosso.

e *objetivo*. O ser de nosso corpo transcendente não se reduz, com efeito, ao de nosso corpo orgânico. Mostramos que este não era objeto de representação ou de conhecimento teórico. É verdade, no entanto, que podemos nos representar nosso corpo e fazer dele o correlato de um conhecimento análogo ao que temos dos demais objetos, ou mesmo do conhecimento explícito e conceptual que dirigimos, às vezes, a determinadas regiões do mundo, quando desejamos fazer ciência. Maine de Biran distinguiu cuidadosamente esses dois modos de conhecimento no interior dos quais podemos atingir nosso corpo transcendente. Ele forneceu ao conhecimento originário de nosso corpo orgânico o nome de "conhecimento imediato do próprio corpo", e ao conhecimento objetivo ou representativo de nosso corpo transcendente, o de "conhecimento secundário do próprio corpo". A experiência exterior que tenho de meu corpo "se liga exclusivamente ao conhecimento secundário do próprio corpo, como objeto de intuição ou de representação externa, e deixa de lado este sentido íntimo, sobre o qual se funda o conhecimento do corpo, como termo da apercepção imediata interna do *eu*". "Há um conhecimento imediato do próprio corpo, fundado unicamente sobre a réplica de um esforço desejado, e de uma resistência orgânica que cede ou obedece à vontade."

> Assim, independentemente do conhecimento exterior da forma ou da figura das partes de nosso corpo, como objeto relativo aos sentidos do tato e da visão, há uma apercepção interna da presença ou da consistência desse corpo próprio, inteiramente relativa a um sentido muscular especial, que só pode agir e se conhecer *por dentro*, sem poder se representar *de fora*.[15]

É o conhecimento imediato de nosso corpo orgânico, e apenas ele, que nos permite movê-lo, porque é precisamente na possibilidade de mover esse corpo e desenvolver sucessivamente suas diferentes partes que consiste todo esse conhecimento imediato, que é o conhecimento pelo movimento subjetivo do termo transcendente, que ele desenvolve em seu exercício concreto. Há, portanto, um primado do conhecimento imediato de

---

[15] *E*, p. 214-16.

nosso corpo próprio sobre seu conhecimento representativo ou objetivo, e o paralogismo de todas as teorias clássicas consiste em ter esquecido esse conhecimento imediato em prol exclusivamente do conhecimento objetivo, que supostamente nos forneceria a totalidade do saber que temos de nosso corpo. Desse modo, "Condillac não investigou (...) como o eu poderia adquirir diretamente conhecimento interior dos órgãos; ele só se ocupa de um conhecimento objetivo e secundário de suas formas exteriores". Contrapor, como faz Maine de Biran, um conhecimento "pessoal",[16] que nos revela o ser deste e cada um de seus órgãos interiormente vividos no movimento, é denunciar as concepções que reduzem nosso corpo a um objeto representado, quando não é um objeto científico: o corpo-objeto-do-mundo da percepção objetiva ou da ciência implica, como se viu, outro corpo que o conhece, e, de maneira geral, a realidade sensível da aparência objetiva é sempre apreendida no interior de um poder de conhecer que não é senão o ser originário do corpo subjetivo.

Se o conhecimento objetivo do corpo transcendente pressupõe, assim, um conhecimento mais originário, um saber primordial de nosso corpo, não significa que ele não exista, e nosso corpo é também um ser objetivo que se manifesta a nós entre todos os outros objetos do mundo. Não se trata de distinguir dois corpos, por conseguinte, mas três, a saber:

1) O ser originário do corpo subjetivo, isto é, o corpo absoluto revelado na experiência interna transcendental do movimento. A vida desse corpo originário é a vida absoluta da subjetividade; é nela que vivemos, que nos movemos e sentimos, é o α e o ω de nossa experiência do mundo, é por meio dela que o ser advém ao mundo, é na resistência que ela experimenta que se manifesta a nós a essência do real, e tudo adquire consistência, forma e valor. Essa resistência, no entanto, não é homogênea, não passa, às vezes, de uma resistência relativa que cede ao movimento subjetivo, e lhe cede, de algum modo, segundo linhas permanentes que desenham estruturas fixas: essas estruturas são nossos órgãos, e o meio geral dessa resistência relativa é o corpo orgânico.

---

[16] *D*, 4, p. 9, nota 1; 10.

2) O corpo orgânico é o termo imediato e móvel do movimento absoluto do corpo subjetivo, ou antes, o conjunto de termos sobre os quais o movimento tem influência. Pois há uma estruturação desse corpo orgânico, ele se divide em diferentes massas transcendentes, cuja diversidade, no entanto, é retida na unidade da vida absoluta do corpo originário. A existência de semelhantes estruturas no interior do corpo orgânico é de grande importância em relação ao *problema das sensações internas*, problema que ainda não abordamos. Se a massa do corpo orgânico permanecesse indiferenciada, nossas sensações internas flutuariam no interior dessa massa, sem poderem ser localizadas de maneira alguma e, por conseguinte, sem poderem ser claramente distinguidas umas das outras. A sensibilidade interna seria uma unidade na confusão, unidade sem diversidade e, portanto, não haveria sensações propriamente ditas, mas só o sentimento geral, vago e confuso de uma existência sensível indeterminada. É preciso reconhecer que, sob muitos aspectos, a sinestesia responde a uma descrição desse tipo, e nos oferece uma tonalidade sensível e afetiva de conjunto, bem mais do que uma diversidade de sensações rigorosamente determinadas e localizadas. Uma diferenciação de nossas sensações internas, no entanto, é sempre realizada. Zonas afetivas brotam de um fundo indiferenciado e homogêneo, e essas zonas são também zonas sensíveis que se manifestam a nós com características próprias que nos permitem distingui-las e contrapô-las a outros conjuntos de sensações que pertencem igualmente à sensibilidade interna, e são, todavia, radicalmente diferentes daqueles que são efetivos no presente afetivos e sensível.

O princípio dessa diferenciação da sensibilidade interna reside, sem dúvida, no caráter irredutivelmente heterogêneo de nossas diferentes sensações, mas estas não passariam ainda de uma poeira de elementos que se misturariam inextricavelmente uns aos outros num composto em que a consciência correria o risco de se perder e se dissolver, se essa diversidade sensível não repousasse sobre *outra diversidade*, sobre a qual o ego tem influência, e de que dispõe no interior de uma unidade, que é a de sua vida própria. Essa diversidade, que assegura um fundamento à diversidade sensível interna, é precisamente a das estruturas do corpo orgânico que, como mostramos, são mantidas na unidade por meio da vida absoluta do corpo subjetivo. Nossas sensações internas se organizam, então, em torno dessas estruturas, que perdem seu caráter primitivamente puro para assumir caráter sensível, o qual pode mascarar, não para o ser vivo, mas para o filósofo e o psicólogo, sua verdadeira origem.

Maine de Biran forneceu, a respeito dessa estruturação sensível de nosso corpo transcendente originário, uma descrição admirável, que revela à sua plena luz o fundamento orgânico (ele próprio fundado sobre a vida absoluta de nosso corpo) que semelhante estruturação exige:

> (...) Para que as impressões possam ser localizadas nas diferentes partes do espaço interior do próprio corpo, é preciso que as partes tenham sido distinguidas, ou postas, por assim dizer, fora umas das outras, por meio do exercício repetido de seu sentido próprio e imediato. Porém, o sistema geral muscular se acha naturalmente dividido em vários sistemas parciais, que oferecem outros tantos termos distintos para a vontade motriz. Quanto mais esses pontos de divisão se multiplicam, mais a apercepção imediata interna se esclarece e se distingue, mais a individualidade ou a unidade do sujeito permanente do esforço se manifesta por sua oposição mesma com a pluralidade e a variedade dos termos móveis. Ao se pôr fora de cada um, o eu aprende a colocá-los uns fora dos outros, a conhecer seus limites comuns e relacionar suas impressões.[17]

O problema tão importante da relação entre nossas impressões com sua sede, isto é, um local, recebe aqui uma solução, se compreendermos, no entanto: a) que esse local não é originariamente o espaço exterior, mas a extensão interior do corpo orgânico, ou seja, o meio transcendente que desencadeia o movimento subjetivo e é seu fim; b) que, assim, *esse local é conhecido antes das impressões que o preencherão*, entendido que o conhecimento desse local não é um conhecimento representativo, nem um conhecimento teórico, mas que é imanente ao movimento e lhe pertence (o que é o mesmo que afirmar que esse espaço não

---

[17] *E*, p. 208-09.

é precisamente o espaço exterior, mas a "extensão interior"); c) que a inserção de impressões no meio transcendente que desencadeia e abre para elas o movimento subjetivo é possibilitada pelo fato de que essas impressões não são massas cegas e irredutíveis, as quais não se veria ainda porque vêm tomar o lugar desse meio transcendente, mas que são constituídas, isto é, sentidas, e, como mostramos, o poder que as constitui e é nosso poder transcendental de sentir não é diferente do ser originário do movimento subjetivo. Em outros termos, é mediante um só e mesmo ato que desencadeio o meio transcendente do corpo orgânico, que é o fim de meu movimento, e percebo as sensações internas como situadas nesse meio e como lhe pertencendo.

A plena compreensão desta última tese, contudo, exigiria a intervenção de uma teoria ontológica da passividade, teoria indispensável para a constituição de uma teoria geral da sensibilidade. Essas duas teorias fazem falta no biranismo, mas nos basta, por ora, compreender que a experiência sensível interna é inseparável da constituição originária do corpo orgânico, isto é, do conhecimento imediato de nosso próprio corpo. Este é um conhecimento completo por si mesmo, tem autonomia e suficiência, todo o saber primordial de nosso corpo está contido nele e, naturalmente, no conhecimento originário do corpo subjetivo que ele implica, e do qual é inseparável. O sistema formado pelo movimento subjetivo e pelo corpo orgânico é um sistema fechado, que se completa e se encerra em si mesmo, e seria o que é na ausência de qualquer conhecimento representativo do corpo transcendente como ser objetivo pertencente ao espaço exterior.[18]

3) O corpo objetivo, que é objeto de uma percepção exterior, e pode constituir tema de uma pesquisa científica, é o único corpo conhecido pela tradição filosófica, e é essa concepção objetiva exclusiva que está na origem de tantos falsos problemas – especialmente o famoso problema da união entre a alma e o corpo –,

---

[18] "O eu não pode existir por si mesmo, sem ter o sentimento ou a apercepção imediata interna da coexistência do corpo: eis o fato primitivo. Porém, ele poderia existir ou ter essa apercepção sem conhecer ainda seu corpo como objeto de representação ou de intuição, pelo exercício do tato" (*E*, p. 382).

como tantas teorias que se esforçavam, em vão, aliás, por resolver. Maine de Biran foi o primeiro filósofo a compreender a insuficiência radical desse ponto de vista, e o caráter derivado e secundário de toda concepção objetiva do corpo, como se vê neste notável texto:

> Quando a filosofia suscitou esta questão: "como o ser sensível e motor aprende a conhecer seu próprio corpo?", ela não tinha em vista senão um modo de conhecimento exterior e objetivo; ela tomou por fato primitivo e simples um fenômeno secundário (...). Ao constituir em problema a origem do conhecimento representativo do corpo, já se supõe resolvido o problema da existência, ou antes, não se acredita que caiba colocá-la em questão. No entanto, essa mão móvel, que passeia sucessivamente sobre as diferentes partes, e se torna a unidade de medida de uma superfície sensível, não se apalpa a si mesma, assim como o olho não se vê e, contudo, ela pode [e deve] ser conhecida antes de ser empregada como instrumento ou medida.[19]

Tentamos, na sequência de Maine de Biran, explicar esse conhecimento originário de nosso corpo que pressupõe o conhecimento representativo do corpo objetivo. Precisamos, agora, fornecer algumas indicações sobre a constituição desse corpo objetivo, constituição para a qual a teoria do corpo subjetivo e do corpo orgânico irá precisamente nos prover os elementos essenciais.

Na medida em que se manifesta no mundo como objeto, nosso corpo transcendente não passa de uma simples configuração espacial provida das qualidades secundárias ou primárias que pertencem a todos os objetos. Não seria possível reduzir o ser de nosso corpo objetivo, no entanto, a esse conjunto de determinações espaciais ou sensíveis, pois não seria mais, então, do que um objeto anônimo entre todos os demais, e não enxergaríamos onde pode residir o fundamento desse direito particular, como afirma Descartes, em virtude do qual chamo a este corpo de meu. Alguma coisa, portanto, intervém na constituição de nosso corpo objetivo, que não intervinha na constituição de outros objetos,

---

[19] *E*, p. 381-82.

alguma coisa que confere ao corpo objetivo essa característica em virtude da qual ele se dá a nós como dotado de um interior, e um interior de natureza determinada. Em que consiste esse "interior" que faz que nosso corpo objetivo nos apareça precisamente como um corpo uno, que nos pertence, e é o mesmo que o corpo do qual temos experiência interior e imediata? Que conhecimento dispomos dessa dimensão de interioridade *sui generis* que distingue semelhante objeto de todos os demais?

Está claro que a interioridade do corpo objetivo repousa sobre a interioridade ontológica, e desse modo é mediante um empréstimo ao corpo transcendental e ao ser originariamente subjetivo do ego que o corpo objetivo é o que é, e se dá a nós com características distintivas. Que se afirme sobre um ser natural (por exemplo, o olho ou o ouvido) – que, como determinação e parte da natureza, é evidentemente desprovido de toda possibilidade de se transcender e se conhecer – que ele vê ou ouve, isto só é possível, como suficientemente o mostramos, se estamos de posse do que é significado pelas palavras "ver", "ouvir", isto é, se a experiência interna transcendental do corpo subjetivo em geral nos for dada. É no conteúdo da experiência subjetiva originária de nosso corpo, portanto, que o corpo objetivo busca a significação que lhe é inerente, e o determina precisamente como um corpo que é o nosso, que vê, que faz movimentos, etc. Fornecer uma resposta explícita à questão de saber como essa significação objetiva se baseia, a cada vez, na experiência subjetiva correspondente, é tratar por si mesmo o problema da constituição do próprio corpo. Nós nos limitaremos aqui a uma observação concernente à unidade entre o corpo objetivo transcendente e seu pertencimento ao ego.

A unidade do corpo objetivo transcendente é uma unidade transcendente, é uma unidade fundada. Como tal, não deve ser confundida com a unidade do corpo orgânico, que não era senão a unidade subjetiva originária do corpo absoluto. É sobre esta unidade última, precisamente, que se baseia a unidade do corpo transcendente, no sentido de que ele é sua simples representação, a projeção na parte da extensão que ocupa o corpo objetivo. Quanto ao pertencimento desse corpo objetivo ao ego, ele deve ser compreendido da mesma maneira que sua unidade. Em outros termos, a vida do corpo objetivo não é a vida absoluta, mas uma *representação desta* e, por conseguinte, devemos reconhecer que não há identidade absoluta entre nosso corpo objetivo e nosso corpo originário, mas que há entre eles uma verdadeira dualidade. Porque nosso corpo objetivo não passa de uma representação de nosso corpo originário, os problemas que suscitam a dualidade desses dois corpos e a unidade de significação que os une são efetivamente análogos aos problemas que têm a ver com as relações entre o ego transcendente e o ego absoluto. À identidade real entre o corpo originário e nosso corpo orgânico – ou antes, à identidade entre a vida absoluta que é o ser do corpo originário e retém em sua unidade o corpo orgânico do qual é também, por esse motivo, a vida – contrapõe-se, assim, a identidade representada de nosso corpo transcendente objetivo com nosso corpo absoluto, identidade que se baseia, naturalmente, na identidade originária do ser do corpo subjetivo, isto é, do ego.

Muitas outras questões se colocam, então, a respeito desse problema da constituição de nosso corpo objetivo, questões que não podemos examinar no âmbito destas pesquisas. Importava-nos, somente, expor o horizonte ontológico no interior do qual se opera semelhante constituição. É sobre essa constituição do corpo objetivo que repousa o duplo emprego dos signos, pelo que se vê que ele não é totalmente ilegítimo, uma vez que o corpo constituído, efetivamente, toma emprestado o essencial de seu ser ao corpo originário, e, se não a vida absoluta desta, pelo menos a representação dessa vida lhe é imanente. O signo que extrai toda sua significação de uma experiência interna transcendental de nosso corpo originário, no entanto, pode referir-se igualmente ao ser natural do corpo objetivo, ou mesmo a uma das partes desse último, já que a representação dessa experiência interna transcendental intervém na constituição de nosso corpo-objeto, isto é, na elaboração da significação geral que lhe é conferida.

Convém não confundir a imagem ou as imagens que podemos nos formar deste corpo que é o nosso com os três fenômenos de nosso corpo que estudamos sucessivamente (corpo subjetivo, orgânico e objetivo). Semelhantes imagens certamente existem, e sua descrição é uma tarefa que se propõe a uma fenomenologia do corpo. Tudo o que podemos afirmar a esse respeito é que essas imagens requerem um fundamento que é constituído pelo ser real do corpo objetivo, mas também pelo ser de nosso corpo orgânico. A natureza deste explica que possamos ter uma imagem de certas partes de nosso corpo a qual nossa percepção objetiva não nos permite alcançar, pelo menos de maneira direta. A nosso corpo orgânico pertencem, com efeito, todos os nossos órgãos, incluindo aqueles que não percebemos objetivamente, e compreende-se, assim, que uma imagem baseada no corpo orgânico nos oferece uma representação de nosso corpo infinitamente mais rica e completa[20] que aquelas que nos é fornecida por uma imagem que só se relaciona com o ser de nosso corpo objetivo. Esta última imagem, que é a imagem de uma representação objetiva, comporta, é verdade, elementos tomados de empréstimo ao corpo originário e ao corpo orgânico, uma vez que a constituição de nosso corpo objetivo implica a intervenção de semelhantes elementos.

Uma descrição fenomenológica do próprio corpo, do corpo orgânico, por exemplo, não deve se deixar enganar pela atitude que ela instituiu e no interior da qual opera, porque semelhante atitude não é natural, mas é sua modificação. O corpo transcendente, que se torna o tema do pensamento na interrogação filosófica que o fenomenólogo dirige a seu respeito, não passa, em nova vida cotidiana, de um fenômeno marginal, cuja constituição se opera na sombra. Ocupar-se de seu corpo não é uma atitude imediata ou habitual: nesta, o corpo se ocupa do mundo, o que é bem diferente. É verdade, o surgimento de nosso corpo no campo fenomenológico não se produz só por ocasião de uma interrogação filosófica a seu respeito, mas em muitas outras ocasiões que fazem parte da vida cotidiana, e em particular em certas modalidades essenciais de nossa vida afetiva ou corporal, fenômenos nos quais ocorre de assumirmos uma consciência aguda

---

[20] Uma vez que a imagem de nosso corpo repousa sobre o ser de nosso corpo orgânico, ela é uma imagem do ser *total* de nosso corpo, e de modo algum uma imagem lacunar – o que seria se só tivesse por fundamento o conhecimento representativo de nosso corpo objetivo.

de nosso corpo e de suas diferentes particularidades. Na falta de um paralogismo cujas repercussões sobre as descrições e sobre a teoria geral do corpo correm o risco de ser graves, é preciso reconhecer que semelhantes fenômenos só podem ser compreendidos a partir da atitude natural, das quais eles só constituem variações, por mais importantes que sejam.

Se nos esforçarmos em mergulhar novamente nessa atitude natural, veremos então se esclarecer problemas supostamente insolúveis, referentes às relações entre o eu e seu corpo, à "união entre alma e corpo", e as dificuldades inextricáveis em que se enredava a reflexão filosófica quando abordava esses problemas podem ser imputadas a uma maneira de colocá-los que, precisamente, não tem nada a ver com nossa experiência originária, nem com a vida espontânea do homem. O dualismo entre alma e corpo, *isto é, entre o ser originário do corpo subjetivo e o corpo transcendente*, não é senão um caso particular do dualismo ontológico. O ato por meio do qual o movimento subjetivo desenvolve a mão como massa orgânica que ele conhece interiormente, como fim em direção ao qual se transcende seu conhecimento não intelectual, mas motriz, não é nem mais nem menos misterioso do que o ato pelo qual meu olhar vê e atinge a árvore lá adiante, no alto da colina. O dualismo que a descrição desses fenômenos revela não é um dualismo ôntico, é um dualismo que não é diferente daquele que reconhecemos entre a verdade originária e a verdade do ser transcendente, e expressa a relação fundadora da unidade dessas duas verdades, da unidade da experiência – é um dualismo que não tem nada a ver com o dualismo cartesiano.

5. O DUALISMO CARTESIANO

A análise ontológica do corpo é uma das peças-chave do cartesianismo. Trata-se de uma análise essencial, que desemboca na exposição da extensão como essência do corpo. Não é o caso de distinguir várias formas de extensão, é a mesma extensão que concebemos ou que imaginamos, a diferença reside no ato do espírito que apreende a extensão, e não na natureza desta. A extensão é o meio no qual se realizam os movimentos, os quais são puramente mecânicos e se reduzem, em todos os casos, a um deslocamento das diferentes partes da extensão, uma levando à outra; esta última operação se efetua no instante. A determinação ontológica da essência do corpo como extensão tem, no cartesianismo, significação absolutamente geral: que o corpo deve, essencialmente, ser compreendido como extensão, isso não vale apenas para o corpo inerte da natureza física, essa afirmação concerne, também, ao corpo vivo e ao corpo humano. Resulta, em um caso, na célebre teoria dos animais-máquinas e, no caso do corpo humano, na concepção deste como reunião, na extensão, de partes elas mesmas extensas e ligadas umas às outras segundo uma relação mecânica. Na verdade, não há qualquer diferença entre o corpo humano e o corpo do animal, assim como, tampouco, entre este último e um corpo físico qualquer.

Comparemos, agora, os resultados da análise essencial do corpo em geral com este corpo particular que é o nosso: que relação pode haver entre este, tal como se revela a nós na experiência mais manifesta, e a essência que lhe confere, *a priori*, a filosofia cartesiana? Nenhuma. Isso é tão verdadeiro que, quando considera o corpo fenomenológico do homem, Descartes não lhe atribui mais a extensão como determinação essencial, mas pensa, ao contrário, só poder explicar a natureza exata desse corpo – que não pode mais ser identificado, quanto à sua essência, com outro corpo qualquer – reconhecendo a existência de uma nova natureza simples, não menos fundamental do que as duas naturezas primitivas da extensão e do pensamento sobre os quais parece repousar, sob muitos aspectos, todo o edifício cartesiano. Essa nova natureza simples fundamental é a da união entre alma e corpo. O cartesianismo não é mais um dualismo, as três naturezas simples primitivas são iguais em dignidade e em autonomia, iguais também no que concerne ao vínculo de dependência que as une à substância absoluta, isto é, Deus.

A maneira pela qual convém compreender a natureza primitiva da união mergulhou os comentadores em embaraços. De um lado, com efeito, a união do pensamento com uma substância extensa é incompreensível; de outro, se for verdade que essa união é um fato, a reflexão filosófica deve admiti-lo, ainda que seja um fato ininteligível. Descartes não ignorou nem o caráter ininteligível dessa união, nem seu caráter de fato inegável, diante do qual o entendimento e suas exigências deveriam se inclinar. Em face daqueles que, seguindo Espinosa, denunciam o caráter absurdo dessa teoria, muitos comentadores insistiram, ao contrário, no caráter profundamente humano do cartesianismo, sobre a humildade filosófica que ele testemunha em presença da "natureza" humana que a união substancial entre a alma e o corpo parece definir.

Porém, uma interpretação filosófica da natureza simples cartesiana dessa união terá jamais sido fornecida? As condições que tornariam possível semelhante interpretação terão sido jamais postas? Não deveríamos reconhecer, em primeiro lugar, de um ponto de vista puramente filosófico, a ambiguidade fundamental que preside à constituição da doutrina cartesiana que ora discutimos? Essa ambiguidade não deve ser confundida com o caráter intrinsecamente obscuro ou incompreensível da teoria, ela nos é revelada, antes, pelo fato de que esta é ora declarada, pelo próprio Descartes, como de compreensão extremamente difícil, ora apresentada como tão clara e evidente que não pode ser negada.[1] *É da mesma coisa que se trata?* Ou, então, para nós que meditamos sobre essa doutrina tão importante, por causa do problema mesmo de que ela trata e também das consequências filosóficas que ela acarretou, tenha sido ela admitida ou rejeitada, não se impõe a tarefa de estabelecer uma distinção entre o que é efetivamente tão claro e distinto que não se possa negar, e o que, ao contrário, é tão difícil de explicar e tão obscuro que precisemos, talvez, considerá-lo impossível e falso?

E como poderíamos fazer semelhante distinção, a não ser sob a condição de dispor de um horizonte filosófico que nos permita, precisamente, distinguir, de maneira certa, o certo do hipotético, sob condição, em outros termos, de operar ainda aqui uma redução fenomenológica que acolherá o que nos é revelado na certeza absoluta da experiência subjetiva, mas nos fará recusar, de antemão, o que, no conteúdo dogmático do cartesianismo, deve ser considerado por nós pura hipótese transcendente, cujo caráter absurdo não poderia mais alegar um suposto caráter de fato? É com um só e mesmo movimento, em um mesmo tempo, que a reflexão fenomenológica fará surgir a evidência absoluta do *fato*, e abandonará à redução o elemento hipotético, ou mesmo absurdo, da *teoria*. A ambiguidade da posição cartesiana aparecerá então em plena luz, pois consiste, de um lado, em mesclar de maneira inextricável os dois pontos de vista, em fornecer por fato o que é apenas teoria, mas, sobretudo, e de maneira infinitamente pérfida, em incluir sub-repticiamente a teoria no enunciado e na definição mesma do fato. A partir daí, ao reconhecer, como se deve, o fato, é-se induzido, sem se dar conta, a admitir a inverossímil teoria.

Qual é, portanto, o "fato" indubitável de que se trata? Dir-se-á que é o da união entre alma e corpo? Como não ver, ao contrário, que na definição desse fato como natureza primitiva da união entre alma e corpo já entra a teoria, a afirmação da mescla entre substância extensa e substância pensante? Essa mescla (*permixtio*) é realmente um fato? Qual seu estatuto fenomenológico? Ao formular esta última questão, não visamos de modo algum a retirar o

---

[1] *Hoc explicatu difficilimum – Adeo clara est ut negari nullo modo possit* (Conversações com Burman), *Œuvres de Descartes*. Paris, Léopold Cerf, V, p. 163.

problema de seu contexto cartesiano, a colocá-lo de algum modo no interior de nosso próprio horizonte filosófico. Foi, com efeito, no âmbito de uma ontologia fenomenológica que foram elaborados, pelo próprio cartesianismo, as essências do pensamento e da extensão, e é da mesma maneira, com toda evidência, que convém proceder para determinar a essência da terceira natureza primitiva. Qual é, por conseguinte, o conteúdo fenomenológico que nos permite afirmar a existência de semelhante essência? A mescla entre alma e corpo nos é, de alguma maneira, dada? Não se deixará de observar que, não só Descartes admitiria a legitimidade dessa questão, como, na realidade, ele respondeu a ela de maneira clara: não declarou ele, em muitas ocasiões, que, para conceber corretamente a união entre a alma e o corpo, era necessário não mais refletir sobre esse fenômeno, mas se entregar a ele e vivê-lo? Pode-se desejar recurso mais explícito à experiência?

Aqui, é preciso fazer esta observação essencial que a experiência em questão é uma experiência interna transcendental, cujo conteúdo é ele próprio transcendental: *os fatos que o constituem pertencem à esfera do cogito, são* Erlebnisse.[2] Quer se trate de *Erlebnisse* relativas ao conhecimento sensível, à vida imaginativa, a nossos sentimentos e paixões, à experiência de nossa ação na vida cotidiana, continuamos a lidar com fatos, e fatos indubitáveis, que são outras tantas determinações do cogito e participam, por conseguinte, da certeza absoluta, que é o privilégio dessa região de existência. Mas, como então eludir esta questão: *em que a união substancial entre alma e corpo está implícita em semelhantes experiências internas transcendentais? Por que Descartes inventou, ao lado da esfera do cogito ou, como ele afirma, da natureza primitiva do pensamento, outra região do ser, a da* permixtio, *destinada a receber fatos que são* Erlebnisse *e os quais pertencem, por conseguinte, unicamente à subjetividade absoluta, e só a ela?*

Sem dúvida, os fatos que Descartes relaciona à terceira natureza primitiva são *Erlebnisse* de um caráter particular: eles definem, no interior do cogito, uma zona de existência *sui generis*, que parece ser o reino da afetividade, e certamente se distingue do pensamento

---

[2] *Erlebnisse*: em alemão, no original. Plural de *Erlebnis* = ocorrência, acontecimento, experiência; tem sido traduzido, para fins filosóficos, como "vivência". (N. T.)

puro do matemático, ocupado, por exemplo, em resolver uma equação. Descartes pensa em explicar esse caráter específico que marca uma categoria determinada de *Erlebnisse* fazendo-o aparecer como efeito da união, como uma perturbação que resulta da intervenção do corpo no domínio do pensamento puro, intervenção que não é senão uma ação do corpo sobre a alma, ação que, por sua vez, pressupõe a união como condição de sua própria possibilidade. Porém, nesse *raciocínio*, não passamos, insensivelmente de um fato a uma teoria que visa a explicá-lo, e não passa, portanto, de uma construção transcendente, cujo estatuto deve ser cuidadosamente distinguido daquele das *Erlebnisse*, as quais ele pretende explicar? Dir-se-á que essa teoria pode ser verdadeira? Não havia ela sido admitida, no entanto, e apesar de suas dificuldades internas e especificamente *teóricas*, sob o pretexto de que um fato, mesmo ininteligível, não poderia ser negado? Mas, se o fato não é a teoria, se ele não tem nada a ver com ela, de que crédito poderá ainda usufruir a inverossimilhança desta última?

Ou, então, seria preciso mostrar que é na estrutura interna, na essência mesma de algumas *Erlebnisse*, que poderíamos chamar *Erlebnisse* corporais, que está incluída, de algum modo, a união substancial. Há, com certeza, *Erlebnisse* corporais, mas quando falamos de corpo subjetivo, queremos dizer que o corpo de que se trata é inteiramente subjetividade, e ele se confunde em seu ser com o ser mesmo dessa subjetividade absoluta. Não ocorre o mesmo com o cartesianismo, ou melhor, e é nisto que reside toda a ambiguidade, trata-se ora de um corpo subjetivo do qual Descartes teve o pressentimento genial, e isto precisamente na teoria da união substancial, da união da alma com um corpo que é o corpo em terceira pessoa da natureza física e mecânica, um corpo cuja essência é a extensão, e está sempre submetido, senão efetivamente, pelo menos virtualmente, à categoria de *partes extra partes* que torna ininteligível sua suposta mescla com a essência do pensamento. Examinemos as *Erlebnisse* nas quais temos a experiência de nossa ação prática ou de nossas paixões. O fato de levá-las em consideração conduz Descartes a operar uma verdadeira *cisão do cogito*, que resulta em situar essas *Erlebnisse* fora da esfera da subjetividade absoluta, uma vez que sua essência deixa de ser, precisamente, o pensamento, para se tornar a própria união substancial. Apenas sob essa condição semelhantes *Erlebnisse* poderiam dar mostras de união, contanto que a substância de que são feitas não seja mais o pensamento, mas justamente a terceira natureza primitiva. De onde vem as *Erlebnisse*, todavia, esta característica que faz delas o que são, pela qual elas se dão fenomenologicamente a nós como determinações da subjetividade transcendental, de onde elas derivam sua natureza de fatos absolutos, certos e irrecusáveis? É sempre a mesma ambiguidade que faz que Descartes, após ter tomado essas *Erlebnisse* ali onde elas efetivamente existem, na esfera absoluta do cogito, as transporte para uma região que não tem mais caráter ontológico autêntico, pois ela se encontra privada de toda base fenomenológica, e não passa de uma construção transcendente que seu caráter ininteligível torna inaceitável, mesmo para uma filosofia que se alimentaria de teorias ou de hipóteses.

No entanto, uma vez que Descartes não se contenta em afirmar a união como hipótese própria a explicar o caráter particular de certas *Erlebnisse* (cujo pertencimento à substância pensante como modos desta não seria, então, negado), mas parece às vezes ler essa união na estrutura fenomenológica das *Erlebnisse* e, por assim dizer, em seu conteúdo material mesmo, impõe-se uma destruição mais profunda de sua tese. Essa destruição revelará certo número de preconceitos, especificamente cartesianos, que importa, agora, denunciar.

Por que afirmar a existência de uma natureza primitiva além do pensamento como meio destinado a receber as *Erlebnisse* corporais, ao passo que estas encontram lugar, naturalmente, na subjetividade, e é até impossível conceber seu ser como diferente daquele do cogito? Porque Descartes se faz, a respeito do pensamento, uma ideia que deveria, por fim, excluir semelhantes *Erlebnisse*, pelo menos enquanto se considerar esse pensamento em estado puro. O ideal de Descartes, com efeito, é o do conhecimento teórico e intelectual, que é como uma apreensão impassível do ser matemático, e na qual não há lugar para sentimentos ou paixões. De onde esta ideia, própria aliás a todo intelectualismo, de que a afetividade em geral é alguma coisa inferior, e não poderia pertencer, enquanto tal, à pura essência do pensamento. De onde, enfim, a hipótese de que a degradação do pensamento puro em afetividade, não podendo ter seu princípio na essência desse pensamento, deriva, necessariamente, da ingerência, nele, de um elemento estranho, a saber, o corpo. Esse corpo, porém, não é mais o corpo subjetivo, ele não se confunde mais com a tonalidade afetiva própria às *Erlebnisse* corporais, é o corpo-extensão tal como revelou a análise essencial do pedaço de cera. Logo, aqui a separação entre o aspecto fenomenológico e o aspecto explicativo da teoria se faz claramente, ao mesmo tempo que se dissolve a ambiguidade que comanda todas essas análises cartesianas: temos, de um lado, a *Erlebnis*, com seu caráter psicológico próprio, e é dele, e somente dele, que se pode dizer que é algo tão evidente que não poderia ser negado; e, de outro, a pura concepção de uma intervenção problemática do corpo-extensão na essência do pensamento puro.

A tese de Descartes consiste, pelo menos, em afirmar que a *Erlebnis* que se revela a nós no plano do cogito não seria o que é se uma ação da substância extensa sobre a substância pensante não se produzisse. Mas este é o momento de afirmar, com Hume, que no efeito – supondo-se que a *Erlebnis* corporal seja um efeito – não lemos mais a energia de sua causa! A *Erlebnis* é o que é, uma transparência perfeita, e, como tal, há uma suficiência ontológica absoluta. *A essência do pensamento é uma substância.* Não desejamos aqui, de modo algum, retomar, por nossa conta, as objeções de Arnauld. Sempre se poderá afirmar que essas duas substâncias completas podem se unir, contanto que se reconheça que sua união não é necessária, mas só acidental – e a natureza humana não se dá a nós precisamente como o produto de um acidente incompreensível? Mas não se trata aqui de discutir sobre a natureza e as propriedades das substâncias: o que está em questão, na realidade, e não poderia ser posto em questão, é o valor absoluto e irredutível do cogito. O ser da *Erlebnis* se confunde com sua aparência subjetiva e transcendental. Nem o corpo extenso, nem sua suposta ação sobre a alma, se encerra nessa aparência. A união entre alma e corpo, portanto, não é um fato, não é tampouco uma natureza primitiva, se entendermos por isso uma região ontológica baseada num dado fenomenológico irrecusável; ela é uma mera afirmação que resulta da inaptidão de Descartes – e de muitos outros filósofos – em compreender que *a afetividade possa pertencer à essência do pensamento puro.*

Ora, precisamente, não há nada aqui a compreender, só há fatos a constatar. Se há *Erlebnisse* afetivas, é porque o pensamento pode ser, em sua essência, afetividade. E vemos, então, as posições cartesianas se inverterem e se autodestruírem: nega-se que, na pura essência que é a sua, o pensamento possa ser afetividade ou sentimento; imagina-se, então, a ação de um agente exterior, que produziria nele essa afetividade; constrói-se a teoria da união substancial. Qual é, então, o ponto de partida dessa teoria, seu fundamento real, a não ser *o fato mesmo da afetividade do pensamento*? E o que ela visa a verificar, a não ser o preconceito de Descartes, a saber, que o pensamento não é, em si mesmo, afetividade? A verdade é que o pensamento é afetivo. O preconceito cartesiano e intelectualista consiste em que ele não poderia ser tal. O cogito, evidentemente, dá razão à verdade, mostra que há pensamentos afetivos. Longe de se basear sobre um fato, *a teoria da união substancial não é nada mais que um meio desviado para negar o fato, para negar a verdade revelada pelo cogito, a saber, a afetividade do pensamento*, e para afirmar que é em virtude de um acidente, para o qual se fornece uma teoria fantástica, que esse pensamento se descobriu no cogito como pensamento afetivo. Porém, quando chega, enfim, o momento de provar essa teoria, apela-se ao cogito, isto é, à afetividade do pensamento! O fim inconfessado da teoria cartesiana da união substancial consiste, assim, em negar o fato que ela invoca em seu apoio, e do qual se pretende tradução fiel.

O que caracteriza o cartesianismo, no que concerne ao problema que nos ocupa, é *a ausência de uma teoria transcendental da afetividade*. Essa lacuna essencial pode ser constatada em toda filosofia intelectualista. Buscar a origem de semelhante lacuna no seio mesmo do cartesianismo, entretanto, é avançar na compreensão de sua significação mais geral, isto é, da concepção de pensamento que ele implica. Se considerarmos o conteúdo do cogito, constata-se, como dissemos, diferenças consideráveis entre nossas *Erlebnisse*. Essas diferenças, no entanto, são elas mesmas diferenças transcendentais, *é no plano do cogito que elas se revelam*, é em seu conteúdo subjetivo imanente que, por exemplo, se distingue um ódio de uma concepção matemática. A teoria da união substancial, longe de fundamentar semelhante distinção, não passa, ao contrário, de uma variação especulativa que repousa, inteiramente, sobre essa diferença subjetiva prévia. No entanto, ao passo que todas nossas *Erlebnisse* são iguais em seu estatuto fenomenológico e ontológico – sua diferenciação psicológica expressando apenas a modalização da subjetividade absoluta –, o cartesianismo estabelece entre elas uma hierarquia que só pode repousar sobre considerações de outra ordem, a saber, de ordem axiológica. A concepção matemática é considerada superior à paixão, a despeito da identidade de seu estatuto fenomenológico. O pensamento puro, a essência do pensamento, é em seguida identificado com o pensamento de tipo matemático, com o conhecimento intelectual e teórico, todo pensamento afetivo ou sensível sendo declarado inferior e, de certa maneira, heterogêneo em relação ao pensamento puro.

Qual a origem dessa desvalorização da afetividade, ou dessa superestimação do conhecimento teórico puro? *Essa origem reside na tonalidade afetiva do conhecimento intelectual, no pathos particular de sua certeza própria.* A razão que faz que certa forma de pensamento (e de nenhum modo a essência pura do pensamento, que só pode se definir a partir do estatuto fenomenológico comum de todas as *Erlebnisse*) seja preferida ao pensamento afetivo encontra-se, todavia, na afetividade dessa forma privilegiada. O que significa isso, senão que todo pensamento é um pensamento afetivo, que toda *Erlebnis* tem sua tonalidade própria? É o que mostra precisamente a teoria transcendental da afetividade, teoria que repousa sobre a estrutura ontológica da subjetividade absoluta.[3] As diferentes formas da vida afetiva certamente não são semelhantes ou equivalentes. O estabelecimento de uma hierarquia entre essas diferentes formas é perfeitamente legítimo, contanto que se reconheça o caráter puramente axiológico ou existencial desta. Quando afirmamos, de maneira válida, que o amor é superior ao ódio, não entendemos com isso afirmar que a essência do pensamento seja diferente em ambos os casos. Pode-se, da mesma maneira, situar a vida dóxica[4] da consciência acima de sua vida passional. Não é uma razão para supor que a essência da *Erlebnis* passional não seja a do pensamento em geral.

---

[3] Cf. *L'Essence de la Manifestation*, op. cit., seção IV.

[4] "Vida dóxica": refere-se à *doxa*, opinião, em grego, distinta da *episteme*, ciência. (N. T.)

Se, todavia, Descartes afirma a superioridade do conhecimento intelectual, é porque ele encontrou neste um modo de existência particular, uma experiência afetiva que era precisamente a que ele buscava, a saber, a experiência de uma certeza elevada acima de todas as dúvidas. E se a experiência matemática, nele, é indevidamente privilegiada, se, de maneira geral, os triângulos desempenham na história do pensamento filosófico um papel certamente desproporcional com o interesse que reconhecemos em nossa vida concreta, é porque a espécie de necessidade com a qual suas propriedades se impõem nos indica, para a consciência que se abandona assim ao objeto matemático, um repouso, uma *segurança*, e como que uma espécie de êxtase no interior dessa segurança que Descartes tanto buscara.

Essas observações também valeriam, assim acreditamos, para os demais cartesianos e, por exemplo, para Espinosa: se refletirmos sobre a significação existencial do progresso da consciência por intermédio dos três gêneros de conhecimento, talvez se note que o conhecimento do terceiro gênero procede da abstração do conteúdo afetivo do conhecimento racional e da posição desse conteúdo por si mesmo, independentemente, desta vez, do conhecimento do segundo gênero. A significação existencial da experiência espinosista transparece constantemente mediante a exposição dogmática da filosofia da *Ética*, ela é de resto explicitamente reconhecida por Espinosa, especialmente no início do *Tratado sobre a Reforma do Entendimento*. O que Descartes e Espinosa exigiram do conhecimento intelectual e das verdades racionais, eternas, que ela supostamente nos revela, diante das vicissitudes e da contingência de nossa existência histórica, é a experiência de uma certeza que o acontecimento não possa nos arrebatar e, para retomar uma imagem de Alain, de uma felicidade que sirva a nós melhor do que um manto.

São as intenções secretas do cartesianismo, portanto, que fazem jus ao preconceito intelectualista da desvalorização da afetividade pura. Porque cada *Erlebnis* tem uma tonalidade que lhe é consubstancial, a afetividade, longe de resultar de um aporte exterior ao pensamento, é, ao contrário, uma determinação eidética deste. Não cabe distinguir certas *Erlebnisse* afetivas e outras que não o seriam, mas todas as nossas experiências, uma vez que são nossas diferentes maneiras de viver, trazem em si o que é precisamente o caráter primeiro de toda vida e de toda experiência, e denominamos aqui, na falta de termo melhor, tonalidade afetiva. A impossibilidade das *Erlebnisse* do conhecimento teórico não passa de uma determinação entre outras dessa tonalidade, uma determinação mais sutil, talvez, em seu caráter aparentemente privativo, mas tão pouco privado do que constitui a essência da afetividade que é antes em virtude de um caráter afetivo próprio que a vida teórica recebeu, em muitos sistemas, um privilégio muitas vezes exclusivo. Não era, afinal de contas, a vida afetiva em geral que era depreciada, apenas alguns de seus modos, ao passo que outros, aqueles que vivemos em nossa vida teórica, eram revestidos de valor positivo, por razões que são precisamente de ordem afetiva, e residem no conteúdo particular dessas experiências. Descartes mesmo não reconheceu a natureza transcendental da afetividade, quando disse, por exemplo, que há alegrias e prazeres puramente intelectuais? A afetividade enquanto tal não poderia resultar, portanto, da união substancial, uma vez que há estados afetivos nos quais essa pretensa união não ocupa, como Descartes mesmo admite, nenhum papel.

Parece então que, se outros estados afetivos são desvalorizados e concebidos como resultando da ingerência do corpo na esfera do pensamento, *não pode ser em virtude de seu caráter afetivo*. Qual é a razão, por conseguinte, que conduz Descartes a cindir, não mais o cogito em geral, mas o *cogito afetivo mesmo* em *Erlebnisse* afetivas puras, e em *Erlebnisse* que derivam da união? É o sentimento, tomado de empréstimo ao próprio conteúdo afetivo dessas *Erlebnisse*, de que nossa vida afetiva é ora como a expansão e florescimento de nossa existência própria, e ora, ao contrário, a experiência de nossa dependência, de nossa finitude e de nossa miséria. *A teoria cartesiana da paixão concerne ao problema da alienação existencial.* Não é difícil, portanto, ver que a solução desse problema obedece, no cartesianismo, a um esquema geral que consiste na tentativa de fundar a alienação existencial sobre uma alienação ontológica, que supostamente é sua causa. Mas a diferença que há entre essas duas espécies de alienação[5] é precisamente aquela que separa a pura teoria do fato, o qual é aqui a experiência interna da paixão, tal como a vivemos em nossa existência. É a semelhante experiência que pedimos emprestado todo o saber que temos de nossos sentimentos, é unicamente essa experiência que nos revela sua significação, ao mesmo tempo que o princípio de sua distinção.

Mas eis que Descartes afirma que a razão de nossas diferentes paixões se encontra inteiramente nos movimentos dos espíritos animais, movimentos cegos e sem qualquer desígnio. Segue-se, de um lado, que a paixão humana é desprovida de qualquer espécie de significação – e é a ruína de toda *ciência* moral do homem –, e, de outro, que o homem não é mais responsável por suas paixões como o é, por exemplo, pela circulação do sangue em suas veias – e é a ruína de toda moral em sua redução a uma espécie de saber mecânico. O progresso da consciência, que se ergue acima de sua paixão, não é de nenhum modo um progresso dessa consciência passional, não resulta nem da experiência que ela tem das contradições que atravessam sua vida, nem do movimento que a conduz, por si mesma, a um além dessas contradições, nem de uma reflexão sobre a significação destas últimas; só pode ser, na verdade, o produto de uma intervenção externa e mecânica executada sobre um dispositivo ele próprio mecânico. O cartesiano que cuida de sua paixão é como o freudiano que quer se livrar de um complexo: ambos procuram agir, por meios certamente difíceis de encontrar, sobre uma terceira realidade = x – inconsciente fisiológico ou psicológico – que contém, em seu mecanismo, cujo funcionamento escapa tanto a nosso saber quanto à nossa vontade, o segredo de nossa existência afetiva, de nossa vida e de nosso destino. A tarefa filosófica de uma interpretação positiva da alienação real do homem partindo do esclarecimento da experiência na qual ele vive essa alienação é completamente abandonada. Porque não traz mais em si o princípio de sua infelicidade, a

---

[5] A teoria dessa diferença não pôde ser fornecida aqui. Observemos apenas que o conceito de alienação ontológica, que designa, neste livro, a determinação do pensamento, em terceira pessoa, por uma realidade estranha à sua essência, tem, como tal, sentido bem diferente daquele que recebe em nosso trabalho *L'Essence de la Manifestation*. O contexto da análise torna impossível, no entanto, em cada caso, a confusão das duas significações.

existência humana não é mais o centro do problema da alienação, do qual ela parece, contudo, ser o palco. A vontade obstinada de tudo explicar segundo o esquema de uma relação em terceira pessoa entre uma causa e um efeito, concebidos então como objetos, faz que as condições primeiras (aquelas que o dado fenomenológico nos revela), às quais deve satisfazer a teoria da alienação, não são mais, sequer, levadas em consideração. Com efeito, o problema da alienação pode se colocar em outro lugar que em uma filosofia da primeira pessoa? Há um sentido qualquer em afirmar, por exemplo, que uma pedra é alienada? Reduzir o ego à condição de um efeito em terceira pessoa, como o faz a teoria da alienação ontológica, não resolve o problema da alienação real do homem, só o suprime. A alienação ontológica não poderia constituir o fundamento de uma teoria da alienação existencial, ela não tem sua explicação, só uma projeção, feita por uma imaginação grosseiramente realista, no céu obscuro do mito.

A teoria cartesiana da união substancial, no entanto, se limita a responder à preocupação de explicar a existência de um pensamento confuso em sua oposição ao ideal da concepção intelectualista do pensamento claro e distinto? Não obedece, antes, a outra exigência, uma vez que concerne a um problema autenticamente filosófico: o problema da ação da alma sobre o corpo? Esse problema não poderia, certamente, ser eludido pela reflexão filosófica, mas a pseudossolução que lhe traz o cartesianismo, com a teoria da união substancial, tem por resultado evidenciar o caráter ontologicamente inapropriado do horizonte filosófico no interior do qual esse problema é posto por Descartes, como o será por seus sucessores. A teoria ontológica do corpo, mais precisamente, a teoria do movimento subjetivo e de sua relação com o corpo orgânico, não passava, em efeito, de uma teoria da ação e da ação corporal. Onde se vê, no entanto, que ela tenha nos posto diante de aporias e dificuldades semelhantes àquelas às quais se chocam o cartesianismo e, em sua sequência, quase todas as concepções filosóficas que lidam com o sujeito? Um dos fins explícitos da reflexão biraniana não consistia justamente em mostrar que o problema que é a cruz de tantas filosofias não tem a ver com um problema misterioso e incompreensível, mas com um fato bem claro e evidente por si mesmo, contanto, precisamente, que se queira considerá-lo fenômeno, ater-se estritamente ao dado e refletir só sobre ele, abstraindo de todas as construções transcendentes que o tornam ininteligível? O que nos importa, por conseguinte, não é tanto tornar transparente a ação que a alma exerce sobre o corpo – a teoria ontológica do corpo respondeu a essa exigência –, é antes compreender como, na tradição filosófica, semelhante ação se tornou, precisamente, incompreensível.

Ora, a exposição dogmática da teoria ontológica do corpo já nos conduziu a empreender essa tarefa. Já a destruição das posições de Hume nos introduzia no centro de uma crítica geral ao dualismo cartesiano e à sua posteridade filosófica. O absurdo do ceticismo de Hume é aqui a verdade do cartesianismo, ela mostra pela coerência da doutrina e o rigor de suas deduções o absurdo do ponto de partida. Hume demonstrou o absurdo do dualismo cartesiano, absurdo que o verbalismo das teorias do paralelismo, do ocasionalismo ou da harmonia preestabelecida ainda mascarava entre os grandes cartesianos.[6] A significação filosófica da destruição biraniana das teses de Hume e, por conseguinte, daquelas de Descartes, é especificada na crítica do *Memorial* de Engel para a Academia de Berlim, memorial consagrado ao estudo da *Origem da Ideia de Força*.[7]

Inicialmente Engel parece se opor a Hume, ele lhe censura não ter descoberto a origem da ideia de força, porque não soube buscar ali onde ela se encontra efetivamente, a saber, no "exercício do sentido muscular". A respeito deste último, e da força do qual é o fenômeno, Engel emprega uma expressão efetivamente biraniana: "A força quer ser sentida com ajuda de seu sentido próprio". Mas logo se revela que Engel recai nas sendas clássicas, e é por isso que ele se chocará com a mesma dificuldade, aparentemente

---

[6] Está claro que Espinosa, por exemplo, não faz nenhum progresso no que concerne ao problema cartesiano da relação entre alma e corpo. Espinosa se limita a resolver de maneira diferente o mesmo problema que aquele que se colocava Descartes, em lugar, precisamente, de colocar esse problema de maneira diferente. Sem dúvida, Hume tampouco modifica o enunciado desse problema; ele tem o mérito, pelo menos, de mostrar que, posto dessa maneira, esse problema é absolutamente insolúvel. Há lugar, então, para uma filosofia como a de Maine de Biran, que não refletirá mais sobre as dificuldades internas desse problema cartesiano, mas sobre a inadequação de seu horizonte filosófico.

[7] Cf. *E*, p. 235 e ss.

insuperável, que Descartes e Hume. Após haver reconhecido que experimentávamos nossa própria força, e é dessa experiência que a ideia de força em geral extrai sua origem, Engel declara, de outro lado, que precisamos renunciar "à esperança de poder conceber algum dia como duas naturezas, uma espiritual, outra material, podem agir uma sobre a outra". Como, após haver afirmado o caráter imediato de nossa experiência da ação, Engel atinge semelhante ponto de vista, estritamente cartesiano e clássico? Qual é, em outros termos, *a gênese do falso problema da ação da alma sobre o corpo, e de sua pseudossolução cartesiana?*

Consideremos o fato originário de nossa ação, a relação entre o movimento subjetivo e o fim orgânico em direção ao qual esse movimento se transcende imediatamente: essa relação é transcendental. É fácil ver, então, que, no ponto de vista cartesiano, como em toda filosofia que se choca, cedo ou tarde, com a impossibilidade de conceber uma interação entre o pensamento e a extensão, uma modificação, despercebida, mas radical, interveio na concepção dos termos em presença. De um lado, o corpo orgânico, termo da experiência interna transcendental do movimento subjetivo *e somente dela*, tornou-se o corpo-extensão da análise essencial cartesiana, objeto de um ato do entendimento puro, e desse modo, o que era, segundo as declarações expressas de Maine de Biran, "interiormente sentido e não representado" é tomado precisamente por algo representado. De outro lado, a subjetividade absoluta à qual o ser originário do movimento é imanente degradou-se, tornou-se a substância-pensamento, perdeu seu caráter ontologicamente autêntico, para se situar, pura e simplesmente, no âmbito geral do ser transcendente, no interior do qual ela aparece agora ao lado da extensão inteligível ou substância-extensão. A relação entre essas duas substâncias só pode ser uma relação em terceira pessoa, análoga àquelas que descobrimos num mundo, só pode ser agora uma relação causal. O problema da relação entre alma e corpo se propõe, a partir daí, como dificuldade insuperável, sua solução, senão mais racional, pelo menos mais significativa, é sem dúvida o paralelismo, que consiste, no fundo, se refletirmos a respeito, em afirmar e negar de imediato a existência de semelhante relação. A posição de Engel ilustra de maneira particularmente marcante essa degradação da relação transcendental da ação. Diz ele: "Temos a *representação* de uma determinação da vontade *em si*; temos movimentos dos músculos *em si*; buscamos na primeira o sentido interior, na segunda, um de nossos sentidos externos; a única coisa que nos falta é a *representação* da ligação ou complicação de ambas".[8]

O ser originário de nosso corpo, isto é, o ser do movimento subjetivo, não era, todavia, senão a experiência dessa ligação, não sua representação: "É justamente porque essa ligação está inteiramente compreendida no exercício do sentido do esforço, e idêntica ao fato mesmo do sentido íntimo, que não podemos nos impedir de admiti-la".[9] A crítica ao *Memorial* de Engel associa-se àquela que Biran dirigiu explicitamente contra Descartes. Este confundiu o corpo orgânico com o corpo representado ou concebido pelo entendimento; ele confundiu, em seguida, o movimento subjetivo com a simples representação do movimento, este último sendo então reduzido a um deslocamento na extensão; ele se perguntou, finalmente, como conceber uma relação e uma ação entre essa pura representação, de um lado, e, de outro, um corpo ou um movimento extenso. Semelhante problema não podia se colocar, no entanto, porque se havia abandonado havia muito o dado fenomenológico, isto é, a experiência interna transcendental do movimento subjetivo e seu correlato transcendente; havia-se abstraído desse "fato" originário dois termos erigidos em substâncias "absolutas", isto é, transformados em duas realidades objetivas. O raciocínio devia, então, esforçar-se em vão em alcançá-las, de onde "esta contradição bem manifesta entre o raciocínio *a priori*, baseado na natureza absoluta das substâncias, e o fato primitivo da experiência, baseado no testemunho do sentido íntimo".[10] A degradação que permite a tal contradição se revelar é o resultado imediato do abandono do ponto de vista da

---

[8] *E*, 242, grifo nosso. Este texto, tão significativo, destaca bem, assim acreditamos, a transformação do ser originariamente subjetivo do movimento numa "representação da vontade em si", e, de maneira ainda mais nítida, a alteração do corpo orgânico, confundido aqui com uma *representação* fornecida pelos sentidos externos.

[9] Ibidem, p. 241.

[10] Ibidem, p. 262. Esse texto só assume toda sua importância e esclarece verdadeiramente o caráter próprio da degradação a que nos referimos se tivermos presente ao espírito a significação precisa dos termos *a priori*, "absoluto", no biranismo. A respeito, cf. *supra*, cap. I, § I.

imanência absoluta, que é um ponto de vista absoluto, o do ego, a partir do qual tudo se esclarece e se compreende. O dualismo cartesiano é produto de semelhante degradação.

A natureza desta se especificará se relacionarmos outro texto do *Ensaio*, no qual se operou uma distinção entre o "ponto de vista fenomênico", dito primitivo, e o "ponto de vista noumênico", compreendido como derivado. O que se apresenta a nós no ponto de vista fenomênico – isto é, quando nos atemos ao dado fenomenológico – é, de um lado, a experiência do movimento subjetivo, o "sentimento do esforço", e, de outro, o termo orgânico, sobre o qual esse esforço se desenvolve. No lugar desse conteúdo imanente e transcendente dessa experiência, o "ponto de vista noumênico" põe as duas substâncias "absolutas" da alma e do corpo concebidas como dois *noumenons* "ocultos sob os dois termos fenomênicos". O problema das relações entre alma e corpo se torna, portanto, no interior desse ponto de vista *noumênico*, o problema da ação recíproca de dois termos = x, os quais sabemos, porém, que um é extenso, e outro não. Ao passo que a relação entre alma e corpo estava perfeitamente clara no interior do cogito, e se confundia então com a relação transcendental entre o movimento subjetivo e seu termo transcendente, é evidente, ao contrário, "que o espírito efetuará sempre esforços vãos para reduzir a concepções claras os meios de correspondência ou de ação e de influência recíproca entre *noumena*".[11]

Sem dúvida, o dualismo em presença do qual nos aparece o problema da ação não é inerente ao ponto de vista noumênico enquanto tal. A reflexão filosófica que se atém estritamente ao dado fenomenológico, também ela, deve distinguir dois termos "fenomênicos", que são a experiência do movimento subjetivo e o contínuo resistente. Porém, este último dualismo que, no interior da relação transcendental do ser-no-mundo distingue o que, em tal relação, se revela no interior de uma esfera de imanência absoluta e, de outro lado, o que se manifesta na verdade da transcendência é, como sabemos, o próprio dualismo ontológico. Se, como afirma Maine de Biran, o ponto de vista noumênico é

---

[11] *E*, p. 162-63, nota 2.

derivado em relação ao ponto de vista fenomenológico, ambas as formas de dualismo que correspondem a esses dois pontos de vista devem ter alguma relação: *o dualismo cartesiano é precisamente uma degradação do dualismo ontológico*, e já fornecemos a teoria dessa degradação. Vimos que o pseudodualismo no qual este resulta consiste, na verdade, em rejeitar ambos os termos da relação transcendental na mesma região ontológica, a do ser transcendente, essa rejeição implicando, no que concerne à subjetividade absoluta, o esquecimento de seu caráter radicalmente imanente, isto é, no fundo, a destruição de seu caráter imanente, ou seja, a destruição de seu caráter ontológico próprio. Quando semelhante destruição se opera, nada se opõe mais à instauração de relações mundanas, de vínculos de causalidade, por exemplo, entre duas realidades sub-repticiamente homogêneas, a extensão, de um lado, e, de outro, a subjetividade, ou, antes, sua representação, sua sombra em meio à exterioridade. Essa desnaturação da subjetividade absoluta abre enfim o caminho para a atitude realista, que insere o ego no mundo.

É verdade que Descartes se mantém bem distante de semelhante atitude: o cogito, com sua compreensão rigorosa do caráter ontológico da subjetividade, não é precisamente sua negação? No entanto, a distância que há entre a doutrina do cogito e a teoria do dualismo que destrói a relação transcendental entre o ser e o mundo e põe em seu lugar a justaposição de duas substâncias não dá a medida, já, da amplitude de uma queda que só podia desembocar na realização empírica do sujeito, e nisto desemboca, de fato, na psicologia clássica que resultou do cartesianismo? Sem dúvida, a psicologia clássica traz consigo outras heranças, não menos pesadas que a de Descartes. Se essa psicologia é igualmente comandada, em particular, por certas teses-chave de Kant, como deixar de ver, precisamente, a afinidade profunda que há entre estas e o dualismo cartesiano que ora discutimos? Se refletirmos a respeito, veremos, talvez, que, apesar das diferenças bastante reais entre elas, a teoria kantiana da vida interior, que faz dela o produto de uma constituição paralela à constituição do mundo exterior, desemboca, finalmente, numa justaposição muito semelhante àquela que nos faz conceber o dualismo cartesiano, se for verdade que, neste, a significação ontológica radical do cogito já foi perdida.

Assim, desde que acredita poder abandonar o ponto de vista absoluto da imanência subjetiva, desde que sobrevoa regiões ontológicas originárias, a teoria é levada a conceber entre estas relações que não são mais transcendentais, que não pertencem tampouco à estrutura de nossa experiência ingênua, mas constituem o sistema no qual nós nos representamos semelhante experiência. Mas *é no momento em que deixa de ser compreendida em sua significação transcendental que a relação entre alma e corpo se torna ininteligível*. A importância histórica do dualismo cartesiano provém do fato de que ele abria um horizonte no interior do qual as soluções para o problema das relações entre alma e corpo se multiplicariam, pelo motivo de que semelhante problema se tornava insolúvel. E depois, como ocorre em casos assim, o que devia necessariamente resultar de todas as hipóteses transcendentes por meio das quais se tentava em vão forçar o obstáculo era o tédio, um tédio surdo e secretamente descontente. O paralelismo dos psicólogos é a expressão desse estado de espírito, bem mais do que uma doutrina propriamente dita. O descontentamento que resulta da impotência se torna facilmente agressivo: o problema da alma e do corpo não seria mais que um problema puramente filosófico, a preocupação em debatê-lo indefinidamente podia ser deixada sem dano aos metafísicos, cujo tempo não é tomado por pesquisas positivas. O momento em que se declarava que o problema das relações entre alma e corpo não passa, na realidade, de um pseudoproblema não correspondia, no entanto, a uma recolocação em questão de seu horizonte filosófico, mas, ao contrário, a uma aceitação definitiva deste, ou seja, do dualismo cartesiano.

É no interior desse horizonte dualista preexistente que já intervinha, no cartesianismo, a teoria da união substancial. Que se reflita, com efeito, na posição singular da natureza primitiva da união, perceber-se-á então que essa natureza não tem nada de primitiva. Não pressupõe ela, ao que tudo indica, que já seja afirmada a existência dessas duas "naturezas", de que ela é em seguida concebida como mescla? A tentativa das *Cartas a Elisabeth* para fundamentar a doutrina da união sobre o cogito nos aparece a partir daí eminentemente suspeita. Longe de expressar um fato que o raciocínio não conseguiria combater, a doutrina da união, bem ao contrário, é produto de um raciocínio cujas premissas são constituídas pela teoria do dualismo, tal como Descartes a compreende. E quando este declara que "é usando só a vida e as conversações comuns (...) que se aprende a conceber a união entre alma e corpo", quando ele nos aconselha a nos abandonarmos ao "relaxamento dos sentidos",[12] esses textos célebres não podem ajudar no que quer que seja ao conteúdo dogmático do cartesianismo, nem torná-lo teoricamente aceitável. Deixar de filosofar para viver e experimentar a união é este, da parte de um filósofo, um conselho estranho: deve-se abandonar a filosofia das relações entre alma e corpo, ou apenas certa filosofia, certa concepção dessas relações? Mais precisamente: voltar ao fato e à experiência, implica isso a rejeição da filosofia?

Ou, então, a exigência, ao contrário, de uma filosofia do fato e da filosofia e, no caso que nos ocupa, de uma fenomenologia transcendental do ego e do corpo subjetivo não se sobressai diante do fracasso da especulação? Não se deve semelhante fracasso unicamente a uma insuficiência na elucidação ontológica do problema que se reputa insolúvel? A volta a um ponto de vista fenomenológico significará, aqui como em outros lugares, uma reflexão sobre o horizonte que delineia previamente o âmbito de nossa pesquisa. Ninguém mais do que Maine de Biran compreendeu a necessidade de satisfazer a essa exigência filosófica primeira. Ao se referir às grandes questões metafísicas que permaneceram sem resposta, o autor do *Ensaio* afirma que seu objeto "não tendo jamais sido bem e nitidamente circunscrito, não se sabia bem o que se perguntava, o que se *buscava*; trata-se de meio seguro para não encontrá-lo". E, adiante: "Seria preciso procurar mostrar em que consiste a insolubilidade do problema, dizer como e por que ele é insolúvel".[13] A esta última tarefa responde, no que concerne ao problema das relações entre alma e corpo, a teoria do corpo subjetivo tomada em seu conjunto, teoria que consiste, afinal de contas, em pôr no lugar do dualismo cartesiano a realidade originária, da qual aquele se trasveste, a saber, o dualismo ontológico, a interpretação filosófica correta da vida natural do ego, da imanência absoluta da subjetividade diante do ser transcendente.

---

[12] Carta a Elisabeth, 28 de junho de 1643, *Œuvres de Descartes*, op. cit., p. 692-93.
[13] *E*, p. 39.

6. Crítica ao pensamento de Maine de Biran:
O problema da passividade

A teoria ontológica do corpo é incompatível com um dualismo de tipo cartesiano. Como se dá que Maine de Biran, cujo esforço filosófico teve por resultado edificar a teoria do corpo mais profunda e mais conforme às exigências de uma ontologia fenomenológica que nos tenha legado a tradição, tenha, de resto, e sob muitos aspectos, ficado preso a semelhante dualismo? A revolução que ele realizou foi tão total que ficou para a história compreender aos poucos sua plena significação. Tão forte era a oposição de Maine de Biran a seu século que sua filosofia devia necessariamente trazer em si elementos heterogêneos, conformes ao pensamento desse século, mas estranhos à sua própria concepção. A vontade de apreender a intuição profunda do biranismo e de permanecer fiel a esta implica a rejeição de tudo o que, no biranismo, não lhe pertence propriamente, mas deriva, ao contrário, de posições filosóficas contra as quais ele gradualmente se constituiu, sem conseguir, porém, eliminá-las completamente.

A experiência pessoal de Maine de Biran é a de uma alienação. É a experiência de uma vida afetiva incessantemente cambiante, de humor ora alegre, ora triste, no mais das vezes neste último estado, e, portanto, as modificações parecem independentes da vontade do eu que as experimenta. Essa servidão é duplamente dolorosa, em razão mesmo da tonalidade afetiva predominante das *Erlebnisse* consideradas (cansaço, tédio, mal-estar, desencorajamento), em razão também do fato de que essas *Erlebnisse* se imponham a nós numa experiência que é idêntica à de nossa impotência em relação ao curso de nossa história e de suas modalidades. Maine de Biran tem consciência de sua própria vida como de um destino inimigo, como ele diz no *Ensaio*: "A força do destino, que foi um dos mais poderosos recursos dramáticos, talvez não passe da expressão deste fato do sentido íntimo que nos manifesta, no fundo de nosso ser, uma espécie de necessidade orgânica oposta à liberdade moral".[1]

No momento mesmo em que Maine de Biran expressa sua consciência de uma vida afetiva serva de uma paixão, no entanto, fica claro que ele já transformou a alienação existencial, demonstrada por nossa experiência, numa alienação ontológica, que não é mais uma experiência, mas um princípio de explicação. Este último se assemelha, estranhamente, ao esquema cartesiano do *Tratado das Paixões*, e por esse motivo não o discutiremos mais aqui. O fato de que tenha sido espontaneamente admitido por Maine de Biran, e isto desde seus escritos de juventude, nos permite afirmar que ele é anterior à edificação da teoria ontológica do corpo, exterior ao conteúdo essencial desta, isto é, ao verdadeiro biranismo. As influências sofridas por Biran antes de ele ter desenvolvido sua própria filosofia explicam sua adesão a esse dualismo que denunciamos em Descartes, mas que continuou a reinar sobre quase todas as concepções relativas ao problema da alma e do corpo. Quer se trate de Rousseau, quer de Bonnet, dos ideólogos (e especialmente, de Cabanis) ou dos fisiologistas de sua época, Biran encontrava em toda parte esquemas de explicação psicofisiológicos que ele adotou, não tanto por seu valor teórico intrínseco, mas pela persistência dolorosa de uma experiência com a qual eles pareciam estar de acordo. É essa associação primitiva entre um dualismo de tipo cartesiano com uma experiência pessoal da qual Biran jamais conseguiu se livrar totalmente que explica que esse dualismo tenha podido sobreviver à prodigiosa descoberta do corpo subjetivo, e permanecer no biranismo

---

[1] *E*, p. 291, nota.

como membro morto, mas sempre presente, justaposto à teoria ontológica do corpo, ou melhor, recobrindo e mascarando aos olhos de quase todos os comentadores seu alcance filosófico inestimável. Denunciar as diferentes teses que, no biranismo, derivam do dualismo tradicional é evidenciar seu conteúdo ontológico autêntico e original, retirando-o de um contexto inessencial, sob o qual ele corre o risco de permanecer sepultado. A crítica ao pensamento de Maine de Biran, na realidade, é um esforço para apreender esse pensamento em seu movimento próprio. A significação dessa crítica, que visa, afinal de contas, a fazer justiça à filosofia biraniana, é positiva.

As teses biranianas que derivam do dualismo concernem essencialmente ao instinto, à sensibilidade, à afetividade, à imaginação, ou seja, precisamente aos pontos sobre os quais Biran não demonstra qualquer originalidade: é o que ele tomou de empréstimo a outros que é falso. O dualismo, no entanto, projeta sua sombra sobre outros desenvolvimentos de seu pensamento, por exemplo, sobre sua fenomenologia da memória, e põe em questão, por conseguinte, teses ontológicas fundamentais e, às vezes, a estrutura mesma da subjetividade.

Instinto, sensibilidade, afetividade, imaginação se referem à "vida orgânica" do homem. Uma vez que semelhante vida existe nele, ao lado de sua vida inteligente e voluntária, o homem é um "homem duplo" (*homo duplex in humanitate*). Uma vez que o homem é duplo, que sua natureza é "mista", a ciência do homem não pode se identificar completamente com uma fenomenologia transcendental, pois convém ceder lugar, ao lado desta, a uma "psicologia mista", que não se move mais na esfera da subjetividade pura, mas

> admite a mescla e a complicação de elementos heterogêneos, só considera os fatos da inteligência em seu ponto de contato com os da sensibilidade, os da sensação em sua relação com os objetos e órgãos, os atos da vontade nas afecções sensíveis que os determinam, as paixões em sua influência sobre os fenômenos fisiológicos e reciprocamente.[2]

---

[2] *E*, p. 81.

É desse modo que, ao "conhecimento de uma ordem de fenômenos mistos", será aplicado "igualmente um método de análise misto, fisiológico e reflexivo".[3]

Será preciso insistir, porém, sobre a ambiguidade fundamental do conceito de vida orgânica, que está na origem dessas considerações próprias a colocar em questão o valor absoluto da fenomenologia? É que, com efeito, essa vida orgânica se vê definida ora no interior do cogito, ora, ao contrário, a partir de processos fisiológicos em terceira pessoa, absolutamente estranhos à esfera da psicologia. Afirma-se que "essa dualidade" constituída pela oposição entre a vida inteligente e a vida orgânica "é ela própria um fato do sentido íntimo",[4] e fala-se, de resto, em "uma afecção geral que o eu pode se tornar sem perceber".[5] Com efeito, Biran confunde, sob esses termos de vida orgânica ou animal, três espécies de realidades bem diferentes: 1) algumas *Erlebnisse* (afecções, imagens, por exemplo); 2) movimentos fisiológicos objetivos e, para ele, mecânicos; 3) uma espécie de vida psicológica inconsciente, situada entre as duas primeiras ordens de realidade, para a qual convém mais particularmente, sem dúvida, a expressão vida orgânica.

Assim entendida, esta última é inaceitável numa ontologia da subjetividade, e se estiver presente no biranismo, isto se deve, como dissemos, ao fato de que uma filosofia é facilmente enganada por aquela à qual se opõe. Maine de Biran encontra em Condillac uma concepção da realidade humana que tende, essencialmente, a fazer aparecer esta última como existência sensível. A rejeição do *sensualismo* condillaquiano se faz, então, pela descoberta da via ativa do eu que a *Mémoire sur la Décomposition* [Memorial sobre a Decomposição] contraporá ao sensível, *sem todavia voltar a colocar em questão a concepção que se faziam a respeito os ideólogos*. É deste modo que nasce um dualismo que se opõe ao esforço voluntário e motor à passividade da vida sensível, ao mesmo tempo que conserva desta última uma noção absolutamente incompatível com a teoria biraniana da subjetividade, que constitui o âmago da análise ontológica do corpo. A vida

---

[3] Ibidem, p. 108.
[4] Ibidem, p. 292.
[5] Ibidem, p. 301.

sensível e afetiva do homem, para Biran, é análoga à vida da estátua que se transforma em odor de rosa. A existência "sensitiva", "vaga", "impessoal", que o eu "se torna sem perceber", não tem outra origem. A influência de Leibniz veio confirmar essa teoria inapropriada da existência sensível e afetiva. A metafísica do microcosmo orgânico, o encadeamento das mônadas, das quais só algumas são dotadas de poder de representação, a distinção inadmissível entre "percepção" e "apercepção" são outros tantos elementos que contribuíram para fornecer à teoria da vida animal uma forma infelizmente definitiva. O absurdo ontológico de uma "percepção obscura sem consciência"[6] encontraria acolhida numa ontologia da subjetividade, cuja importância ainda não foi igualada na filosofia francesa.

A incompatibilidade entre a concepção da vida animal e as teses fundamentais dessa ontologia, no entanto, não poderia passar completamente despercebida: ela se manifesta nas dificuldades com as quais se choca a teoria da vida interior. A intuição e a imaginação nadam em total obscuridade, o biranismo não pode conferir qualquer estatuto preciso ao "órgão interno da intuição", assim como ao "órgão interno da imaginação". Após haver efetuado uma verdadeira *cisão do cogito*, ao rejeitar, de um lado, os modos do pensamento claro (inteligência e vontade) e, de outro, as afecções obscuras, as imagens e a sensibilidade interior, Biran comete, em relação a esta segunda categoria de *Erlebnisse*, dois graves erros: de um lado, ele rapidamente ignora seu caráter de *Erlebnisse*, isto é, sua estrutura ontológica fundamental, ele as trata como modalidades infraconscientes, sem que nos seja possível determiná-las a não ser dessa forma puramente negativa; de outro, e precisamente porque, em sua indeterminação ontológica fundamental, essas *Erlebnisse*, rebaixadas para o nível mais baixo da vida propriamente psíquica, não são mais *Erlebnisse*, ele as assimila a modalidades da vida orgânica, isto é, a elementos naturais e transcendentes. Biran é vítima, então, de uma confusão desastrosa, que ele mesmo denunciara, incansavelmente, sob a denominação de "duplo emprego dos signos". Por vida orgânica ou animal convém compreender, então, ora processos naturais,

---

[6] *D*, 3, p. 154.

ora modalidades psicológicas inconscientes, determinadas por esses processos, ora ainda *Erlebnisse* propriamente ditas, mas cujo condicionamento a partir da realidade fisiológica continua a se afirmar. A esta última categoria pertencem, por exemplo, nossas imagens, cujo aparecimento obedece, segundo Biran, a uma lei puramente mecânica e independente do ego. Do mesmo modo, nossa vida afetiva, nossas simpatias e antipatias são consideradas "estranhas ao eu". É no plano do cogito mesmo, desta vez, que se revela uma distinção: *cogito e ego não coincidem mais*. É o fundamento mesmo da teoria ontológica do ego que é atingido.

Sem dúvida, a experiência da paixão é uma experiência subjetiva, que se situa no plano do cogito. Pode-se, em seguida, classificar nossas diferentes *Erlebnisse* sob as duas rubricas opostas da liberdade e da servidão. Mas, precisamente porque a experiência da servidão é ainda um modo da vida da subjetividade absoluta, a oposição que se instaura entre autonomia e alienação não pode receber significação ontológica, nem colocar em questão os fundamentos da filosofia da subjetividade: ela só tem alcance moral e existencial, o dualismo que ela introduz é de ordem axiológica, ao passo que Biran faz dele um dualismo de tipo cartesiano. Como, de outro lado, a vida interior coloca em questão o corpo, por meio do qual se pretende explicá-la, segue-se que, sob muitos aspectos, a teoria biraniana do corpo ou, pelo menos, de sua relação com alguns de nossos estados psíquicos, se assemelha estranhamente às teses do *Tratado das Paixões*, de modo que, uma vez mais, o sentido e a originalidade da filosofia biraniana do corpo correm o risco de passar despercebidos.

O dualismo de tipo cartesiano que se revela no biranismo tem assim origens históricas, cuja elucidação nos permite compreender como ele é de fato estranho à unidade ontológica profunda da doutrina. Para se opor ao dualismo de Condillac e dos ideólogos, Biran se acreditou obrigado a definir o verdadeiro ser do eu como esforço e como vontade, e por isso tenderá a conferir um privilégio exclusivo aos modos ativos do sujeito, como Descartes o fizera para aqueles do pensamento de tipo matemático. E, assim como no cartesianismo, a confusão entre o pensamento matemático e a essência do pensamento puro torna necessária a intervenção de um elemento estranho, a saber, o corpo extenso, para explicar as formas supostamente inferiores da vida subjetiva, do mesmo modo, Maine de Biran, após haver identificado ego e esforço, vê-se totalmente desarmado quando tem de explicar a vida afetiva, da imaginação e da sensibilidade. Ele se limita, então, a tomar de empréstimo a outras filosofias concepções que parecem ser parte integrante do biranismo, mas que, na verdade, apenas mascaram sua lacuna essencial: a ausência de qualquer teoria da vida afetiva, imaginária e sensível, ou seja, *a ausência de qualquer teoria ontológica da passividade*.

A limitação do ego cogito ao sujeito que efetua o esforço falseou profundamente a significação ontológica do biranismo. É no âmbito de tal limitação que se deve ver a principal razão da incompreensão tão geralmente manifestada em relação ao pensamento de Maine de Biran, de sua interpretação como filósofo do querer e da força, por oposição a uma filosofia da substância. É essa mesma identificação do eu com a atividade apreendida no âmbito do esforço motor que tornará ininteligível, aos olhos de quase todos os comentadores, a evolução do pensamento biraniano, e os obrigará a falar de uma mudança de ponto de vista, ou, mesmo, de uma conversão radical, ao passo que, como veremos, a filosofia dos três vieses não representa nenhuma mudança realmente absoluta, nem mesmo, a bem da verdade, uma evolução. O problema da *passividade* deveria se encontrar, mais cedo ou mais tarde, no caminho de um pensamento que parece se concentrar, de início, unicamente sobre a experiência da atividade motriz. Antes de abordar esta última questão, no entanto, convém aprofundar a estreita solidariedade existente entre a limitação do cogito à atividade e a ausência de qualquer interpretação satisfatória do fenômeno da passividade.

A consciência sendo identificada à ação, a experiência da passividade deve poder ser explicada a partir de um princípio externo a essa consciência. E, sem dúvida, afirmar que o ego é passivo é afirmar que ele se encontra em presença de uma realidade radicalmente diferente, de um ser estranho o qual ele, justamente, experimenta. Uma coisa, contudo, é descrever fenomenologicamente essa experiência, tal como ela é vivida pelo ego no âmbito da relação transcendental do ser-no-mundo, outra pretender explicar a *Erlebnis* como efeito de um processo de causalidade em terceira pessoa agindo sobre a consciência e, de algum modo, por trás dela. Porém, se a consciência é em sua essência mesma uma ação que se efetua, não é a essa essência enquanto tal que o sentir, o sofrer e o ser-afetado podem pertencer. A impressão parece incompatível com uma estrutura ontológica que se esgota na atividade motriz, isto é, com o ego tal como o concebe Biran. Essa impressão, no entanto, pertence à experiência concreta e cotidiana de semelhante ego. Ela deve poder ser compreendida a partir da estrutura deste, e surgir como uma de suas possibilidades ontológicas mais específicas. Porque ela é precisamente um fato de sentido íntimo, *a relação do ego com suas impressões* constitui um problema que o biranismo não pôde eludir totalmente.

Maine de Biran procura, de início, edificar uma teoria da impressão pura, seguindo nisto o caminho aberto por Buffon, Condillac e Leibniz. Ele concebe, então, uma "afecção simples, sem personalidade",[7] isto é, um modo elementar encontrando-se fora dos limites da faculdade aperceptiva que caracteriza o sujeito consciente. Tal é, por exemplo, o odor da rosa em que a estátua se transforma, tais são, de maneira geral, as "impressões ou modificações de nossa sensibilidade". A obscuridade ontológica do elemento aqui considerado, a saber, a impressão pura, não escapa a Maine de Biran, que talvez a confunda, é verdade, com uma obscuridade psicológica: "Estes últimos limites da sensibilidade (...) se apresentam aqui sob formas hipotéticas, bastante obscuras, sem dúvida".[8]

Incertezas mais graves se revelam quando se trata do problema que nos interessa agora, o da relação entre essa impressão e o ego: de um lado, Biran afirma a separação radical desses dois elementos, pois o ego se define pela apercepção, da qual a impressão é inteiramente desprovida; eis porque a impressão é declarada privada de personalidade: "Há uma classe de impressões sensíveis ou de afecções internas, da qual a personalidade individual e todas as formas que lhe são inerentes se acham excluídas".[9] De outro,

---

[7] *D*, 3, p. 150.
[8] Ibidem, 3, p. 154.
[9] *E*, p. 176.

porém, é preciso ter em vista a relação dessas impressões com o ego: por "impressão" ou "afecção". Biran não entende aqui uma modificação fisiológica, um processo cego, totalmente heterogêneo à existência subjetiva. Semelhante processo pode, sem dúvida, ser considerado em si mesmo como qualquer outro evento natural, abstração feita de toda relação com a consciência. Mas é por meio de verdadeira abstração e, por conseguinte, de forma ilegítima, que a impressão seria isolada da vida psicológica, da qual ela constitui, antes, segundo Biran, o primeiro degrau: é de uma impressão para o ego, de uma modificação que ele sofre, mesmo que não perceba, que se trata, e de nenhum modo de uma modificação fisiológica na extensão, é o ego que experimenta essa modificação, que a sofre, que é por ela afetado. A impressão, portanto, não pode ser separada de um poder ontológico do ego, que é precisamente o poder que tem esse ego de manter uma relação com ela. Que se fale de uma "simples capacidade passiva"[10] do sujeito que recebe as sensações, de "uma capacidade geral de sentir",[11] o ser senciente que traz em si semelhante poder ontológico, sobre o qual se funda a experiência sensível em geral, pode ser distinguido do ego? Será essa capacidade geral de sentir algo diferente da subjetividade?

Sem dúvida, Biran se recusaria a essa assimilação: um texto do *Ensaio* contrapõe explicitamente o ser senciente à pessoa individual.[12] É sobre essa contraposição que repousa o dualismo entre vida ativa e vida passiva. As impressões, a afecção, a imaginação pertencem a uma região autônoma, estranha ao eu identificado com o querer ativo. Mas qual o estatuto ontológico dessa região? Referindo-se a imagens, Biran diz que elas nos são dadas numa "visão que chamo passiva, porque é absolutamente estranha à atividade do querer ou do eu".[13] Será, no entanto, que a teoria dessa visão passiva não é eludida? Eis porque, após haver afirmado que a impressão não tem relação com o eu, Biran vem colocar o problema dessa relação, afirmando que, precisamente, esse eu se une a suas impressões. Certo, muitas hesitações se

---

[10] *D*, 3, p. 126.
[11] Ibidem, p. 182.
[12] *E*, p. 211.
[13] *E*, p. 299.

manifestam sobre esse ponto: o *Ensaio* declara que, se o eu é o sujeito real de todos os modos passivos aos quais ele se une, há, no entanto, uma multiplicidade de afecções ou de percepções obscuras com as quais "ele não se une essencialmente".[14] Essas incertezas, todavia, longe de permitir a manutenção da tese antikantiana de uma sensibilidade sem forma, porque independente do ego, traem antes, ao mesmo tempo que o embaraço de Biran, a orientação de seu pensamento para uma teoria da passividade que voltaria a colocar em questão a significação conferida à distinção entre ação e sensibilidade e, por conseguinte, à assimilação dessa distinção àquela entre eu e não eu.

Quando se examina de perto a crítica biraniana do sensualismo, percebe-se que ela talvez não se limite a contrapor outra coisa, a saber, a vida ativa em geral, à sensibilidade dos ideólogos,[15] a concepção mesma dessa sensibilidade é posta em questão, quando o *Ensaio* declara que a estátua só poderia se tornar odor de rosas e, de maneira geral, sofrer qualquer modificação, "se já não fosse alguma coisa em seu interior".[16] Essa alguma coisa ainda é, para Biran, apenas a vida em geral, um sentimento vago e confuso da existência. Como não ver, no entanto, que essa vida posta como condição de toda modificação ou afecção particular desempenha, na verdade, o papel de um fundamento ontológico, que a tonalidade afetiva que Biran lhe reconhece e, também ela, uma característica ontológica desse fundamento, na medida em que constitui, precisamente, o fundamento de todas as determinações particulares de nossa afetividade? Como não interpretar, enfim, a interioridade que, sempre segundo Biran, caracteriza a estátua na medida em que ela deve poder ser afetada, como interioridade ontológica, como presença original a si à qual só alguma coisa pode estar presente? Digamos, em outros termos, que a vida passiva não é privada de intencionalidade, que esta última não está reservada aos modos propriamente ativos do querer e do esforço, mas

---

[14] Ibidem, p. 153.

[15] A semelhante contraposição podem ser relacionadas as teses de Rousseau e de Bonnet quando desejam salvar a liberdade do homem.

[16] *E*, p. 288, grifo nosso.

que também intervém, como síntese passiva, nas determinações da vida do ego descritas como afetividade, sensibilidade, imaginação, etc. Por uma espécie de necessidade mais forte que a limitação arbitrária do ser do ego ao da vida ativa, o biranismo deveria, no plano mesmo do *Ensaio* e da filosofia do esforço motor, reconhecer, ou pelo menos pressentir, essa presença da intencionalidade no âmbito mesmo da vida passiva.

Esta, a partir daí, comporta um elemento puro, verdadeiramente transcendental, que faz dela uma modalidade da vida da subjetividade absoluta, uma operação passiva que se efetua numa esfera de imanência radical, e nos permite afirmar que sentir é ainda pensar. É esse elemento que faz verdadeiramente da afetividade ou da sensibilidade uma vida, isto é, uma capacidade de reprodução, não da matéria empírica, mas de sua apreensão transcendental. Diz Biran: "Há (...) uma parte não afetiva que caracteriza propriamente determinado odor ou sabor como distinto de todo outro, e serve também, posteriormente, como fundamento para a reminiscência ou lembrança ligadas a essa sensação particular".[17]

Sem dúvida, essa parte pura, isto é, a intencionalidade que constitui o elemento propriamente ontológico do ato de sentir, é descrita aqui como não afetivo: o biranismo de 1812 ainda não se alçou a uma teoria transcendental da afetividade. Pelo menos, *a passividade enquanto tal é compreendida como ato* no momento mesmo em que se esboça uma teoria positiva do sentir. Ao estudar a passagem entre a intuição e a imagem, que ele concebe ainda como seu prolongamento (devido a uma "propriedade vibratória" dos órgãos), Biran afirma: "Basta que o eu tenha estado presente na primeira sensação representativa, *mesmo sem participar dela expressamente por meio de sua atividade*, para que a reminiscência pessoal, que é a consciência do eu pretérito, se encontre na imagem que essa sensação deixa atrás de si".[18]

O que é, portanto, uma presença do eu sem atividade expressa, se não for uma síntese passiva?

---

[17] *E*, p. 297.
[18] *E*, p. 328, grifo nosso.

O reconhecimento do caráter ontológico dessa síntese, caráter que faz dela um poder, e não um ato individual no tempo, não está implícito neste outro texto, que concerne novamente à apreensão subjetiva de um odor?

> Se o odor fosse o único a impressionar o órgão, sem estar ligado a qualquer *sentimento da ação* necessário para produzi-lo, o ser, que se tornaria [essa apreensão subjetiva] a cada vez, não teria nenhum meio de reconhecê-la, ou o que dá no mesmo, de reconhecer nela a identidade de sua própria virtude senciente.

E, algumas linhas depois, Biran se refere ao "sentimento do eu" que está "encerrado na sensação primeira".[19] O ato que constitui a essência mesma do sentir é primeiro definido como atividade propriamente dita, que poderia muito bem ser, e que às vezes o é efetivamente, uma atividade voluntária. Biran a chama "sentimento da ação". Porém, o odor pode afetar um sujeito que, de algum modo, não espera vê-lo, e não decidiu superá-lo por um esforço implícito de inspiração. O que torna possível, então, a percepção do odor e, mais tarde, seu reconhecimento, é "a identidade da virtude senciente" do sujeito. Esta não é de modo algum inconsciente, assim como a ação motriz voluntária é um sentimento ou, melhor dizendo, uma experiência interna transcendental: por esse motivo, precisamente, sentir é alguma coisa para nós. Entre o esforço de inspiração deliberado e a apreensão subjetiva involuntária de um odor, não há diferença ontológica essencial: *atividade e passividade são bem mais do que duas modalidades diferentes de um só e mesmo poder fundamental, que não é senão o ser originário do corpo subjetivo.*

Terá Maine de Biran realmente avançado até essa concepção de um fundamento mais profundo do que a diferença existencial que separa os modos ativos e passivos na vida concreta do ego? Terá ele alcançado uma autêntica compreensão ontológica desse fundamento, até sua identificação com a essência da vida, com a estrutura mesma do ser do ego, que não podia mais, a partir daí, ficar limitado aos modos ativos do querer? Um texto do *Memorial sobre a Decomposição* declara que o sentimento de causalidade,

---

[19] *D*, 4, p. 36, grifo nosso.

identificado com o da personalidade, "se associa de diversas maneiras com as diferentes impressões, *seja por meio de uma relação de derivação, se essas impressões resultam da vontade, seja por uma simples relação de coexistência ou simultaneidade, se forem de natureza passiva*".[20]

É com base nesse texto, de excepcional importância (e em outros semelhantes), que repousa a interpretação que fornecemos da decomposição da faculdade de sentir, decomposição que é peça essencial da teoria do corpo. Justifica-se assim o projeto de expor a teoria *ontológica* do corpo sem levar em conta a distinção *existencial* entre atividade e passividade.

A compreensão da validade de semelhante projeto é, ao mesmo tempo, uma compreensão mais aprofundada do conteúdo dogmático dessa teoria ontológica do corpo: nosso corpo é um ato, mas é com frequência um ato que não age, nosso corpo é essencialmente movimento, mas trata-se também de um movimento imóvel. A raiz comum de nosso agir e de nosso sentir é um poder mais profundo que fundamenta a ambos, é o hábito sobre o qual se apoia a unidade de nossa vida corporal, através de todas as modalidades pelas quais esta última se desenvolve, é o ser originário do corpo, enfim, significa o ego. O que é, de maneira mais precisa, essa raiz comum só uma teoria da passividade ontológica originária nos permitiria compreender. Mas o que podemos compreender desde já é a necessidade de existência de um princípio que fundamente a unidade de nossa vida corporal, unidade da qual esta vida é a experiência. Antes de voltar a esse problema, gostaríamos de mostrar rapidamente, partindo de uma das mais notáveis análises de Maine de Biran, como a unidade do movimento e do sentir e, por conseguinte, a identidade de um fundamento ontológico comum são exigidas pelo desenvolvimento da filosofia do corpo.

Consideremos a união do sentido da audição com a voz. Quando ouço um som que emana de um objeto exterior, é por meio da operação de uma síntese passiva que esse som é apreendido pelo ego. Digamos, em termos biranianos, que o

---

[20] *D*, 4, p. 7, nota, grifo nosso.

sentimento de causalidade, ou de personalidade, associou-se segundo uma simples relação de coexistência ou de simultaneidade com a impressão sonora passiva. Quando ouço um som que produzi voluntariamente pelo exercício da fala, a experiência interna transcendental que corresponde a esse fenômeno se duplica, pois ela é, de um lado, a experiência do ato de proferir a fala e, de outro, a apreensão subjetiva e passiva do som proferido. Enquanto elemento transcendente, a impressão sonora sustenta dupla relação com a subjetividade, isto é, com o ego, a saber, e sempre para falar como Maine de Biran, uma relação de derivação (enquanto fala proferida) e uma simples relação de coexistência (enquanto fala ouvida). O que está em questão é a homogeneidade ontológica do ato de proferir e do ato de ouvir, ou seja, *a unidade do ser originário de nosso corpo*.

Ora, mostramos que essa homogeneidade e, por conseguinte, essa unidade residem na natureza subjetiva dos dois atos considerados. Se quiséssemos aqui uma confirmação dessa tese, precisaríamos apenas refletir sobre o problema que se coloca quando reproduzo voluntariamente um som que ouvi primitivamente numa síntese passiva. Como se dá, precisamente, que eu possa reproduzir voluntariamente semelhante som? Há um saber que não coexiste só com minha primeira apreensão passiva da impressão sonora, mas que se confunde com essa apreensão: na medida em que esta é subjetiva, na medida em que é uma experiência interna transcendental, ela é precisamente um saber originário desse tipo; e é porque estou de posse de semelhante saber (explicamos suficientemente o que significa "estar de posse de") que posso tanto reconhecer essa impressão sonora quando ela ocorrer, e reproduzi-la, quanto reproduzi-la voluntariamente quando tiver vontade. Essa reprodução voluntária só é possível porque é a modificação motriz de uma intencionalidade, da qual o ego já está de posse, no interior do fenômeno ontológico do hábito. Dizemos modificação, e não, por exemplo, atuação motriz, para indicar que a intencionalidade não está ausente da primeira experiência de apreensão passiva, mas que constitui antes a essência da audição, exatamente da mesma maneira que ela constitui a essência da fala. Sem dúvida, falar não é ouvir, mas a diferença que separa esses dois fenômenos é existencial, não é uma diferença ontológica. Falar e ouvir são duas *Erlebnisse*, o meio no qual elas se realizam, onde se realizam, de maneira geral, os dois fenômenos da atividade e da passividade, é ontologicamente o mesmo, é aquele da subjetividade absoluta. A natureza ontológica desta faz que a unidade desse meio seja a mesma de um saber. É precisamente porque a unidade de um saber subjaz às experiências vividas da audição e da fala que é possível a passagem entre ambas, que podemos repetir o que ouvimos e podemos ouvir o que dizemos. Afirmar que a unidade ontológica é a de um saber é se recusar a situar essa unidade em um além, ou em um aquém dos fenômenos, é torná-la possível como unidade *efetiva*.

Mas afirmar, então, que a unidade ontológica é também, de certa maneira, uma unidade existencial, que, apesar das diferenças que separam nossas experiências (do falar, da audição, por exemplo) quanto a seu conteúdo fenomenológico transcendental, esse conteúdo, todavia, é o mesmo sob muitos aspectos. Reside aí, na verdade, o mistério da unidade do ego, de sua unidade *fenomenológica* através da diversidade e das diferenças *fenomenológicas* de suas múltiplas experiências. Esse mistério, no entanto, não é um além de nossa razão, ou melhor, é somente aos olhos desta que pode parecer um fato incompreensível. Para o ego mesmo esse mistério se dissipa, pois constitui sua vida imediata, ou seja, não é propriamente um mistério, mas uma transparência absoluta. Se o fenômeno ontológico do hábito se perturba diante do olhar exterior, é porque não se pode compreender a vida ignorando seu caráter ontológico fundamental, aquele por meio do qual ela se define como meio de imanência radical. É precisamente reinserindo o corpo em semelhante meio e compreendendo-o como fenômeno subjetivo que alcançamos uma interpretação ontológica do hábito, isto é, a afirmação da presença imediata e concreta, no âmbito mesmo da experiência fenomenológica, de um poder ontológico que se divide e já se representa em um meio transcendental quando se fala do "conjunto dos poderes de nosso corpo".

Maine de Biran provavelmente atingiu semelhante concepção do ser originário de nosso corpo quando nos fala de um estado de esforço imanente, e baseia sobre este a unidade de nosso eu. Não se trata mais aqui, com efeito, de um esforço determinado presidindo a realização de tal ou qual movimento, ou ao exercício ativo de tal ou qual sentido, mas de uma espécie de tensão latente com a qual se confunde o ser mesmo de nosso corpo absoluto, e o qual, por assim dizer, retém, na unidade de sua própria vida, nosso próprio corpo orgânico e, talvez, a efetividade de toda presença no mundo em geral. Essa tensão latente constitui tanto a essência do sentir e do poder-ser-afetado quanto a do esforço motor, é o próprio frêmito no interior do saber uma vez que este é uma vida, e não um saber morto. Ela define o estado de vigília, isto é, para Maine de Biran, a efetividade e a realidade da experiência, e nesse plano, que é verdadeiramente o de uma origem, ainda não há lugar para uma distinção, nem, por mais forte razão, para uma oposição entre atividade e passividade.

Ao remontar a uma raiz comum entre atividade e passividade, no entanto, ao afirmar sua homogeneidade no interior de um mesmo estatuto ontológico, não estaremos suprimindo a diferença bem manifesta que separa esses dois modos de nossa vida, não estaremos minimizando, em todo caso, a oposição essencial que o biranismo parece, sob muitos aspectos, estabelecer entre eles? Na verdade, *a homogeneidade ontológica entre atividade e passividade é o único fundamento possível para sua distinção*. Uma vez que o biranismo não reconhece tal homogeneidade, que afirma, como o faz explicitamente na *Mémoire sur la Décomposition* [Memorial sobre a Decomposição], que "só os modos ativos são homogêneos entre si",[21] ele deve ser incapaz de conferir fundamento à diferença que se institui entre estes e as outras determinações de nossa experiência. Se compararmos, para começar, a distinção biraniana entre atividade e passividade com essa mesma distinção tal como a conceberia, por exemplo, Condillac, pode-se facilmente avaliar o progresso alcançado: é de um ponto de vista puramente exterior, com efeito, que o autor do *Tratado das Sensações* considerava a oposição em questão. A estátua, dizia, está ativa quando a causa que a modifica reside nela, passiva quando essa causa é exterior. Mas Biran compreende a necessidade de se situar no interior da estátua, isto é, numa esfera de imanência absoluta, a fim de conferir significação fenomenológica, e, por conseguinte, real, a uma distinção que o

---

[21] *D*, 4, p. 154.

indivíduo pode efetuar porque ela "se estabelece dentro dele".[22] É porque ele tem a experiência interna transcendental de sua atividade que o eu a reconhece como estado distinto do seu, quando essa atividade não se exerce.

O que ocorre neste último caso? Há simplesmente privação e ausência do sentimento de ação? Mas então, não haveria nada, se for verdade, como o afirma tantas vezes Biran, que o ser do ego se identifica com esse sentimento de ação? Não teríamos de contrapor um estado ativo a um estado passivo do sujeito, este último existiria em um caso, como sujeito ativo, mas no outro não existiria mais, a *experiência* da passividade lhe seria recusada, e nenhuma comparação entre essas modalidades ativas e passivas de sua vida seria mais possível para ele. Só se uma experiência da passividade for originalmente fornecida ao ego, portanto, que estaremos em presença, no caso da vida passiva, de um conteúdo fenomenológico que poderá então, mas somente então, ser comparado e contraposto a outro conteúdo igualmente originário, isto é, a outro modo da vida absoluta do ego. Se, de um ponto de vista estritamente biraniano, não é possível a esse ego estabelecer uma oposição, nem, inicialmente, uma comparação entre sua atividade e sua passividade, é que na verdade um dos dois termos está ausente, é que, com muita frequência, as condições necessárias para a existência de uma experiência efetiva da passividade não são reconhecidas. Essas condições só podem consistir, evidentemente, na admissão de uma intencionalidade passiva, de uma síntese passiva, não como princípio explicativo hipotético, mas como experiência real fenomenológica fornecida ao ego numa esfera de imanência absoluta. Porque nossa experiência da passividade é uma experiência originária desse tipo, não necessitamos, para reconhecê-la e defini-la, contrapô-la aos modos ativos de nossa existência, em si mesma, abstração feita de todo contexto e de todo contraste; essa experiência vivia a si mesma como passiva, sua verdade não deveria lhe ser revelada de fora, já constituía sua certeza.

A ausência de uma teoria ontológica positiva da passividade coloca Maine de Biran diante de outras dificuldades que iremos

---

[22] *D*, 4, p. 23.

rapidamente examinar. Se a subjetividade só está efetivamente presente quando se determina a agir segundo uma intencionalidade motriz específica, cada vez que semelhante intencionalidade diminui ou se interrompe, essa subjetividade deve deixar de ser a experiência bem real com a qual se confunde nossa existência mesma, deve deixar de ser, na verdade, a experiência de uma existência, ela é apenas o nada. O embaraço em que se encontra toda filosofia que pretende fazer da subjetividade algo diferente do que ela é inicialmente, a saber, a experiência originária de sua própria vida, Maine de Biran o conheceu a cada vez que precisou circunscrever a natureza das determinações da vida dessa subjetividade, que não eram determinações motrizes. As incertezas de que dão provas sua análise do sentido da visão são particularmente reveladoras a esse respeito. Enquanto se trata de descobrir a imanência, no âmbito de nosso poder de visão, de um esforço motor que oriente o olhar e escolha as sensações visuais que ele se dá, o biranismo se move num domínio que lhe é familiar. Mas ver nem sempre é olhar. Há uma visão passiva, da qual todo esforço motor está ausente, e se identifica, antes, com essa tensão latente a que nos referimos, e constitui tanto a essência de toda síntese ativa e passiva, quanto a forma originária da vida de nosso corpo. Essa síntese passiva, no entanto, é uma determinação da subjetividade e, por conseguinte, uma experiência. Maine de Biran é um psicólogo demasiado rigoroso para ignorar a existência desse fenômeno da vida passiva, mas quando chega, para ele, o momento de contrapô-la à visão ativa e ao olhar deliberado, ele só pode fazê-lo nestes termos: "Essa distinção entre o ver simples e o olhar (...) se baseia inteiramente na *ausência relativa* ou presença imediata da vontade".[23] O que se deve entender por "ausência relativa" da vontade, a não ser o modo de existência que é o da subjetividade na visão passiva e, como tal, um modo positivo? Como explicar, no biranismo, a positividade desse modo?

As insuficiências da teoria biraniana da visão têm um efeito curioso. É ao sentido da visão que Biran relaciona todos os erros filosóficos de tendência empirista, o idealismo cético, bem como a

---

[23] *D*, 4, p. 82, grifo nosso.

doutrina da sensação transformada. É porque os filósofos que sustentaram essas doutrinas "raciocinaram como poderia fazê-lo uma inteligência reduzida ao sentido da visão" que a experiência se dissolveu, a seus olhos, em composições imaginárias, em fantasias, em modos transitórios nos quais "tudo é (...) *acidente*", no qual "nada é *substância*".[24] Essa dissolução da experiência, tão bem descrita por Maine de Biran, deve-se unicamente à consideração, por parte do filósofo, do sentido da visão, com exclusão de qualquer outro?[25] Ela não ameaça, antes, toda filosofia que permite que a experiência interior escape para o fluxo transcendente de suas representações, porque, na falta de uma teoria ontológica da passividade, ela previamente fez desaparecer a subjetividade no nada, de modo que nada mais retém esta na região na qual se realiza, porém, a efetividade de sua vida, ou seja, numa esfera de imanência absoluta?

Todavia, a insuficiência da teoria biraniana da passividade afeta a concepção mesma de atividade e, somente a esse respeito, tem as consequências mais graves. Da mesma forma, desde que uma filosofia permitiu planar sobre ela a ameaça de uma identificação eventual entre a subjetividade e o nada, ela se torna presa de uma dialética interior, cujo poder de destruição não é fácil de deter. Consideremos, com efeito, a visão ativa: ela depende da atenção, ou seja, de um modo eminentemente ativo da vida do ego. O esforço motor que dirige o olhar na direção desejada, no entanto, cessa bem antes que nossa contemplação do objeto termine. Ora, uma vez que nossa atenção não se confunde mais com um esforço motor explícito, Biran é incapaz de preservar seu caráter ontológico próprio, seu caráter subjetivo e imanente. Este é abolido, de fato, quando nos representamos a atenção como se perdendo nos elementos em direção aos quais ela se supera, como que se absorvendo nesses modos. "O agente que representa", diz Maine de Biran, "desaparece ou se oculta sob a coisa representada". Onde desemboca, porém, essa absorção da subjetividade no objeto, esse desaparecimento do elemento de sua vida própria em prol de um ser transcendente, que a

---

[24] Ibidem, 4, p. 93; os filósofos aqui visados são, evidentemente, Hume e Condillac.
[25] Se essa concepção do sentido da visão estivesse correta, como poderia resultar em erro?

intencionalidade só pode visar e atingir, contudo, sob condição, precisamente, de continuar a ser semelhante visão subjetiva, se não uma destruição do conceito mesmo de subjetividade em sua significação ontológica própria?

A significação ontológica do conceito de subjetividade encontra sua expressão, como vimos, na afirmação de que a subjetividade é reflexão: o momento em que essa significação é ignorada por Biran é aquele em que ele declara que a atenção não é uma reflexão: "Essa força voluntária que chamamos *atenção*, e não é comandada pela vivacidade dos modos, embora se ligue unicamente a eles, *sem se refletir dentro* (...)".[26] Ao contrário, é porque cada modo da vida da subjetividade lhe pertence e participa de sua interioridade radical que nos é possível ter uma ideia correspondente a esse modo e, de maneira geral, conferir sentido às "abstrações refletidas", às "ideias simples da reflexão". Porque ignora a natureza subjetiva da atenção, Biran acaba afirmando, naturalmente, a respeito da visão, mesmo ativa: "Não há (...) nos modos que se relacionam especialmente ao exercício da visão, nem *abstrações refletidas*, nem ideias simples da reflexão". Tese manifestamente falsa – como poderíamos falar da visão, como poderíamos saber o que entendemos por esta, se ela não fosse, precisamente, enquanto experiência interna transcendental, o conteúdo de nossa ideia da visão e das diferentes modificações de seu exercício? – que conduz Biran a acrescentar estas linhas que fazem tremer sobre suas bases a filosofia da subjetividade, ao preço, é verdade, de um absurdo ontológico: "É aqui que todas as faculdades e operações do ser que percebe podem ser caracterizadas e julgadas de fora, pois elas só são, para o sujeito mesmo, o que elas aparecem ao espectador, e ambos os pontos de vistas aos quais nos referimos coincidem".[27]

Os conceitos de que lança mão o pensamento filosófico são estreitamente solidários. A partir do momento em que a estrutura ontológica da atenção foi ignorada, a reflexão que se

---

[26] *D*, 4, p. 92, grifo nosso. Esse texto é tanto mais significativo que sua análise incide aqui sobre a vida ativa do eu.
[27] Idem.

torna necessário lhe contrapor a fim de reencontrar a essência da subjetividade, que acaba de ser perdida, tem sua significação falseada: ela não expressa mais a essência da subjetividade, mas uma determinação particular desta. O termo reflexão recebe no biranismo, então, nova acepção, não designa mais a experiência subjetiva imediata, nem tampouco um retorno da consciência sobre si mesma, uma tomada de consciência reflexiva segundo a terminologia clássica, mas uma espécie de retomada, pelo sentido, de uma atividade originariamente motriz. Essa significação pode ser claramente percebida a partir da análise das relações entre a audição e a voz, mais precisamente, a partir das exigências e das dificuldades internas que conduzem o biranismo a conceder a essa análise importância decisiva. A reflexão era, primitivamente, a experiência interna transcendental do esforço, mas "essa consciência do esforço se envolve, segundo Biran, nas afecções passivas com quem se encontra unida desde a origem". A atenção se absorve, assim, na coisa, a consciência do esforço se dissolve na impressão passiva e desaparece nela, a subjetividade não é mais o nada. "O que, portanto, poderá nos transmitir o sentimento distinto de nosso esforço?"[28] Seria preciso, para impedir essa absorção da subjetividade que resultaria em sua destruição, que o ser-aí manifeste nele um caráter em virtude do qual ele se daria a nós como emanando de um esforço do eu, ou seja, para Biran, como ligado à consciência e, por conseguinte, à existência real desse eu. Só então essa consciência e essa existência seriam conservadas no âmbito mesmo da apreensão do ser-aí, e logo, a atenção, para falar como Maine de Biran, seria ainda uma reflexão.

Ora, o ser-aí manifestará nele esse caráter de ser produto de nosso esforço quando o for efetivamente. Logo, sua simples percepção (percepção que, como atenção, significa a própria dissolução do eu no objeto) não esquecerá, em sua operação, o ser do ego que a realiza, pois o modo ao qual ela se vincula, isto é, o ser-aí considerado, traz em si a marca desse ego, a marca de um esforço do qual ele se dá como produto. As condições que acabamos de expor se veem naturalmente atendidas na união

---

[28] *E*, p. 477.

do sentido da audição com a voz.²⁹ Quando a impressão auditiva é a fala que acaba de ser proferida, ela é precisamente percebida como produto do esforço do ego, esforço consciente de si na experiência transcendental do ato de falar. Essa impressão não pode ser mais, portanto, o ser-aí no qual mergulha o eu, no esquecimento de si mesmo da atenção, é antes o que o *reflete* a si mesmo, pois é sua própria fala no mundo. Na percepção de uma impressão-sonora-produzida-por-ele, o ego não se perderá mais, como na atenção comum, mas verdadeiramente se reencontrará. É o conjunto do fenômeno considerado, a saber, a relação entre a fala e a audição, ligadas entre si pela mediação de uma impressão percebida pela segunda como produzida pela primeira, que é preciso ter presente ao espírito para compreender essa terceira significação, especificamente biraniana, do termo reflexão.

Tal significação, porém, só pode ser secundária e derivada, pois a subjetividade não necessita de qualquer mediação para ter a experiência de sua própria vida. Ela é, antes, por si mesma, essa experiência, a simples audição de uma impressão sonora qualquer é um momento real de nossa vida, ao mesmo título que a percepção de sons emitidos por nós, ou pelo esforço de produção voluntária desses sons. É preciso afirmar, portanto, contra Maine de Biran, que a simples "atenção" já é uma "reflexão", que ela já traz em si a profundidade da subjetividade. Sem dúvida, o fenômeno no qual eu me impressiono a mim mesmo voluntariamente, sob muitos aspectos, é um fenômeno privilegiado: "É aqui a harpa animada que toca a si mesma".³⁰ A diferença que há entre a intencionalidade na qual sou impressionado por um elemento sensível, o qual sei que emana de minha vontade, e aquela na qual sou impressionado independentemente de meu querer, não é, contudo, uma diferença ontológica, trata-se de uma diferença entre dois modos de existência. Não se pode basear a consciência

---

[29] A linguagem institucional terá, para Maine de Biran, o mesmo papel que aquele desempenhado pela fala espontânea: impedir que uma apercepção interior se transforme ou seja absorvida nas sensações ou intuições imediatas, ou nos resultados de nossos atos. "Os signos", acrescenta ele, "em sua instituição secundária, não constituem barreira suficiente para reter ou preservar a apercepção desse encadeamento do hábito" (*D*, 4, p. 238).

[30] *E*, p. 480.

do eu, isto é, a existência real do ego, sobre uma intencionalidade particular, sem deparar essa dificuldade insuperável, que consistirá em saber o que acontece com esse ego quando essa intencionalidade não se realiza mais, o que ocorre, por exemplo, quando se ouve não mais o ruído de suas próprias palavras, mas uma sinfonia, ou sons quaisquer vindos do mundo exterior.[31]

É sempre a partir de si mesmo que o ego se conhece. Não será uma impressão, por mais privilegiada que seja, que poderá lhe trazer a revelação de seu ser, pois tal revelação é sempre originária e só pode se realizar no interior de uma esfera de imanência absoluta. O caráter privilegiado da impressão considerada – este som que é minha fala – repousa, por sua vez, sobre essa revelação originária do ego, quer esta se realize no âmbito do esforço motor do falar, quer da síntese passiva da audição. Para ser ele mesmo, o ego não precisa encontrar sua sombra no mundo, e se lhe ocorre encontrar a esta última, essa experiência, talvez privilegiada, se apoia, contudo, sobre as condições gerais da experiência e, a bem da verdade, em sua condição ontológica fundamental, que é, precisamente, o fenômeno mesmo do ego, seu modo originário de revelação.

A ausência de uma teoria positiva da passividade acarreta outras dificuldades no biranismo. É desse modo que a admirável fenomenologia da memória é alterada, desde que se trata da memória dos modos passivos de nossa existência. A memória repousa, como vimos, sobre a estrutura ontológica do ser do ego, sobre sua unidade enquanto poder ontológico originário. Em toda parte onde há um eu há um hábito e, por conseguinte, possibilidade ontológica de efetuar atos de rememoração. Mas ali onde o ego está ausente não pode haver nem hábito, nem memória. Se há, portanto, uma "afecção sem eu", uma afecção pura, como diz ainda Biran, ela é subtraída, por princípio, às condições que tornam possível a lembrança. Toda nossa vida afetiva, mas também nossa vida sensível, e toda nossa vida imaginária devem

---

[31] Pode-se conferir ao fenômeno da fala interior grande extensão, e mesmo ver nisso uma condição ontológica do fenômeno da audição em geral. Essa tese, que não é a de Biran, apenas confirmaria, sob muitos aspectos, os resultados de nossas análises concernentes às relações entre o movimento e o sentir e, de maneira geral, a homogeneidade ontológica entre os atos de falar e ouvir.

então escapar, segundo os pressupostos da filosofia biraniana, da passividade, e escapam de fato, segundo as declarações expressas de Maine de Biran, a toda repetição possível, como à simples lembrança propriamente dita.

O ego não tem, certamente, o poder de repetir suas sensações e suas afecções,[32] se entendermos por isso uma repetição do elemento transcendente, isto é, da sensação ou da afecção em sua materialidade mesma. Porém, a intencionalidade, que, na síntese de apreensão passiva, se alçara em direção a esse elemento pode muito bem se reproduzir, e é por isso que determinações de nosso poder de sentir e atitudes afetivas podem renascer em nós. Logo, podemos formar lembranças sensíveis e afetivas, que se ligam a essas determinações e atitudes, segundo uma relação de fundamentação, que é um caso particular da relação geral que une hábito e memória. Essas diferentes modalidades da vida da subjetividade absoluta são bastante evidentes e claras por si mesmas. Contestar, por exemplo, o papel da lembrança em nossa vida afetiva é negar a experiência mais manifesta; e quando Maine de Biran declara que as crianças não têm memória, ou, de maneira geral, que a vida afetiva não é suscetível de repetição, sua tese vai manifestamente de encontro às leis mais profundas do psiquismo humano, leis que a psicologia contemporânea deveria necessariamente destacar, por mais impróprias que sejam, em um Freud, por exemplo, o vocabulário e os conceitos que serviram para reconhecer e expressar a permanência das intencionalidades mais profundas de nossa vida afetiva e sensível. O fato de se levar em consideração diversos problemas psicológicos, por exemplo, o da loucura, que Maine de Biran é incapaz de caracterizar de maneira positiva e de distinguir da vida imaginária de um homem normal, faria aparecer outras insuficiências que derivam igualmente da ausência de uma teoria positiva da passividade, cujo exame detalhado não pôde encontrar lugar aqui.

O problema das relações entre atividade e passividade se coloca novamente, ao que parece em termos bem diferentes, na última filosofia de Maine de Biran. A doutrina das três perspectivas

---

[32] No que concerne às imagens, semelhante poder lhe pertence, com toda evidência.

faz surgir, acima da esfera em que se desenvolve o movimento subjetivo, uma zona de existência superior, na qual se fazem experiências de novo tipo, experiências privilegiadas que resultam na constituição de uma psicologia da graça. Essa nova região de existência parece se caracterizar por uma passividade em relação a um princípio transcendente que o ego acolhe nele, e o qual experimenta numa "paixão sublime". A passividade de que se trata aqui não deve ser confundida, por certo, com aquela que constituía a essência da vida orgânica ou animal. Enquanto esta última é a tradução psicológica da união entre alma e corpo, ou seja, com um princípio inferior, a passividade cuja experiência coincide com a da graça expressa a intervenção, no pensamento, de uma realidade heterogênea, mas desta vez se trata de uma realidade superior, que não é mais o corpo, mas a própria vida divina. Mais do que isso, a experiência da passividade na qual a alma experimenta a presença da graça como uma espécie de "adição de sua vida própria", só é possível quando a alma se libertou da união com o corpo, para ficar disponível para a influência da vida transcendente.

No entanto, se o biranismo é essencialmente uma filosofia do esforço motor, se define o eu a partir da atividade consciente e voluntária, como compreender a intervenção da doutrina da terceira vida, isto é, de uma vida que não é mais uma atividade na qual o ego tem a experiência de sua própria autonomia e de uma força de certo modo pessoal, mas uma paixão onde ele é entregue e se abandona a uma força estranha. Segundo os termos do primeiro biranismo, a passividade não deveria significar para o ego, não um aumento de vida própria, como a destruição de seu ser, se for verdade que este começa e termina com o esforço motor? Como aceitar, numa filosofia do "eu posso" e da imanência, a irrupção de um absoluto transcendente e a dissolução de toda realidade pessoal em semelhante absoluto: "Como conciliar isto com minha doutrina psicológica do eu?".[33] Questão célebre, citada com frequência, e a qual parece ter embaraçado os comentadores, tanto quanto o próprio Biran. A solução, que é antes uma ausência de solução, consiste em justapor às duas primeiras

---

[33] *Journal Intime* de Maine de Biran, 28 de dezembro de 1818, (org.) La Valette-Monbrun, Paris, Plon, 1927-1931, II, p. 151.

formas de vida animal e motriz uma terceira vida, na qual o homem se abandona passivamente à influência da graça. A análise de certo fato primitivo teria conduzido Maine de Biran a elaborar uma filosofia do esforço e da vontade; a descoberta de um "novo fato primitivo"[34] o leva a rever essa filosofia, ou melhor, a acrescentar-lhe nova peça, constituída pela psicologia da graça. O primeiro fato primitivo era o da união entre alma e corpo, o segundo expressa a experiência de sua separação, a libertação da alma, transformada em vida absoluta do espírito.

Como se conciliam, porém, esses dois fatos sucessivamente descobertos por Maine de Biran, como concordam entre si as duas psicologias que a reflexão filosófica lhes faz corresponder? Deve o biranismo ir de encontro às dificuldades que surgem inevitavelmente desde que se trata de confrontar força da vontade do eu com a de uma graça, ou de uma maldição, que emanam de outra fonte? Deve conhecer o destino amargo de perecer nas discussões intermináveis e estéreis que resultam da justaposição de dois princípios diferentes situados na origem de nosso ser, de nossa história espiritual? Sua originalidade acaso se esgota na ressurreição de imagens órficas e de concepções gregas relativas a uma alma atolada em um corpo e, finalmente, liberdade da coerção deste? E, antes de tudo, há sentido filosófico em falar da existência de "dois fatos primitivos"? O que é primitivo não é o que torna possível? Como o que torna possível teria necessidade, de um ponto de vista ontológico, de alguma outra coisa para existir? O segundo fato primitivo só poderia, portanto, ser contingente em relação ao sistema de existência que repousa sobre o primeiro. Como algo contingente poderia ser visto por nós como fundamental, do ponto de vista ontológico?

Que haja três vieses, é esta a letra do biranismo. Seremos nós realmente incapazes, hoje, de recuperar seu espírito, de compreender que não há três vieses, mas um só, que, para começar, a oposição entre vida animal e vida motriz é estranha à intuição fundamental do biranismo, que a estrutura ontológica que este atingiu é imanente à nossa vida sensível, da qual constitui ela a

---

[34] H. Gouhier, *Les Conversions de Maine de Biran*. Paris, Vrin, 1947, p. 362.

essência, tanto quanto a do movimento subjetivo, que a filosofia do esforço não tem nada a ver com uma união qualquer entre alma e corpo, tal como se pode compreendê-la na perspectiva do dualismo tradicional, que não haja oposição, enfim, entre a atividade motriz reconhecida primeiro como constitutiva do ser do ego e a experiência de uma vida absoluta, *imanente, de fato, a essa atividade*, assim como qualquer outra determinação existencial da subjetividade? O objeto da última filosofia de Maine de Biran é o mesmo que aquele cuja primeira elucidação a teoria ontológica do corpo fornecia. Esse objeto é a estrutura ontológica da subjetividade absoluta. Compreender o biranismo seria, talvez, compreender como o progresso da elucidação de semelhante estrutura resulta na revelação de uma passividade ontológica originária que, como tal, não deveria ser confundida nem com os modos passivos da vida sensível, ou seja, com certas *Erlebnisse* que se contrapõem, por exemplo, aos modos ativos do querer, nem com essa passividade, quase ontológica, sem dúvida, mas incompreensível e inaceitável, por meio da qual a teoria dualista quer precisamente explicar a existência das *Erlebnisse* passivas e do pensamento confuso, nem, enfim, talvez, com outras *Erlebnisse* igualmente passivas, mas privilegiadas, a saber, aquelas nas quais o sujeito experimenta a graça. Não é a estas últimas, no entanto, que se refere a filosofia da terceira vida? Se esta terceira vida, todavia, é imanente à vida em geral, se está presente em todas as formas desta, mesmo as mais humildes, não é porque a passividade de que falamos é mais que um caráter existencial próprio a certas *Erlebnisse* determinadas, e cabe falar de uma passividade ontológica cuja estrutura não deve ser atingida pela mediação de construções e deduções hipotéticas e transcendentes, mas como condição real envolvida no fenômeno da revelação originária que constitui o ser mesmo do ego?

A exposição dogmática da teoria ontológica do corpo foi feita a partir das teses contidas na *Mémoire sur la Décomposition de la Pensée* [Memorial sobre a Decomposição do Pensamento] e no *Essai sur les Fondements de la Psychologie* [Ensaio sobre os Fundamentos da Psicologia]. É nesses dois textos, com efeito, que a teoria do corpo recebe seu pleno desenvolvimento; é aí também que sua intuição central pode ser mais facilmente descoberta, a despeito da presença de elementos heterogêneos, que já correm o risco de recobri-la. Nas obras que se seguem imediatamente, esses elementos parasitas se estendem perigosamente, a ponto de, por vezes, colocar em xeque o verdadeiro fundamento da filosofia biraniana, a saber, a base fenomenológica da ontologia que ela edifica. Um texto do *Ensaio*, que comentamos, já contrapunha ao ponto de vista fenomênico um ponto de vista noumênico, cuja legitimidade era curiosamente reconhecida por Maine de Biran, no momento mesmo em que ele explicava que é apenas no interior de tal ponto de vista que a relação entre a alma e o corpo se torna inteligível.[35] Em seguida, o valor do ponto de vista noumênico e a necessidade filosófica de sua admissão são afirmados de maneira mais explícita e insistente, de modo que toda a ontologia da subjetividade parece ser recolocada em questão.

Significativa a esse respeito é a modificação da doutrina dos princípios, modificação que aparece especialmente nos *Rapports des Sciences Naturelles avec la Psychologie* [Relações entre as Ciências Naturais e a Psicologia]. Os princípios não se baseiam mais no fato primitivo do sentido íntimo. Como fundamento e origem de todos os nossos princípios, este desempenhava, nos *Ensaios*, o papel de um absoluto. Porém, a teoria da crença expulsa o absoluto para fora da esfera da experiência interna transcendental, os princípios não são mais a simples tradução desta última, eles respondem a exigências internas do pensamento, que é levado a formular juízos por meio dos quais ele postula a exigência desses princípios, que são então vistos como condicionando o pensamento. A permanência do eu, por exemplo, torna-se um princípio: isto significa que ela não é mais uma determinação ontológica, cuja afirmação repousa inteiramente sobre o conteúdo fenomenológico da experiência transcendental, mas uma simples afirmação da razão forçada pela necessidade lógica – "para pensar é preciso ser" – afirmação à qual alguma coisa deve corresponder, em algum lugar. Sombras de *noumena* transcendentes planam novamente sobre a filosofia da subjetividade. A teoria do ego fica gravemente comprometida, porque este se transforma precisamente em *noumenon*, um termo hipotético situado além do fenômeno, isto é, da experiência imanente.

---

[35] Cf. supra, cap. V.

A partir daí, o ser do ego não se confunde mais com aquele da subjetividade. Sob a influência de Kant, ou antes, de seus amigos parisienses, Biran admite ter confundido "o sentido íntimo de nossa individualidade com o fundo mesmo da substância da alma".[36] Esta deve permanecer inacessível, ela escapa ao domínio do sujeito pensante, reduzido ao conhecimento dos "fenômenos". Ou, então, se nos for permitido adquirir alguma ideia a respeito dessa substância, isto é, de nosso ser absoluto, isto só pode ser feito sob condição de nos desviar da esfera dos fenômenos e de efetuar uma passagem para algo diferente, passagem que a nova teoria dos princípios está encarregada de tornar inteligível, ou mesmo necessária. Mas se, por esse viés, o absoluto recupera direito de cidadania na filosofia dos *Rapports*, isto é, somente pela mediação de uma teoria da *crença*, que busca, sem dúvida, superar o agnosticismo kantiano, mas não pode conseguir fazê-lo, precisamente porque se desenvolve no interior de um mesmo horizonte filosófico, que ao preço de distinções bizantinas (entre o esforço, a força, a substância, a força substancial) e de uma sequência indefinida de raciocínio que só podem resultar em um objeto hipotético, precisamente, em um *objeto de crença*. A separação existente entre a força sentida e a força substancial não será jamais superada, enquanto não se distinguir entre o absoluto e o fenômeno, e se experimentar a necessidade de transcender este último em direção a uma realidade de outra ordem.

É preciso evitar, porém, conferir demasiada importância às teses que se seguem imediatamente às do *Ensaio*: tomá-las ao pé da letra conduziria, talvez, a perder de vista o essencial do pensamento biraniano. O que se revela nos textos em que elas se expressam é uma *desvalorização do conceito de fenômeno*. A significação dessa desvalorização, no entanto, é inversa do que parecia ser inicialmente; longe de levar a um abandono das perspectivas fenomenológicas, antes reconduz a ela, após um desvio que tem por efeito, finalmente, aprofundar a ideia de um fundamento fenomenológico da ontologia. Para compreender a desvalorização do conceito de fenômeno que se evidencia nos

---

[36] Nota sobre uma passagem notável do *Témoignage du sens Intime*, pelo cônego de Lignac, (org.) Tisserand, op. cit., X, p. 377.

Rapports des sciences naturelles avec la psychologie, contudo, é preciso recordar a significação desse conceito no contexto filosófico francês do início do século XIX. Por "fenômeno" os contemporâneos de Maine de Biran não entendiam algum absoluto fenomenológico, a integração desse conceito numa ontologia da subjetividade era impossível, por que esta última ainda não havia nascido: estava reservado a Maine de Biran edificá-la. "Fenômeno" só pode designar, então, um fenômeno natural, ao qual a ideologia, o sensualismo e o empirismo são levados a identificar, quanto a seu estatuto ontológico profundo, o fenômeno interior ou fato psíquico. O termo "fenômeno", portanto, tem significação essencialmente sensualista e empirista, e *é por reação contra tal significação que Maine de Biran sente a necessidade de apelar à ideia de absoluto. A interpretação da ideia de absoluto na filosofia biraniana tem a mesma significação que a afirmação da existência de fenômenos não empíricos, e de uma região de ser sui generis na qual se revelam originariamente semelhantes fenômenos.*

Essa significação, que se reduz assim à oposição entre o fenômeno empírico e um *fenômeno transcendental,* entre a ciência natural e a psicologia como psicologia pura (oposição que domina todos os escritos de Maine de Biran), permanece oculta e em parte falseada pelas circunstâncias históricas que cercam "a irrupção do absoluto em 1813"[37] no biranismo. O conhecimento, de resto incerto, do kantismo, as conversações com Royer-Collard, Ampère e, sobretudo, Degerando, o temor de passar por filósofo materialista e sensualista aos olhos deste último e, de maneira geral, aos olhos dos metafísicos do absoluto, que identificam fenômeno com fenômeno natural, e para os quais, por conseguinte, *uma fenomenologia só pode significar uma volta ao empirismo,* conduziram Maine de Biran a falar de "*noumena*" e de um absoluto que se situaria além de nossa experiência. É então que aparecem no biranismo a nova filosofia dos princípios e a teoria da crença. Que se rejeite, todavia, o monismo ontológico, que só conhece fenômenos transcendentes, que se exponha a ideia de uma *aparência transcendental,* isto é, de uma revelação imediata do ser da *Erlebnis* na esfera de imanência original da subjetividade, e a

---

[37] H. Gouhier, *Les Conversions de Maine de Biran,* op. cit., p. 220.

doutrina dos princípios, assim como a teoria do eu noumênico como simples objeto de crença, só aparecerá como letra morta no sistema, a distinção entre força sentida e força substancial não terá mais razão de ser e, de maneira geral, a oposição entre um ponto de vista noumênico e o ponto de vista fenomênico nos mostrará, enfim, sua verdadeira origem, remetendo-nos para a indigência e miséria da filosofia, que só pode recair no agnosticismo quando não está de posse da ideia de um *fenômeno absoluto*.

É precisamente sobre o reconhecimento do valor absoluto do fenômeno que repousa a última filosofia de Maine de Biran, e é por isso que ela não é diferente, no fundo, daquela do *Ensaio*. Esse reconhecimento que resulta em situar a fenomenologia no fundamento mesmo da ontologia não deriva apenas do conjunto, certamente complexo, de teses que expõem nos últimos escritos, ele é com frequência explícito: "O ser e o parecer coincidem na consciência do eu",[38] afirma Biran. O "absoluto" não se contrapõe mais ao "relativo", como o *noumenon* ao fenômeno empírico e ao dado sensível, mas o relativo, ao contrário, recebe a significação que não deixamos de lhe conferir ao longo de toda a exposição da teoria ontológica do corpo, ele não é senão o absoluto: "Pode-se afirmar que *o relativo e o absoluto coincidem* no sentimento de força ou de livre atividade",[39] ou seja, para Maine de Biran, numa esfera da experiência na qual se revela a nós, precisamente, o ser real e absoluto do ego. Este ser, todavia, não é alguma coisa que, por mediação da experiência subjetiva do esforço, por exemplo, se manifestaria a nós, de maneira adequada, sem dúvida, mas como realidade situada além dessa experiência; é antes enquanto ser absoluto que ele não é senão a revelação mesma na qual ele se dá a nós, revelação originária que constitui precisamente o fenômeno ontológico do ego.

Se não fosse assim, se o ego enquanto ser real e absoluto fosse diferente da experiência subjetiva, o eu presente nesta última e idêntico à sua essência seria separado de seu ser verdadeiro. Este lhe seria acessível, sem dúvida, em um conhecimento adequado,

---

[38] *Nouveaux Essais d'Anthropologie*, Parte II, (org.) Tisserand, op. cit., XIV, p. 273, grifo nosso.

[39] *Examen des Leçons de Philosophie de M. Maromiguière*, (org.) V. Cousin. Paris, Ladrange, 1841, IV, p. 250, grifo nosso.

semelhante, por exemplo, àquele que Deus pode ter desse ser verdadeiro ou eu noumênico, mas ambos os conhecimentos, o do ego concreto e o de Deus, permaneceriam dois conhecimentos distintos, nos quais se buscaria, talvez em vão, o que nos permite afirmar que são semelhantes entre si. Com certeza, os textos em que Biran relaciona o conhecimento de si com o conhecimento do eu por Deus parecem muitas vezes não ir além da afirmação de sua similaridade. Numa ontologia da subjetividade, porém, tal afirmação não pode permanecer exterior, ou seja, a simples afirmação da similaridade, precisamente, ou da semelhança. Compreender essa afirmação não é antes ter presente ao espírito seu fundamento ontológico, isto é, a estrutura interna da subjetividade? É no conhecimento de si, com efeito, que devemos ler que ela é semelhante ao conhecimento do ser real do ego, que é o de Deus. Bastará dizer, então, que esse conhecimento de si está em conformidade com seu objeto, com o ser real do eu? O que significa, contudo, essa conformidade, e o que se deve entender pelo termo objeto?

Na verdade, a subjetividade não pode estar absolutamente em conformidade com um objeto, a menos que este seja ele mesmo, seu conhecimento só pode ser absoluto se não for mais um conhecimento transcendente, mas uma revelação originária na qual não há lugar, de fato, para nenhuma adequação, só para a pura unidade consigo da vida, de uma vida que não é separada de si e, nessa ausência de qualquer distância fenomenológica, se conhece, porque seu ser é a própria experiência que ela tem de si mesma. A estrutura ontológica de semelhante fenômeno, que define o ser mesmo do ego, nos obriga, então, a rejeitar o conceito de adequação do conhecimento de si e, *a fortiori*, a ideia de que esse conhecimento adequado apreenderia adequadamente só uma parte do ser do ego, dos quais outros aspectos só seriam conhecidos por Deus, por exemplo. Tais aspectos não teriam nada a ver com o ser real de determinado ego concreto, e não se vê, de todo, o que nos impediria de atribuí-los gratuitamente a qualquer outro ego, ao ser do qual só se acrescentaria, de resto, que o nada dos *noumena* transcendentes inconscientes.

Se o conhecimento de si é um conhecimento absoluto, coloca-se certamente o problema de saber se a ideia de um conhecimento que

Deus teria do ego, *ao lado* da própria revelação imediata desse ego a si mesmo, conserva sentido. O aprofundamento desse problema não levaria antes a afastar a ideia de uma verdadeira dualidade entre os dois conhecimentos em questão, à afirmação que a semelhança pressupõe, de certa maneira, a identidade, não nos permitiria, enfim, conferir uma interpretação ontológica rigorosa da *similaridade* entre o conhecimento de Deus e aquele que é apanágio do ego? Se o biranismo não alcançou essa interpretação ontológica última, ele pelo menos afirmou a existência de tal similaridade. Uma filosofia que se alçou ao conceito de uma subjetividade absoluta postulou, com isso, o fundamento da possibilidade de um conhecimento absoluto. É o reconhecimento, implícito ou explícito, de tal conhecimento como possibilidade própria ao ser do homem que conduziu Maine de Biran à ideia de uma relação e, talvez, de uma unidade, entre o conhecimento de si e o conhecimento divino.[40]

Porque essa ideia encontra seu fundamento na estrutura ontológica da subjetividade absoluta, estrutura da qual o biranismo, em seu conjunto, constitui a elucidação, ela deveria necessariamente se expressar por outras formas: a rejeição do fideísmo, a indicação da psicologia como fundamento da teologia, a concepção fenomenológica da graça são outras tantas afirmações que comentam a mesma intuição fundamental, e correspondem bem exatamente às diferentes direções críticas que se revelavam desde o *Ensaio*, desde *Mémoire sur la Décomposition* e, especialmente, correspondiam à crítica geral dirigida contra a ideia de um absoluto transcendente. Ainda aqui, não cabe falar em evolução, mas só de um aprofundamento do pensamento biraniano. Em vez de voltar a colocar em questão os resultados da análise ontológica do corpo, a última filosofia de Maine de Biran é antes sua confirmação. Do mesmo modo, julgaremos natural, e não surpreendente, constatar que a incompreensão tão frequentemente manifestada em relação à filosofia de seus últimos escritos é *a mesma* com as quais depararam as teses centrais do *Ensaio*. Em ambos os casos, trata-se da incompreensão da ontologia biraniana da subjetividade.

---

[40] Encontra-se em Eckhart uma teoria explícita da identidade entre o conhecimento de si e o conhecimento divino; a respeito, cf. *L'Essence de la Manifestation*, op. cit., § 39, p. 40, 49.

Quando deixa de ser compreendida no interior do horizonte filosófico, único a permitir conservar sua significação ontológica autêntica, a psicologia da graça não pode mais, evidentemente, ser uma psicologia empírica. Confundir a vida do espírito com as determinações "psicológicas" do sujeito concreto é uma insuficiência que o verdadeiro filósofo deplora. Fundar a teologia sobre semelhante psicologia é um risco, para não dizer um sacrilégio, que o teólogo não pode se impedir de denunciar.[41]

Não se pode compreender, no interior do horizonte filosófico tradicional, que só reconhece à psicologia um estatuto empírico, um pensamento cujo sentido consiste em romper com semelhante horizonte, de romper o âmbito no qual se havia encerrado a psicologia, cujo conteúdo essencial consiste na edificação de uma ontologia da subjetividade, no interior da qual o problema da psicologia se coloca de maneira inteiramente nova, na qual, de maneira precisa, o problema do *fundamento* da psicologia talvez constitua, pela primeira vez, tema da reflexão filosófica. Porém, o princípio que preside à elaboração de semelhante ontologia, e que nos fornecerá, precisamente, o fundamento da psicologia permanece imanente à última filosofia da Maine de Biran: trata-se da ideia de uma subjetividade absoluta, ideia que é a intuição central do biranismo, seu início e seu fim.

---

[41] Brunschvicg, que manifesta em relação à filosofia biraniana uma incompreensão quase completa, lhe censura ter concebido a vida do espírito "de maneira empirista, quase materialista"! (*Le Progrès de la Conscience dans la Philosophie Occidentale*. Paris, Alcan, 1927, II, p. 615). A razão dessa insuficiência, que impediu o biranismo de se alçar a uma concepção do espírito próxima à de Brunschvicg, encontra-se, aos olhos deste último, no fato de que Maine de Biran não havia lido Kant até o fim. Essas afirmações, embora um tanto quanto presunçosas, não impedem Brunschvicg de declarar, numa carta a Politzer, que, no que concerne à psicologia, ele se remete a Maine de Biran. Ao que parece, se Brunschvicg tivesse uma ideia mais exata da psicologia biraniana, ele não teria acreditado que fosse compatível com o estatuto que sua filosofia do espírito confere à psicologia. De maneira infinitamente mais compreensiva, M. Gouhier censura a Biran ter concedido demais às "impressões da graça", de ter buscado "uma experiência na qual o transcendente gozaria de uma falta de evidência sensível", e de não ter ido "até este ato de fé numa presença não sentida" (M. Gouhier, *Les Conversions de Maine de Biran*, op. cit., p. 418-19). Do mesmo modo, o P. Fessard se refere, a propósito de Maine de Biran, "de um empirismo transcendente" (*La Méthode de Réflexion chez Maine de Biran*. Paris, Bloud, 1938, p. 117, citado por Gouhier, ibidem, p. 420, nota). A realidade de que se ocupa o biranismo, com efeito, não é nem empírica, nem transcendente, é a de uma experiência interna transcendental, à qual só pode fazer justiça uma ontologia da subjetividade.

Conclusão

A teoria ontológica do corpo e o problema da encarnação: a carne e o espírito

O problema do corpo ocupa lugar central nas preocupações de uma filosofia da existência. Esta, no entanto, pode se subtrair à censura sob a qual incide a quase totalidade das teorias ou opiniões que lidam com o corpo, censura que deve se expressar assim: o conjunto de problemas relativos à vida corporal e ao fenômeno da encarnação não foi jamais submetido à clareza do conceito nem à jurisdição da ontologia. Fora de tal jurisdição, o pensamento só pode se mover em representações vagas e incertas, qualquer que seja a permanência da experiência à qual essas representações se relacionam, qualquer seja, também, o número ou a profundidade das concepções morais ou religiosas que nos propõem um conhecimento do homem e de seu destino, em função do papel e estatuto que conferem a seu corpo. Precisamente porque não se pediu previamente à ontologia que determinasse esse estatuto de maneira rigorosa, não se pode ter uma noção precisa do valor que convém conceder a interpretações que podem ter resultado da verdadeira experiência, mas que derivam, no entanto, de uma ideia insuficiente do corpo (por exemplo, a ideia de corpo objetivo) e, por conseguinte, incapaz de desempenhar o papel quase sempre exclusivo que lhe atribuem.

Quanto à herança cultural ou religiosa de que dispõe a humanidade como guia para sua vida prática, assim como contribuição positiva para o esforço que ela faz incansavelmente para se compreender e adquirir, de sua "natureza", uma visão cada vez mais precisa, seu conteúdo tão complexo quanto rico não constitui objeto de uma discriminação objetiva apoiando-se sobre os dados reais de uma ciência positiva como a ontologia, ele é pura e simplesmente afirmado, negado ou interpretado por cada um à sua vontade, senão sua fantasia, pelo menos de uma preferência subjetiva que não procura nem mesmo mais se dar um fundamento racional qualquer. Ocorre, de resto, que cessa todo esforço de interpretação, mesmo individual e subjetivo, de modo que, similar ao conteúdo de uma carta que passa de mão em mão sem ser aberta, o aporte dogmático que as gerações se transmitem de uma a outra não é mais, no caso, o mais favorável à tradição ou, quando esta ainda é respeitada, não passa de um elemento morto, sem relação com a vida das existências concretas. É dessa forma que morrem as religiões: ao mesmo tempo que a ciência. Pois esta, a ciência absoluta, aquela que se ergue sobre um fundamento apodítico, cujo corpo é constituído pelo conjunto de proposições que manifestam uma necessidade eidética, é a única, eventualmente, a conferir sentido ao conteúdo da dogmática, quando ela compara esse conteúdo com seus próprios resultados. É a vida da ciência que dá sua vida à tradição, se esta ainda for capaz de viver.

A volta aos dados da ontologia é tanto mais indispensável, quando se lida com o corpo, que ao ser deste se ligam não só problemas especulativos importantes, como ainda grande número de questões que têm a ver com categorias da existência e da moral. Na dogmática, ou nas grandes representações metafísicas que a humanidade fornece a si mesma, todos esses diferentes planos – teórico, existencial ou moral – acham-se ligados de maneira inextricável. Importa dissociar estes últimos, não para estudar separadamente os problemas práticos e os especulativos que lidam com o problema da encarnação, mas para submetê-los, de início, a uma só e mesma disciplina fundamental, sem a qual não podem nem sequer ser postulados. A ontologia é a única a poder nos desembaraçar das noções vagas que obscurecem a consciência teórica e, ao mesmo tempo, fornecer à ética as bases a partir das quais esta poderá se constituir, então, como disciplina autônoma. A análise ontológica do corpo deve constituir a elucidação primeira que nos permite tanto julgar a tradição, determinar, nela, a parte do que está morto e do que está vivo, quanto de formarmos para nós mesmos, por nossa própria conta e para nossa existência por assim dizer pessoal, uma concepção exata da essência do corpo e, por conseguinte, da hierarquia dos problemas de toda ordem que surgem a partir dela. Antes de operar esse confronto indispensável com o sistema de ideias a respeito do corpo de que dispõe o mundo cultural ao qual pertencemos (quer se trate de representações vagas, difundidas no senso comum, quer de dados, compreendidos ou não, mas rigorosamente circunscritos, da dogmática), convém nos voltarmos para os resultados da análise ontológica do corpo, não para tentar resumi-los aqui, mas para indicar, desde já, sobre certo número de pontos importantes, que direções a ontologia prescreve, *a priori*, à ciência da existência uma vez que esta lida com o problema do corpo.

A questão fundamental que está na origem dessas pesquisas é: a análise ontológica da subjetividade deve ser considerada fazendo parte de uma problemática concernente ao corpo? Pode ela prescrever a este último, por razões ontológicas, um estatuto determinado? Afirmar que ela o pode é afirmar a identidade do ser da subjetividade com a do corpo. Não se trata para nós, com efeito, de ler na estrutura eidética de certos atos intencionais a estrutura correlativa e eideticamente determinada de seus objetos. Tal correlação, noético-noemática, vale em toda parte e sempre, para todos os objetos. A tese que afirmamos é mais originária, mais particular, também, só concerne a este corpo bem determinado que chamo meu e consiste não em ler a estrutura eidética desse corpo na natureza correlativa das intencionalidades que a constituiriam, mas, bem ao contrário, em negar que ele possa ser, em seu ser originário, pelo menos, o produto de semelhante constituição. Se o estudo da subjetividade compreende necessariamente em si o do corpo como corpo subjetivo, seria inexato dizer, inversamente, que a elucidação ontológica do ser originário de nosso corpo constitui uma análise exaustiva da esfera da subjetividade absoluta, ou seja, da totalidade de possibilidades intencionais que lhe pertencem propriamente. O que pode ainda se expressar da seguinte maneira: se percorremos o conjunto de intencionalidades eideticamente (e não simultaneamente) copossíveis que constituem, em virtude dessa coposssibilidade, o ser do ego absoluto, isto é, praticamente o conjunto de intencionalidades que conhecemos, e das quais podemos falar, então estamos certos de encontrar entre estas a totalidade das intencionalidades que compõem, em sua unidade, o ser originário do corpo subjetivo. Por exemplo, encontramos intencionalidades tais como as que expressamos pelos termos "ver", "ouvir", "sentir", "mover-se", "desejar", etc. É evidente, porém, que as *Erlebnisse* corporais só representem uma parte do conjunto de nossas *Erlebnisse* possíveis ou, para falar mais precisamente, que os diferentes tipos eidéticos aos quais respondem as intencionalidades do corpo não esgotem de modo algum a totalidade de tipos eidéticos intencionais em geral. Essas *Erlebnisse* corporais não deixam, por isso, der ser *Erlebnisse* e, como o demonstramos contra Descartes, sua estrutura é a da subjetividade absoluta, sem acréscimo de qualquer elemento heterogêneo. Logo, o corpo, e por isto entendemos, evidentemente, o corpo absoluto, é, no sentido forte, um corpo subjetivo, cujo ser se revela originariamente numa esfera de imanência absoluta, e isto de tal modo que ele se confunde com essa revelação.

O reconhecimento do ser do corpo absoluto em sua natureza ontológica própria nos conduz, para concluir, a uma série de observações. As mais numerosas incidirão, é claro, dada a orientação destas pesquisas, sobre o estatuto eidético do corpo propriamente dito e sobre as consequências que semelhante estatuto para uma filosofia ou ética do corpo. Algumas delas, no entanto, dirão respeito à subjetividade mesma, e nos ajudarão a afastar definitivamente toda interpretação idealista desta última. Comecemos por estas. Com a teoria ontológica do corpo subjetivo, o conceito de subjetividade adquire a realidade que, com muita frequência, lhe falta. A partir do momento em que se alça a uma interpretação correta de seu objeto, a filosofia da subjetividade não pode mais ser considerada uma filosofia abstrata, um intelectualismo. A subjetividade não é um meio impessoal, um simples campo "transcendental" que se dissolve, ao fim do pensamento clássico, em pura miragem, numa continuidade vazia, simples representação privada de todo conteúdo. "Transcendental" não designa o que subsiste após essa fuga da realidade, nessa dissolução de toda efetividade, ou seja, um puro nada, mas uma região do ser perfeitamente determinada e absolutamente concreta. O que merece ser chamado por nós nada não é a subjetividade, mas sua sombra, seu sonho, sua projeção no elemento do ser transcendente. Que a subjetividade não possa ser confundida com esse puro meio universal e vazio que flutua na representação, e talvez seja o elemento de toda representação, isso resulta imediatamente do fato de que a subjetividade não é em nada transcendente. O que a caracteriza, de um ponto de vista eidético, é antes o fato de que ela é uma vida numa esfera de imanência absoluta, que ela é a vida. O que é abstrato é o que é transcendente. O elemento transcendente é um elemento morto, que precisa ser mantido na vida por algo mais concreto do que ele, pois manter na vida o que está morto é, como diz Hegel, "o que exige mais força".[1] O que mantém na vida, porém, é isto mesmo que é a vida, não precisamente o entendimento, mas a vida efetiva da subjetividade absoluta sob todas as suas formas, ou seja, tanto o corpo quanto, de maneira geral, o que a linguagem comum também chama vida.

O caráter concreto da subjetividade absoluta pode ser posto em dúvida se esta acolhe em si, como suas determinações mais profundas, as intencionalidades que compõem o conjunto de nossa vida corporal? Se ela define o ser do corpo, pode a subjetividade ser uma ficção, uma abstração do idealismo? O que há de mais denso, de mais real do que um olhar? De menos ilusório que um apetite? Sem dúvida, os conceitos de subjetividade e de corpo são estreitamente solidários no que concerne à sua interpretação ontológica correta: para que serve afirmar que o corpo é subjetivo, por exemplo, se formamos da subjetividade uma ideia falsa, se a consideramos meio de elementos inertes, ou como um puro "vazio" diante do mundo, se, de maneira geral, fornecemos a seu respeito uma interpretação psicologizante ou niilista? A pesquisa

---

[1] *Phénomenologie de l'Esprit*. Paris, Aubier, I, p. 29.

deve progredir de tal modo que a análise do corpo – conduzida em conformidade com as condições que lhe prescreve *a priori* a estrutura da subjetividade absoluta com a qual o ser originário do corpo se identifica – possa nos ajudar a formar ideia mais precisa dessa estrutura fundamental. Desse modo, a ideia de que a subjetividade não é um meio impessoal e vazio encontra confirmação no fato de que, no interior da análise ontológica do corpo, o ser do movimento subjetivo, assim como o do sentir, foi determinado como pertencendo a um indivíduo concreto. Um poder, como vimos, não é jamais indeterminado, é sempre o de um ego. A análise do sentir (quer se trate de atos determinados, quer da possibilidade geral de sentir, compreendida como fundamento ontológico para atos desse tipo) nos conduziu a uma conclusão análoga, pois a ideia de uma síntese passiva sensível, sem referência a um ego (ou, para falar de maneira mais precisa, cujo ser mesmo, uma vez que é o de uma revelação originária numa esfera de imanência absoluta, não se identificaria ao ser desse ego) se revelou, para nós, sem sentido. Da mesma forma, a conexão entre a ideia de possibilidade ontológica, compreendida como fundamento e ideia da realidade originária, isto é, não da realidade tornada possível pelo fundamento, mas da própria realidade do fundamento, foi claramente indicada e especificada pela análise do corpo, no momento em que o ser deste último foi interpretado como a realidade da possibilidade ontológica.

Outra ideia, estreitamente ligada à anterior, não menos decisiva para a compreensão do ser da subjetividade, para a qual colabora igualmente a teoria do corpo subjetivo, é aquela que lida com a possibilidade de um conhecimento absoluto. A ideia de semelhante conhecimento implica que este não se reduza à forma, forma à qual se contrapõe, então, inevitavelmente, um conteúdo contingente e externo. É claro, a subjetividade é sempre uma vida em presença de um ser transcendente. Em si mesma, no entanto, essa subjetividade não é uma forma vazia, ela já tem um conteúdo que não, por isso, constituído pelo próprio ser transcendente, mas que é um conteúdo originário, a saber, o da experiência interna transcendental *enquanto tal*. Desse conteúdo originário, transcendental, podemos afirmar que ele é o que constitui precisamente a densidade da vida, uma densidade ontológica primeira e irredutível, que subsiste mesmo quando essa vida se encolhe no desespero e parece perder toda seriedade. Mesmo nesse caso, com efeito, a vida é algo diferente de uma forma, ela tem, por si mesma, e independentemente do ser em direção ao qual ela se supera, um conteúdo. A análise do movimento subjetivo e do sentir nos pôs constantemente em presença de um conteúdo desse tipo. Na medida em que nossa experiência se relaciona a um conteúdo transcendente, ela é receptiva, e o conhecimento que ela realiza deve ser chamado finito. Entretanto, quando se trata do conteúdo originário de nossa experiência interna transcendental, o conhecimento que se relaciona a ele, e não é mais transcendente, não é senão um conhecimento absoluto, pois tem um conteúdo do qual é, em certo sentido, a origem. Assim é precisamente a vida, um conhecimento absoluto desse tipo, e é por isso que ela merece seu nome.

A análise ontológica do corpo contribuiu para tornar mais manifesta a natureza desse conhecimento absoluto, quando ela mostrou que um conhecimento do corpo nos era dado antes do surgimento deste no elemento do ser transcendente, quando interpretou esse conhecimento como uma revelação originária provida, precisamente, de um conteúdo transcendental próprio, irredutível a todo conteúdo transcendente concebível. Por essa via, a análise do corpo nos permitiu compreender como é realmente possível para o homem um conhecimento absoluto, que, todavia, incide tanto sobre um conteúdo quanto sobre uma forma. A possibilidade de um conhecimento absoluto assim compreendido se refere, ao que tudo indica, ao fenômeno mesmo da subjetividade absoluta e, no caso que nos ocupa, ao fenômeno do corpo subjetivo transcendental. O obstáculo que se contrapõe ao reconhecimento da estrutura ontológica própria desses dois fenômenos originários (dos quais o segundo, na verdade, é um caso particular do primeiro) e, por conseguinte, à admissão da possibilidade e da existência de um conhecimento humano absoluto é o monismo ontológico, ou seja, a concepção em virtude da qual alguma coisa real só pode nos ser dada em geral no elemento do ser transcendente. Essa concepção resulta em esvaziar a subjetividade de toda realidade, ou ainda, se persiste em considerar essa subjetividade como realidade, só pode se tratar de uma realidade que se manifesta no único meio do ser que ela conhece, isto é, em um meio de exterioridade radical: o pensamento incorre então em psicologismo. *No que concerne à teoria do corpo, o monismo ontológico teve esta consequência decisiva que impediu constantemente a reflexão filosófica de se elevar até a ideia do corpo subjetivo.* O corpo, elemento real na efetividade do ser, só podia pertencer ao meio ontológico do ser em geral, ele era necessariamente alguma coisa transcendente. Assim reduzido à sua manifestação objetiva, ele era mutilado do que constitui seu ser-essencial, a saber, o corpo subjetivo como experiência interna transcendental do movimento, bem como do sentir.

Por via de consequência, a ideia que se fazia da natureza humana deveria ser profundamente alterada: pois, se for verdade que a realidade se define para nós por meio da consciência, não se pode mais compreender a relação que esta mantém com o corpo enquanto este corpo for concebido como elemento do mundo, como simples determinação posta no ser entre outras determinações indiferentes. Em semelhante perspectiva, o fenômeno da encarnação aparece necessariamente, aos olhos da consciência, como um paradoxo, como um acréscimo sintético misterioso feito a seu ser próprio, reduzido, é verdade, a uma pura forma. Estabelece-se, então, uma oposição entre o que não passa, agora, de puro nada, de um lado, e, de outro, uma determinação fixa, um simples estar-aí. Com efeito, a consciência não é o vazio do nada e o corpo não é um objeto. A subjetividade é real e o corpo é subjetivo. O fenômeno da encarnação não significa senão que a realidade de uma possibilidade ontológica que não é abstrata, mas se revela, ao contrário, idêntica ao ser mesmo do ego. Quanto ao ser do corpo, ele não é originariamente nem um simples estar-aí, nem uma determinação objetiva qualquer, cuja finitude, contingência ou absurdo o homem, enquanto ser metafísico, deveria constatar. Porém, este é o momento em que o curso de nossas reflexões nos leva a efetuar uma segunda série de observações que se relacionam, mais particularmente, ao problema do corpo e à sua significação específica para a existência humana.

É contingente o ser que está contido em um meio universal, em relação ao qual ele se apresenta como determinação particular.

A contingência é uma categoria que se refere a uma região ontológica determinada, a saber, a do ser transcendente. Toda coisa que se manifesta no interior dessa região é contingente, porque tem um horizonte. Este horizonte que, em relação à coisa, é como o "mais" que provém do meio onde ela está inserida, significa para o espírito a possibilidade que paira sobre a determinação presente e, ao mostrar a particularidade desta, mostra ao mesmo tempo sua transformação possível ou seu possível desaparecimento. Por exemplo, uma coisa extensa é contingente em relação ao espaço: ela pode sempre ser diferente do que é, ter uma forma diferente, ou ser suprimida. Esse caráter contingente não é evidentemente específico das coisas espaciais, ele afeta toda coisa transcendente em geral. Pelo contrário, o que pertence à esfera da subjetividade, por princípio, está desprovido de todo horizonte. A característica ontológica da subjetividade absoluta é, com efeito, a imanência transcendental. Em virtude dessa imanência, a esfera da subjetividade se opõe de maneira radical à do ser transcendente, no sentido de que ela não pode ser considerada por nós meio que transgride as determinações que nascem nele. Afirmar que a intencionalidade transcendental é imanente é afirmar precisamente que ela não surgiu em um meio mais vasto que ela. A imanência de uma determinação transcendental significa, ao contrário, que a subjetividade se esgota nela, porque semelhante determinação não pertence a um mundo, porque ela não está cercada por um elemento que a superar. Assim, a vida em geral não é, como vida absoluta, em nada contingente.

Porque se revela, ela também, numa esfera de imanência pura, a vida do corpo não escapa a essa regra. Sem dúvida, o nariz, o olho, os membros, etc. se manifestam a nós como determinações das quais nenhuma justificação, funcional, por exemplo, basta para mascarar, aos olhos de um espírito lúcido, a configuração estranha ou o caráter absurdo. Mostramos, porém, precisamente, que o corpo não é um conjunto de determinações desse gênero, determinações que teriam, de algum modo, um espírito puro pairando sobre elas. Em seu ser originário, nosso corpo é antes uma estrutura feita de intencionalidades virtualmente copossíveis, e isto conforme a seus diversos tipos eidéticos, isto é, uma totalidade orgânica de determinações transcendentais se efetivando numa esfera de imanência absoluta. Do ponto de vista dessa totalidade, o corpo foi caracterizado por nós como hábito ontológico, fundamento de todos os nossos hábitos psicológicos. O corpo absoluto, portanto, escapa, por princípio, à categoria de contingência e, se *o problema da situação do corpo* se coloca de maneira inelutável a nós, no entanto, convém ver claramente o que significa, para o corpo absoluto, o fato de estar assim em situação.

Dizemos "para o corpo absoluto", pois o problema da situação do corpo só pode ser examinado com alguma seriedade porque, em primeiro lugar, não concerne apenas ao corpo objetivo, que, ao que parece, está situada da mesma maneira que qualquer outro objeto. Afirmar a respeito do corpo absoluto que ele é situado, aí está uma proposição que deve manifestamente ser entendida em sentido bem diverso do que quando se aplica ao corpo objetivo. Pois este se situa no mundo, ou seja, em um meio geral que compreende outros objetos, entre os quais se instituem relações de posição em terceira pessoa. Para o objeto, isto é, para a coisa transcendente, situação é sinônimo de contingência. Mas, como vimos, o corpo absoluto não poderia estar submetido à categoria de contingência. Só poderia sê-lo caso se tornasse algo de transcendente. Ora, o fato de estar situado não poderia implicar, para o ser originário do corpo, uma mudança de seu estatuto ontológico fundamental. A ideia de semelhante mudança, do ponto de vista ontológico, é um absurdo, pois este último acarretaria para nosso corpo originário não uma modificação, mas a aniquilação de seu ser. Estar-em-situação significa, para o corpo absoluto, estar em certa relação com o ser transcendente, mas se trata, desta vez, de uma relação transcendental. Afirmar que nosso corpo está situado é afirmar que ele se relaciona com o mundo e, no interior do mundo, com esta ou aquela determinação do ser transcendente. Manter tal relação com o mundo, no entanto, não é lhe pertencer, como uma coisa pertence a seu elemento. Bem ao contrário, nosso corpo só pode estar no mundo sob condição de não ser nada do mundo. *É porque ele é subjetivo que nosso corpo é situado.* O fato de estar em situação encontra assim sua possibilidade na estrutura ontológica do corpo originário. Como essa estrutura é a da subjetividade absoluta, podemos nos persuadir ainda aqui que, longe de conduzir a um idealismo abstrato que, de algum modo, deixaria flutuar o ser humano, sem poder explicar sua inserção no mundo, a filosofia da subjetividade, ao contrário, é o que nos permite explicar essa inserção, ou seja, fornecer um fundamento ontológico ao fato do ser-em-situação.

Inversamente, a interpretação da situação do ser humano a partir da teoria ontológica do corpo nos proíbe toda representação ingênua ou "realista" do ser-em-situação ou, se preferirem, do fenômeno do *"hic"*. Em sua situação, o corpo não abandona seu caráter subjetivo, uma vez que, como vimos, é em virtude desse caráter que tal situação é possível para ele. É porque ele é uma intencionalidade que o corpo é orientado de determinada maneira, é porque essa intencionalidade é uma experiência interna transcendental que a orientação do corpo absoluto não altera em nada seu estatuto ontológico original. O corpo se mantém perto de si em sua relação com o mundo ou consigo mesmo. Nada muda neste último caso no que concerne à situação fundamental que descrevemos, pois o corpo transcendente em direção ao qual se supera então nosso corpo originário não é, de modo algum, esse corpo originário e absoluto. Quando o corpo se relaciona consigo mesmo, seu estatuto subjetivo não se modifica, é só no conteúdo de sua experiência transcendente que ocorre uma mudança, característica, é verdade, pois o objeto parece aqui ser o próprio corpo. A esse corpo transcendente, porém, não pertence a essência própria da vida, esta se efetiva fora dele, como se efetiva, de maneira geral, fora do mundo, pois ela é a vida que é e permanece imanente.

É verdade que a análise do fenômeno da situação não é esgotada pelas considerações precedentes, que se reduzem à afirmação de seu caráter subjetivo. O ser-em-situação também concerne, ao que parece, a nosso corpo transcendente objetivo. É nesse sentido que, muitas vezes, afirmamos sobre nosso corpo que ele está "aqui", no salão, no jardim, etc. Mas, apesar das aparências, a situação de nosso corpo objetivo não constitui fenômeno autônomo, o qual se poderia explicar facilmente assimilando essa situação à de qualquer objeto imerso no meio transcendente do mundo. Nosso corpo objetivo não é de todo um objeto qualquer, sua situação apresenta, ao mesmo título que qualquer uma de suas propriedades ontológicas, um caráter próprio que ela toma emprestado, de fato, à situação do corpo absoluto. Pois mesmo em nossa representação, nosso corpo não se apresenta como puro ser-aí, posto numa simples relação de justaposição em face de outras coisas transcendentes que o cercam, o cômodo, a cadeira, etc. Ele está tão pouco em tal relação de justaposição com coisas desse tipo, que ele *utiliza*, de fato, a cadeira, que ele *vai* ao armário, *gira* a chave, *deixa* o quarto e, por isso, *abre* a porta. Ora, se é evidente que é pela mediação de determinações desse tipo (como "abrir", girar", "ir para", "deixar", etc.) que se define a situação de nosso corpo transcendente objetivo, não é menos evidente que tais determinações não pertencem originariamente ao meio do ser transcendente, a partir do qual, todavia, se procura definir a situação de nosso corpo-objeto: são determinações que têm a ver com uma esfera bem diferente de existência, pois elas correspondem às diferentes intencionalidades nas quais se expressa a vida absoluta de nosso corpo subjetivo.

A tarefa de uma análise fenomenológica rigorosa da situação do corpo transcendente objetivo, portanto, seria de distinguir entre as características constitutivas dessa situação aquelas que se referem ao meio geral do ser transcendente, e nos remeter a seu conteúdo, segundo relações em terceira pessoa que se expressm por meio de preposições e locuções como "ao lado de", "acima", "a tal distância", etc., e aquelas que, ao contrário, mesmo estando igualmente presentes na representação, só podem ser o que são para nós em virtude de um empréstimo a outra região do ser, a saber, a esfera intencional do corpo subjetivo. Entre estas últimas características, ordenemos aquelas em virtude das quais meu corpo objetivo se dá a mim como objeto que caminha na direção de outro objeto, que gira a maçaneta da porta, etc. Não é difícil ver, então, que são estas últimas características que merecem ser consideradas essenciais, pois pertencem exclusivamente a este objeto bem determinado que é nosso corpo transcendente objetivo, ao passo que as primeiras definem qualquer objeto do mundo em geral.

Uma análise mais aprofundada mostraria, de resto, que as características que podem concernir, em princípio, a qualquer objeto (o livro pode estar "ao lado do" tinteiro, assim como minha mão), sofrem de fato uma modificação de valor radical quando qualificam meu corpo objetivo. Afirmar que minha mão está ao lado do tinteiro é afirmar que ela pode se apoderar dele a qualquer momento, sua relação com o tinteiro se torna de algum modo interior a ela, ao passo que a relação do livro com o mesmo tinteiro lhe é exterior e, de certa forma, indiferente. É que, como explicamos, nosso corpo transcendente objetivo é um objeto mágico que não está jamais situado de maneira extática, como uma pedra embaixo de um muro. Todas as determinações têm a ver com sua situação, se reduzem, afinal de contas, ao primeiro grupo de características em virtude das quais esse corpo objetivo se situa no mundo, não como um ser-aí inerte, mas como objeto movente, secretamente habitado por um sujeito. Ora, vimos que essas características essenciais se referindo ao estar-em-situação de nosso corpo objeto, e não com o de qualquer objeto em geral, devem ser compreendidas como fundadas, e não como originárias. É que, com efeito, nosso corpo objetivo as toma emprestadas ao corpo absoluto, cuja objetivação no meio geral do ser transcendente ele representa. Se podemos afirmar que, em nossa representação, nosso corpo-objeto se relaciona com as coisas que o cercam de diferentes maneiras (dirigindo-se para elas, afastando-se delas, etc.), é porque, de fato, temos um corpo absoluto no qual essas diversas intencionalidades se efetivam de maneira originária, antes de serem figuradas pela mediação de nosso corpo transcendente objetivo.

Parece, então, que a relação entre a situação de nosso corpo transcendente objetivo com a de nosso corpo absoluto é estritamente paralela à relação que une, em geral, o corpo transcendente objetivo do ego com seu corpo absoluto, relação que estudamos acima. De modo que estamos em condições de formular esta observação essencial: *não é porque nosso corpo é também um corpo transcendente, um corpo tal como o compreendia a filosofia antes da descoberta do corpo subjetivo, que o ser do homem é um ser situado. Bem ao contrário, nosso corpo transcendente objetivo só é situado em um sentido bem determinado que lhe é específico porque nosso corpo absoluto já está situado, enquanto subjetividade, em relação transcendental com o mundo.*

Desse modo, são destruídas pela análise ontológica as representações ingênuas que dominam a tradição filosófica, e segundo as quais o ser metafísico do homem, compreendido como pura consciência e subjetividade abstrata, só seria situado, determinado, ou mesmo individualizado[2] pelo estabelecimento de uma relação, de resto misteriosa (como mostram os mitos relativos à "queda" da alma no corpo), com um corpo objetivo. Longe de que a característica do ser-em-situação se comunique, de algum modo, do corpo-objeto ao corpo absoluto, é na verdade no sentido oposto que essa "comunicação" se efetua.

Importa, por conseguinte, não interpretar o ser-em-situação do corpo absoluto a partir da situação de nosso corpo objetivo, nem, por mais forte razão, daquela dos objetos comuns que povoam o mundo. A natureza do corpo originário não é em nada semelhante àquela da coisa transcendente, cujo estatuto eidético prescreve que ela se dê necessariamente a nós numa multiplicidade de aspectos indefinidamente variáveis. Já a maneira de se dar de nosso corpo transcendente objetivo, é verdade, não se deixa reduzir totalmente àquela que caracteriza a coisa transcendente em geral; ela escapa a isso nisto que não somos livres para adotar em relação a nosso corpo propriamente dito a perspectiva que desejamos. Isto não quer dizer de nenhum modo, porém, que seja esta a única diferença existente entre o modo de aparição de nosso corpo e aquele de uma coisa transcendente qualquer. A psicologia clássica só podia pensá-lo porque, em sua indigência, sua análise do corpo se detinha com o mero tomar em consideração do corpo transcendente objetivo. No entanto, nem o corpo absoluto, *nem o corpo orgânico*, apresenta um estatuto ontológico que nos autorize a caracterizá-lo relativamente à coisa transcendente por meio de uma simples limitação na livre variação de nossas perspectivas. Isto é evidente para o corpo absoluto, que não nos apresenta nenhum "aspecto", porque não é em nada transcendente e nenhuma distância fenomenológica nos separa dele. Quanto ao corpo orgânico, devemos formular a seu respeito esta proposição paradoxal e, todavia, fenomenologicamente evidente: o ser transcendente do corpo orgânico não se

---

[2] A esse respeito, cf., supra, cap. III, § 3.

dá a nós nem numa multiplicidade de aspectos indefinidamente variáveis, nem por intermédio de um aspecto determinado ou por uma série de aspectos determinados, isto é, escapando à livre variação de nossas perspectivas. Ainda que seu estatuto fenomenológico seja radicalmente diferente daquele de nosso corpo originário, nosso corpo orgânico se dá a nós, contudo, numa espécie de conhecimento absoluto. Por ser o estrito correlato *não representado* das intencionalidades de nosso corpo absoluto, ele está sempre inteiramente presente para nós, e nós o temos num saber que exclui toda limitação e toda possibilidade de erro. Se ele está situado em relação a nosso corpo absoluto, essa situação é de certo modo uma situação absoluta, a ideia de uma mudança qualquer ocorrendo no corpo orgânico e alterando esse estado de disposição imediata no qual ele se encontra em relação às intencionalidades de nosso corpo absoluto é por princípio inaceitável.

A elucidação sistemática das características que acabam de ser enumeradas, e de sua necessidade eidética, nos conduziria a uma teoria do corpo orgânico que só pôde ser esboçada no âmbito destas pesquisas.[3] Estas conseguiram, pelo menos, afastar todo equívoco no que concerne ao ser originário do corpo absoluto, que não é uma coisa transcendente, mas aquilo em relação ao que toda coisa desse tipo se esboça numa série de aspectos determinados. Pelo fato de essa determinação de aspectos que nos apresentam as coisas se operar a partir do corpo absoluto, este deve ser considerado por nós não enquanto alguma coisa de situado, mas antes como o que se situa originariamente, como o que situa todas as coisas em relação a nós. Nosso corpo originário é um centro absoluto e, por conseguinte, longe de poder ser livremente submetido à categoria geral de situação, ele está antes em situação, e isto num sentido bem determinado, em virtude do

---

[3] Importa, pelo menos, assinalar fortemente um ponto sobre o qual já insistimos anteriormente: é que o esquema de nosso corpo – se por isso entendemos nosso corpo orgânico – é um esquema completo, total, e não uma representação lacunar. É precisamente porque não é uma representação que ele apresenta esse caráter de completude, e pudemos afirmar que o conhecimento que temos dele é, de certa maneira, um conhecimento absoluto. Vê-se, aliás, a que ponto a filosofia do corpo absoluto e do corpo orgânico se afasta do idealismo que reduz tudo a representações. O fenômeno originário de nosso corpo não é, precisamente, uma representação; a mesma observação vale para a relação fundamental que une o corpo absoluto ao corpo orgânico.

qual ele deve ser descrito, finalmente, como o fundamento ontológico de toda situação possível.[4]

Que o corpo originário não seja situado, no sentido de que ele não é transcendente, leva a rejeitar bom número de teses existenciais relativas ao problema do corpo, assim como à pretensa tomada de posição da existência em face dele. Nessa tomada de posição, a existência seria levada a "assumir" seu corpo, e isto desta ou daquela maneira. Descrições existenciais minuciosas seriam necessárias para explicar as diferentes maneiras pelas quais a existência se relaciona com seu corpo, o aceita, o rejeita, etc. Está claro, porém, que o pressuposto que permanece na base dessas descrições consiste no fato de que nosso corpo é considerado alguma coisa transcendente. Tal suposição, como se vê, não faz mais do que retomar, por sua própria conta, as concepções não elucidadas da filosofia tradicional, assim como do senso comum, concepções segundo as quais nosso corpo não passaria de um objeto (quaisquer que sejam, aliás, as características próprias que se procurar atribuir a tal objeto, a fim de distingui-lo dos demais objetos do mundo). Há certamente intencionalidades nas quais nos dirigimos a nosso próprio corpo. Mas, a despeito da complexidade do fenômeno aqui considerado, é evidente que o ser originário do corpo deve ser buscado nessas intencionalidades que se dirigem para, contra, etc., e não no corpo transcendente para o qual elas se dirigem, este último sendo apenas um corpo fundado, isto é, como vimos, constituído sobre o fundamento de nosso corpo absoluto.

À afirmação "tenho um corpo" convém contrapor esta afirmação mais originária: "eu sou meu corpo". Este enunciado ainda corre o risco de permanecer ambíguo, enquanto se preferir as

---

[4] Nosso corpo originário só funda, porém, a situação das determinações intramundanas, utensílios e coisas. Por esta remeter à situação do corpo originário e se definir em relação a ele, o problema da situação desse corpo que constitui o centro absoluto de todas as nossas perspectivas não é resolvido pelas considerações precedentes, ao contrário, ele se coloca com urgência ainda maior. O que situa o próprio corpo originário é a subjetividade *compreendida não como relação transcendental do ser-no-mundo, mas em sua estrutura interna, como imanência*. Sobre a interpretação ontológica da estrutura interna da imanência como fundamento último de toda situação possível em geral, cf. *L'Essence de la Manifestation*, op. cit., §§41, 42, 43 e 44.

sutilezas ou o verbalismo de uma filosofia da ambiguidade ao rigor da análise ontológica. "Eu sou meu corpo" não significa "eu sou meu corpo mesmo não sendo ele", "sou para o ser no modo do não ser", etc., proposições que repousam sobre o pressuposto que acabamos de denunciar, e em virtude das quais o corpo se ergue originariamente na transcendência como um termo em relação ao qual é possível, e somente então, comportar-se de diversas maneiras. "Eu sou meu corpo" significa bem exatamente: o ser originário de meu corpo é um modo da vida absoluta do ego. "Tenho um corpo" significa: um corpo transcendente se manifesta também para mim e se dá a mim como submetido, através de uma relação de dependência, ao corpo absoluto, o qual, como mostrou a teoria da constituição do corpo propriamente dito, funda tanto esse corpo objetivo quanto a relação de posse que o vincula ao ego.

As observações precedentes deveriam servir de introdução a uma nova filosofia da vida. Viu-se que o conceito de vida pode designar seja o objeto de uma ciência determinada, a saber, a biologia, e trata-se então de um conceito científico, seja o objeto de uma percepção, objeto portador de certo número de características fenomenológicas que fazem que ele apareça a nossos olhos como ser vivo. No entanto, quando se relaciona com o ser humano, o conceito de vida só adquire seu sentido originário se passa a designar para nós uma vida em primeira pessoa, ou seja, a vida absoluta do ego. Semelhante vida não se manifesta mais a nós por meio de características determinadas afetando um elemento do ser transcendente, ela se revela numa esfera de imanência radical, de tal modo que ela não é para nós senão a vida mesma de nosso corpo originário. Se esta é, em sua natureza ontológica própria, essa vida a qual afirmarmos ser a nossa, então fica claro que a oposição apresentada como fundamental por tantas filosofias e, de maneira geral, pela tradição, entre vida e consciência, ou consciência de si, deve ser recolocada em questão.

Essa oposição recebe significação decisiva em Hegel, onde representa um momento da oposição fundamental entre a positividade do ser e a negatividade do espírito. Sem dúvida, a vida já é, por si mesmo, em certo sentido, o espírito negativo, ou seja, o conceito. É desse modo que, como processo que não pode ser fixado e atravessa as diferentes partes do organismo, ela se opõe à figura descrita pela anatomia, que nunca é mais do que o lado abstrato e morto da existência. Contudo, o verdadeiro conceito não é a vida, mas antes a consciência de si. Nesta, o conceito manifesta sua negatividade profunda, autêntica, sua desigualdade em relação à vida, que é então designada como "posição natural", como a positividade do ser vital. A negação da vida como positividade é então a mediação essencial à posição do eu. Este último, como conceito autêntico, não é então a vida, mas antes seu contrário. Se a vida fosse, como "independência subsistente"[5] e como expansão positiva, o modo imediato no qual a consciência de si se manifestava inicialmente, parece que, de fato, a consciência de si *não é* a vida. Eis porque, para provar seu ser próprio, para que ele seja reconhecido em sua verdade, a consciência deve mostrar que ela não se identifica com essa vida que é um elemento no ser, que está prestes a sacrificá-la e a enfrentar a morte. Os dois elementos que se opõem na luta de consciência não tanto duas ou várias consciências particulares, mas antes, no interior de cada consciência, a positividade da vida e a pura negatividade como operação autêntica do conceito. A oposição fundamental permanece sendo aquela entre a consciência e a coisa viva. A vida é concebida pela filosofia hegeliana, então, como objeto que a consciência nega e supera para se conquistar como consciência de si e como eu autêntico.

Afirmar que a vida é um elemento que deve ser transcendido, é o mesmo que afirmar que ela é uma coisa transcendente, exterior à natureza profunda da subjetividade, à pura negatividade do espírito. Em tal perspectiva, a existência se qualifica segundo a maneira pela qual ela transcende esta vida, ou seja, em conformidade à forma pela qual ela se relaciona com ela, a nega, assume, etc. Estamos bastante próximos das teses contemporâneas precedentemente criticadas. Se permanecermos fiéis ao ensinamento da teoria ontológica do corpo, e se concebermos a vida deste como uma vida radicalmente imanente, compreendemos,

---

[5] *Phénoménologie de l'Esprit*, op. cit., I, p. 160.

ao contrário, que seja afastada *a priori*, pelo estatuto eidético de semelhante vida, a possibilidade para ela de ser alguma vez transcendida. A vida humana se torna, ao mesmo tempo, uma coisa grave, que espírito algum poderá, doravante, sobrevoar. A subjetividade não é esse espírito puro encerrado em seu próprio nada, e incapaz de descer até a determinação da vida, ela é essa vida mesma. Que a subjetividade seja a vida, esta é a seriedade da existência. Esta não é a pura negatividade do conceito, isto é, uma forma abstrata e vazia, incapaz de se igualar ao que quer que seja, e condenada, por conseguinte, a deixar sempre fora dela o que constitui a efetividade do ser. Enquanto vida, a subjetividade não tem o poder de se igualar ao ser transcendente, mas o projeto mesmo de tal igualdade não passa, do ponto de vista ontológico, de um absurdo. A verdadeira igualdade, a vida a tem, na medida em que é uma vida numa esfera de imanência absoluta. Em semelhante esfera, a subjetividade se revela originariamente a si mesma, ela tem um conteúdo que não é em nada transcendente, mas que é seu ser efetivo e real. Não é preciso, para que ela tenha a experiência desse ser, que ele seja reconhecido, ou que seja negada uma vida com a qual ela se confunde. Pois a vida é igual a si mesma, é sua igualdade consigo mesma, igualdade que, longe de poder ser destruída, é ao contrário prescrita por razões de ordem eidética.

Observações análogas valeriam para o problema da ação. As dificuldades com as quais nos defrontamos geralmente quando nos encontramos em presença deste último problema provêm de que o horizonte no interior do qual ele foi debatido jamais foi esclarecido. Se refletíssemos seriamente sobre os pressupostos constitutivos desse horizonte, constataríamos talvez que eles se reduzem, no essencial, a dois esquemas gerais, que comandam as interpretações, ou mesmo, as descrições tradicionais de nossa vida prática. O primeiro esquema, o das filosofias intelectualistas, consiste em pensar essa vida à luz dos conceitos de "meio" e de "fim". Em tal perspectiva, meios e fins constituem, no momento da ação, tema de pensamentos determinados, cuja complexidade é paralela à de seus objetos, e refletem, por exemplo, a sucessão e a hierarquia dos procedimentos que convém empregar, em sua correlação com situações concretas, elas mesmas infinitamente complexas. A ação racional implicaria um conhecimento particular desses diferentes termos. Isso significa que não há, para o homem, ação perfeitamente racional. Os dados que conviria levar em consideração para decidir com algum rigor sobre a ação oportuna vão ao infinito. Na maior parte dos casos, de resto, não podemos aguardar que haja terminado o exame da situação e meios que deveríamos empregar para colocá-lo em prática. A *urgência* impede que se complete a elucidação, de resto impossível, por princípio, uma vez que essa situação muda incessantemente e, de outro lado, só temos, em geral, um conhecimento rudimentar dos meios que devemos empregar, como é o caso, por exemplo, do corpo, cujo mecanismo, ao que se afirma, nos escapa. Eis porque Jaspers afirma que a ação humana é impossível sem uma "força de resolução" que supre a finitude de nosso conhecimento, incapaz de se erguer, em presença da vida prática e de suas tarefas, à certeza da evidência forçosa e indubitável. Ele louva Descartes, por ter insistido sobre o caráter sempre provisório da moral, ou seja, de ter percebido o descompasso inevitável que há entre nossa ação e nosso conhecimento.

A teoria ontológica do corpo subjetivo nos permite compreender como essas diversas concepções se encontram, na verdade, privadas de qualquer fundamento filosófico. Vimos, com efeito, que na ação, e primeiro na ação corporal, os meios não constituem tema de conhecimento intelectual, e o fim não é jamais algo representado, mas o termo transcendente em direção ao qual o movimento subjetivo (e não uma intencionalidade teórica) se supera imediatamente. Segue-se, como igualmente vimos, que o conhecimento que se revela nesse fenômeno originário constituído pela relação transcendental do ser de nosso corpo absoluto, como movimento, com o termo em direção ao qual a ação se transcende, não é de modo nenhum um conhecimento imperfeito, mas que é antes um conhecimento absoluto cuja possibilidade repousa sobre o estatuto ontológico do corpo originário, enquanto corpo subjetivo, isto é, um *saber absoluto*. Não há descompasso entre nosso saber e nossa ação, porque esta é, ela mesma, em sua essência, um saber. A afirmação de uma inadequação entre nosso conhecimento e nossa ação – inadequação desmentida pela experiência cotidiana de nossos gestos, mesmos os mais humildes (lavar-se, fazer um trabalho manual, praticar um esporte, dirigir um carro, etc.)[6] – resulta, na verdade, de uma insuficiência do conceito de conhecimento de que se dispõe, e reduz este ao conhecimento teórico ou representativo. À tese que postula a finitude de nosso conhecimento na ação se liga, inevitavelmente, à afirmação do caráter irracional desta, uma vez que é necessariamente uma ação que ultrapassa nosso saber. Revela-se assim a verdadeira origem das concepções filosóficas contemporâneas, que evocam uma "resolução" própria ao ser humano, uma vez que ele se lança na ação em conformidade com um "engajamento" cujo risco ele "assume". Longe de desembocar em verdadeira renovação da ética e de suas noções fundamentais, esses temas românticos devem ser pensados por nós em sua estreita solidariedade com os pressupostos da filosofia clássica e intelectualista, assim como demonstra, por exemplo, a admiração de Jaspers pela moral de Descartes.

A interpretação tradicional da ação não recorre só às ideias de meio e de fim, ela também se opera pela mediação de um conceito não menos importante, o de intenção. É aqui o momento de denunciar o segundo esquema geral de interpretação a que nos referimos. *Este prescreve que a ação é a realização de uma intenção, essa realização sendo compreendida, por sua vez, como objetivação.* Semelhante interpretação da ação, cuja origem remonta às concepções helênicas relativas à criação, ela mesma concebida a partir do modelo exclusivo de criação artística, na qual certa imagem subjetiva preside, a título de ideal diretor, à confecção da obra concreta correspondente, implica certo número de pressupostos cuja destruição ontológica se imporia a nós, agora, como tarefa particularmente pesada, se a teoria ontológica do corpo, de certo modo, já não a houvesse cumprido. Esses pressupostos

---

[6] Dir-se-á que foi o hábito que fez desaparecer a sucessão e a conexão das representações necessárias à ação, tornando-as inconscientes. Está claro, ao contrário, que as teorias concernentes ao hábito e ao inconsciente, às quais se recorre aqui, implicam como pressuposto a teoria intelectualista da ação, cujos absurdos elas procuram atenuar, e não poderiam, por conseguinte, servir para fundamentá-la. O fenômeno da ação pode sem dúvida vir acompanhado de diferentes representações (entre as quais, as de meios e do fim), que devem constituir objeto de uma descrição fenomenológica própria, mas que é preciso evitar confundir com o fenômeno originário da ação.

são: 1) a intenção é um estado subjetivo que, como tal, deixa fora dele o que constitui o ser objetivo da presença real; 2) a realização da intenção consiste precisamente a ação. A esse esquema geral obedece, especialmente, a dialética hegeliana da ação, a qual, longe de colocar em questão as concepções tradicionais, se limita a ressaltá-las, apresentando-as de maneira sistemática. É precisamente porque, no hegelianismo, a subjetividade é concebida como sendo por si mesma privada de toda realidade, que a ação se impõe a ela como a tarefa de transformar seu pensamento puro em ser, e de fazer de si mesmo uma coisa. A subjetividade que não assume tal tarefa, isto é, que não se aliena no elemento do ser, confiando-se para tanto à diferença absoluta, não é mais do que a subjetividade irreal do idealismo subjetivo, é, por exemplo, "a bela alma". Não agir significa, para esta, não reconhecer o valor da realidade, isto é, da natureza objetiva, furtar-se a tal realidade, recusando-se a se alienar nela. A ação é precisamente uma alienação desse tipo. Isto significa que ela é necessariamente finita, pois quando o Si que aceitou a prova do ser se encontra sob a forma de um elemento determinado no meio geral da efetividade, ele se percebe como determinação finita e contingente à qual o espírito, como negatividade absoluta, não poderá, evidentemente, se igualar. De onde a necessidade de novas dialéticas, nas quais o Si visará a superar sua alienação e reencontrar sua igualdade consigo mesmo.

Está claro que a concepção hegeliana se apoia sobre os pressupostos que denunciamos, sobre a ideia de que a ação deve ser compreendida, essencialmente, como objetivação, como passagem e transformação da subjetividade, por si mesma privada de realidade, ao único elemento na qual esta subsiste, ou seja, ao elemento do ser transcendente. O que pode significar, no entanto, do ponto de vista ontológico, semelhante transformação, semelhante passagem? Estamos aqui em presença de um absurdo ontológico radical, absurdo sobre o qual repousa todo o edifício hegeliano. Expressões como "o sujeito se objetiva", "o eu se objetiva" são particularmente impróprias, elas significam, no máximo, que *a representação, mas não o ser do ego* ou da subjetividade se manifesta a nós no meio da transcendência. Pois o que é subjetivo não pode precisamente se manifestar em tal meio, trata-se de uma prescrição eidética de sua estrutura ontológica que ele possa apenas se revelar originariamente numa esfera de imanência absoluta. Objetivar-se, para o ego, é só representar-se para si mesmo. Mas, precisamente, *adquirir de si tal representação não é agir, seria antes viver uma vida contemplativa*. De fato, Hegel fracassa em explicar a ação humana, e isto porque, demasiado apressado em descobrir o sentido das múltiplas experiências e atividades nas quais se realiza a história dos homens, ele negligenciou o essencial, a saber, a elucidação filosófica do estatuto ontológico da ação.

É por tal elucidação que convém começar, se não queremos ser enganados por esquemas de interpretação que denunciamos. Prosseguir essa elucidação ontológica do fenômeno da ação é ser conduzido a reconhecer: 1) que a subjetividade não necessita se objetivar para ser real, e isto, de um lado, porque em si mesma ela já é uma realidade absoluta, e não uma abstração ou simples desejo de ser e, de outro, porque se objetivar é para ela, por princípio, impossível; 2) que, precisamente porque a ideia de uma objetivação da subjetividade é rejeitada por razões eidéticas, a ação não poderia ser compreendida como tal objetivação. A análise fenomenológica da ação manifesta com evidência perfeita, de resto, que ela é isto: *uma essência subjetiva*. A ação não se confunde, é claro, com a intenção, ela se separa dela nisto que ela implica a intervenção do corpo, mas o corpo que age não é o corpo representado, nem o corpo orgânico, é o corpo absoluto e, por conseguinte, a ação não é senão uma modalidade da vida da subjetividade absoluta. Ainda que não seja intenção, a ação não deixa de ser intencional. No processo da ação, intencionalidades se unificam de maneira sintética, enquanto se organizam correlativamente unidades intencionais, cujo encadeamento é o das modificações que afetam o ser transcendente. Durante todo esse processo, a ação permanece intencional, ou seja, ela se mantém próximo a si numa esfera de imanência, sem "sair" jamais de si mesma para, por assim dizer, ir se manifestar em pessoa no mundo, pois, mais uma vez, ela não é uma vida que se representa a si mesma, mas uma vida que age. E, no fim do processo, essa ação permaneceu no meio que lhe é próprio, sob a forma de uma última intencionalidade, sinteticamente ligada a todas as que precedem, cuja totalidade constitui o fenômeno que chamamos ação determinada – o conjunto do fenômeno devendo, naturalmente, ser relacionado à essência da vida ativa, e não à da vida teórica, isto é, devendo ser compreendida a partir da relação transcendental do *movimento* subjetivo e do termo *não representado* em direção ao qual a ação se transcende imediatamente nesse movimento.

Só se pode reconhecer o estatuto ontológico próprio da ação, porém, caso se disponha de uma interpretação ontológica paralela do ser originário do corpo absoluto. Pois se o corpo só é concebido como objeto do mundo, a ação que ocorre por sua mediação pertence, ela mesma, a esse mundo, ela não passa, aos olhos da subjetividade, reduzida agora a uma pura intenção, deixando fora dela o ser efetivo, de um processo em terceira pessoa. Será necessário observar o estreito vínculo que une a dialética hegeliana da ação à concepção cartesiana precedentemente criticada, e segundo a qual o elemento subjetivo só representa, no fenômeno total da ação, um simples desejo, cuja realização implica a intervenção, de resto misteriosa, do corpo extenso e dos movimentos materiais dos quais ele é a sede. A teoria do corpo subjetivo, ao contrário, permite que nos elevemos a uma filosofia da ação em primeira pessoa, ou seja, de fato, a uma filosofia da atividade *humana*. A ação não seria verdadeiramente a de um ego se a parte que este assume se limitasse à simples formulação de um desejo, ao qual responderiam, como por milagre, processos impessoais. A ação não é mágica, ela é antes, como nos ensina Maine de Biran, o esforço, a tensão subjetiva, a luta contra o elemento transcendente. A simples tomada de consciência filosófica da necessidade de explicar a distinção fenomenologicamente evidente que intervém em nossa vida psicológica entre o simples desejo da ação e a ação efetiva que realizamos no esforço basta para rejeitar todas as concepções tradicionais relativas ao problema da ação, concepções das quais as citadas teorias cartesiana e hegeliana são apenas dois exemplos, entre muitos outros.

A rejeição dessas teses especulativas comporta consequências importantes relativamente às concepções morais que lidam com o mesmo problema. Em particular, a crítica de uma moral da intenção não deverá mais ser confundida com uma crítica geral da filosofia da subjetividade, nem servir de pretexto a esta última. *É antes da filosofia da subjetividade, e somente dela, que pode provir uma crítica válida da moral da intenção.* Em toda outra filosofia, com efeito, a intenção é o único elemento subjetivo da ação, o que constitui o ser-essencial desta não pode ser mais que um elemento representado (objetivo) que deixa de ser compreendido na esfera imanente da vida, esfera à qual pertence, todavia, a essência moral. Doravante, a análise moral só encontra na ação como elemento propriamente humano, ou seja, subjetivo, como elemento moral, a intenção, à qual ela é obrigada a se ater, mesmo tendo o sentimento de que deixa escapar o essencial. Esse essencial, ou seja, a própria ação, a filosofia da subjetividade reconhece pelo que é, por uma intencionalidade, por um elemento subjetivo que deriva, por conseguinte, das categorias morais, ao passo que a ação concebida como processo objetivo em terceira pessoa não pode ter mais que a inocência de uma pedra. A filosofia da subjetividade, e só ela, pode submeter à apreciação da ética o elemento mesmo da ação, a análise ontológica do corpo subjetivo, e só ela, pode conferir sentido a esta afirmação inédita: *os corpos serão julgados.*[7]

A determinação do ser originário de nosso corpo como subjetividade pura, a iluminação do caráter absoluto do conhecimento que se relaciona com esse corpo originário, uma vez que ele não é o conhecimento receptor de um ser transcendente, mas uma revelação numa esfera de imanência radical, a ideia de um conteúdo absoluto, e não contingente, próprio a semelhante conhecimento, a interpretação ontológica do ser-em-situação do corpo, interpretação que faz aparecer este como um centro absoluto e como fundamento da categoria de situação, uma vez que se aplica a elementos transcendentes, a rejeição de todas as teses que repousam sobre o pressuposto implícito da transcendência do ser originário de nosso corpo e, correlativamente, a introdução de uma nova filosofia da vida, compreendida como vida absoluta, e não como determinação suscetível de ser negada

---

[7] Cf. Arthur Rimbaud, *Une Saison en Enfer, Adieu, Œuvres d'Arthur Rimbaud.* Paris, Mercure de France, 1949, p. 236.

ou transcendida, a de uma nova filosofia da ação corretamente interpretada, não como objetivação e passagem no meio da diferença, mas como essência subjetiva trazendo em si seu próprio saber, todos esses elementos que pertencem à análise ontológica do corpo, ou que dela resultam imediatamente, resultam igualmente na negação do vínculo que se encontra tão frequentemente estabelecido entre o fenômeno da encarnação e, de outro lado, a finitude, a contingência, ou mesmo absurdo, como características inerentes à realidade humana, uma vez que esta está submetida a semelhante fenômeno.

O reconhecimento de um vínculo entre nossa corporeidade e nossa finitude não é privilégio da reflexão contemporânea, ela comanda a ideia geral do homem e da natureza humana expressa por uma tradição que domina, pelo menos, o pensamento ocidental. Essa ideia é que o homem deve ser considerado ser duplo, uma síntese destes dois termos opostos: o corpo e o espírito. A relação que mantêm entre si esses dois elementos heterogêneos só pode ser uma relação paradoxal. Ao olhar do espírito puro, a encarnação se manifesta como fenômeno contingente que marca a realidade humana com um caráter de insuperável finitude. Por reação a certas formas de pensamento religioso, tendências humanistas ou mesmo naturalistas podem se esforçar para reabilitar o corpo; a seus olhos, contudo, este permanece o que parece ser para as crenças às quais se opõem: o elemento inferior que só se pode querer reabilitar porque não se deixou, na verdade, de considerá-lo como tal. Aquele que diz *mens sana in corpore sano*, em todo caso, continua a pensar esses dois elementos à luz da ideia de uma heterogeneidade radical; a apreciação de ordem axiológica que ele formula pode se afastar da apreciação religiosa correlata, ela repousa, na verdade, sobre o mesmo fundamento. Este não é senão a ideia da dualidade da natureza humana, ideia que não domina apenas toda a tradição filosófica ocidental, mas que impregna igualmente as concepções populares e pode, a esse respeito, ser considerada um dos lugares-comuns do mundo cultural ao qual pertencemos.

Quanto às concepções religiosas que se fazem presentes no mundo cultural, para cuja elabora, aliás, elas contribuem poderosamente, elas parecem fornecer à ideia de dualidade uma significação quase infinita. A concepção de uma relação entre a finitude humana e o fenômeno da encarnação, que é à primeira vista seu fundamento, não se exprime ela no Cristianismo, de maneira geral, por meio da ideia de que o pecado é essencialmente pecado da carne? Sob muitos aspectos, o combate espiritual parece se esgotar, aos olhos da tradição cristã, numa luta entre a carne e o espírito. O corpo é pensado como "tornando a alma mais pesada", é um peso do qual ela deve se desfazer se quiser se arrancar à finitude e ao pecado, a fim de participar da vida divina, que é uma vida do espírito. A ideia de finitude está tão profundamente ligada à do corpo que muitos exercícios espirituais visam a dominá-lo, seja de maneira direta, como no ascetismo e nas múltiplas práticas que nele se inspiram (jejum, abstinência, etc.), seja de maneira indireta, por meio de uma atitude de desconfiança em relação à vida sensível e ao mundo sensível em geral. A unidade do mundo cultural do Ocidente se manifesta, aqui, no paralelismo com frequência rigoroso dessas concepções religiosas e certos temas que pertencem à tradição filosófica e que prescrevem à consciência, como condição necessária de seu progresso, uma espécie de ascese em relação ao mundo sensível e ao mundo imaginário, esses dois mundos sendo pensados, precisamente, à luz da ideia de sua conexão ontológica rigorosa com o fenômeno da encarnação. Assim ocorre, por exemplo, entre os cartesianos. De maneira geral, a ideia de "natureza" humana, tal como decorre da concepção dualista, forma, com todos os problemas a ela relacionados, um dos temas dominantes da tradição helênico-cristã e um dos elementos permanentes de sua *Weltanschauung*.[8]

Esta questão deve então ser posta: a teoria ontológica do corpo implica, em seu livre desenvolvimento, a rejeição de tudo o que a tradição nos ensina a respeito do fenômeno da encarnação da realidade humana? Pretende ela retirar todo fundamento ontológico real de nossa experiência da finitude? Esta última não é, precisamente, uma experiência, a experiência irrecusável

---

[8] *Weltanschauung*: em alemão no original, é normalmente traduzido por "visão de mundo". (N. T.)

somente a partir da qual a condição humana pode ser interpretada de maneira correta e receber um estatuto que seja verdadeiramente o seu? Tudo o que faz dessa condição o que ela é, a angústia diante da finitude, a vertigem diante da carne, a insatisfação fundamental que habita todas as nossas experiências e, mais particularmente, aquelas que têm a ver com nossa vida corporal e sensível, tudo isso pode ser pura e simplesmente negado? Ou então, a ontologia só pode receber a qualificação de ciência positiva, qualificação que lhe conferimos o tempo todo, enquanto ela assumir a tarefa de elaborar o fundamento de nossas experiências reais, e não o de experiências imaginárias sem relação com nossa verdadeira condição? Pesquisar o fundamento que torna possíveis essas experiências que são verdadeiramente as nossas (de maneira efetiva ou potencial), é este o fim da ontologia. Por ser a ontologia uma ciência positiva, essa pesquisa é rigorosa. O que ela mostra é que, se a finitude é para a realidade humana uma experiência irrecusável, tal experiência não pode receber o fundamento que se lhe atribui com demasiada frequência, e consiste numa interpretação filosoficamente ingênua do fenômeno da encarnação.

Na verdade, desde que se trata de finitude ou de contingência, nós nos encontramos em presença de certos esquemas de pensamento que, muitas vezes, não apresentam mais qualquer fundamento filosófico real. Assim, a afirmação da finitude da ação humana surge em Hegel no interior de um horizonte cujos pressupostos inapropriados foram revelados pela destruição ontológica. Do mesmo modo, a conexão em virtude da qual a elucidação do fenômeno da encarnação faz com tanta frequência se suscitar a ideia de contingência, repousa sobre o caráter inadequado de semelhante elucidação, uma vez que ela toma por fio condutor unicamente o estatuto do corpo objetivo, abstração feita dos resultados aos quais levaria inevitavelmente uma análise ontológica exaustiva, não incidindo apenas sobre um corpo transcendente, mas também, e essencialmente, sobre o ser originário do corpo absoluto. Em outros termos, a ontologia só rejeita *a priori* as interpretações ingênuas das ideias de finitude ou de contingência. Para semelhantes ideias e experiências que elas traduzem, ela busca, pelo contrário, um fundamento positivo.

É mediante tal pesquisa que a ontologia exerce sua jurisdição em relação ao patrimônio cultural – filosófico, religioso ou moral – de que dispõe a humanidade, e ela se manifesta a nós como única ciência realmente positiva suscetível de, eventualmente, conferir sentido à tradição. Essa tarefa que, na medida em que deve ser denominada de elucidação ontológica, é a mais elevada à qual possa pretender a filosofia, impõe-se tanto mais imperiosamente quanto é mais radical a obscuridade na qual se inserem as questões que se oferecem à análise. Quando essas questões se relacionam ao corpo e à finitude, não é exagerado afirmar que essa obscuridade é quase total.

É certo que a tradição estabelece uma relação entre a corporeidade e a finitude da natureza humana. Essa relação se aprofunda no pensamento mais especificamente cristão, até o ponto extremo em que o corpo recebe sua significação de ser o pecado. O que se deve entender por tal corpo, provido de semelhante significação? Esse corpo, a que ainda de se chama carne, apresenta-se ao crente como o símbolo mesmo de sua perdição possível; ele talvez não seja, para ele, senão a angústia diante da possibilidade de sua perdição. O corpo é assim sentido e percebido como o obstáculo que é preciso vencer e ao qual e do qual é preciso se afastar para conseguir a salvação. Esta última, concebida em sua oposição radical à vida do corpo, é chamada verdadeira vida, que é uma nova vida, uma vida do "espírito". Na medida em que se relaciona com a possibilidade de perdição e de queda, *o corpo designa apenas um modo determinado da existência humana.* Esse modo é certamente compreendido como essencialmente ligado à finitude, isto é, ao pecado; ele não deixa de ser, por isso, um modo de nossa vida, um modo *sui generis* ao qual se contrapõe outro modo concebível e, às vezes, real, no qual consiste então a salvação. Por *"corpo" não convém entender este corpo objetivo que é coisa*; o que é aqui significado é uma modalidade nitidamente definida da vida da subjetividade absoluta. Por esse mesmo motivo, o "corpo" de que se trata na antropologia cristã, e é assimilado ao pecado, não pode tampouco ser confundido com nosso corpo orgânico. Este último, semelhante nisso ao corpo objetivo, não passa jamais de um existente, não tem nada a ver com um modo de existência.

Dir-se-á que o corpo que pertencer à visão cristã do mundo, e tal como ele é compreendido nessa visão, deve então ser assimilado ao corpo absoluto, ou seja, a esse corpo originário o qual mostramos que pertence à esfera da existência subjetiva? Isto seria cometer uma grave confusão, esquecer a diferença que sempre deve ser mantida entre dois pontos de vista absolutamente diferentes, o ponto de vista existencial e o ponto de vista ontológico. O *"corpo" em sentido cristão* designa um modo particular de existência, refere-se a uma intencionalidade específica que se oferece a nós como determinação possível entre uma infinidade de outras determinações existenciais correspondendo a tipos diferentes. *O corpo, agora concebido de um ponto de vista ontológico* como corpo absoluto, não remete a qualquer intencionalidade particular de nossa vida corporal, designa apenas o ser comum de todas essas intencionalidades, ou seja, o meio ontológico originário ao qual todas elas pertencem. Tais intencionalidades são copossíveis no interior do ser originário de nosso corpo absoluto; descrevê-las segundo suas articulações existenciais próprias não é tarefa da ontologia, que faz somente o trabalho preparatório para essa descrição.

Convém distinguir cuidadosamente, então, o "corpo" enquanto modo definido de nossa existência histórica, modo no qual essa existência se manifesta à consciência religiosa como existência pecadora e, de outro lado, o meio ontológico do corpo absoluto, no qual se desenvolvem todas as intencionalidades da vida corporal, e todas as formas de existência, entre as quais essa existência determinada que o cristianismo também denomina corpo, ou ainda carne, não passa precisamente de uma forma particular e contingente. Contingente, a existência que se entrega ao pecado o é no mais alto grau, no sentido de que, entre todas as formas possíveis de existência que se oferecem a ela, a forma determinada que ela assume não é de modo algum prescrita *a priori* pela estrutura ontológica do corpo absoluto, e essa ausência de qualquer prescrição de ordem eidética, que faria do pecado alguma coisa necessária, a teologia cristã o expressa afirmando, sobre esse pecado, que ele é um acidente histórico, e o vínculo que o une à "natureza" humana não pode em absoluto ser interpretado à luz de uma necessidade comparável àquela que pertence à ordem das essências. Em outros termos, *trata-se de uma significação puramente existencial que a antropologia cristã confere à palavra "corpo", quando ela lhe faz designar um estado vizinho ao pecado ou suscetível de a ele conduzir. O corpo assim entendido não designa de modo algum uma realidade ontológica: ele não é nem o corpo objetivo, nem o corpo orgânico, nem o corpo absoluto enquanto tal*. O que ele traduz é um estado da existência que supõe, sem dúvida, a estrutura ontológica fundamental dos três corpos, ao mesmo título, todavia, que qualquer outra de nossas intencionalidades: sobre essa estrutura repousa também, por exemplo, o estado determinado e privilegiado da existência no qual consiste, para esta, a salvação.

Nem a salvação, nem o pecado, por conseguinte, podem ser relacionados, enquanto tais, a estruturas ontológicas. A "carne" e o "espírito" designam, ambos, no Cristianismo, modos específicos de existência, que se opõem de maneira radical quanto ao valor religioso que lhes é conferido, e quanto à significação metafísica que recebem, logo, no que concerne ao destino do homem, mas continuam sendo modos de existência, ou seja, duas intencionalidades pertencentes, como tais, à mesma esfera ontológica da subjetividade absoluta. *Do ponto de vista ontológico, não há, portanto, qualquer diferença entre "carne" e "espírito"*. É então a própria unidade da tradição ocidental que é posta em questão.

Essa unidade parece repousar, como vimos, sobre uma concepção dualista da natureza humana, concepção cujas origens certamente são mais antigas. *É no helenismo, porém, de modo algum no Cristianismo, que convém buscar essas origens*, se for verdade que o dualismo entre carne e espírito não assume qualquer significação ontológica na antropologia cristã. Na Grécia, ao contrário, a ideia que se fazia a respeito do homem correspondia àquela que nos fornece hoje a tradição humanista, que vê na natureza humana uma espécie de relação entre dois termos opostos, a cujas exigências ele deve satisfazer igualmente. O difícil equilíbrio a encontrar e manter entre esses termos é o fim de uma ética que permanece, assim, submetida à ideia grega de harmonia. Já tivemos ocasião de notar, no entanto, que aos olhos de semelhante humanismo, de origem helênica, os dois elementos, que devem coabitar de maneira harmônica no homem, estão longe de se situarem no mesmo plano, trata-se de duas realidades ontologicamente heterogêneas, das quais uma permanece superior. Enquanto corpo, o homem não passa de um animal, é o espírito que o eleva à dignidade propriamente humana. A esse espírito, pede-se somente que tenha, de certo modo, a atitude liberal de não desprezar o corpo. Por este último ser tido por realidade objetiva ele permanece alguma coisa de contingente, perecível, inferior.

A esse ponto de vista, que se expressa, de maneira geral, na tradição greco-humanista, o Cistianismo se opõe radicalmente. Uma vez que considera o corpo não mais como modo determinado e contingente de nossa existência histórica, mas como realidade ontológica constitutiva da natureza humana, ele formula a seu respeito uma série de afirmações surpreendentes que, na verdade, só podem receber sentido filosófico no interior da doutrina do corpo subjetivo. Pois é só se no corpo é, em seu ser originário, algo de subjetivo, que as breves alusões feitas pela dogmática a respeito de seu destino metafísico podem ser algo mais que concepções extravagantes. Extravagantes, com efeito, deviam necessariamente parecer, aos olhos dos gregos, afirmações como a que postula a título de dogma a ressurreição do corpo. Eis porque os coríntios se afastaram zombando quando São Paulo defendeu não reservar à alma o privilégio dessa ressurreição. Fica claro, ao contrário, que se o ser originário de nosso corpo é algo de subjetivo, ele incide, ao mesmo título que a "alma", sob a categoria do que é suscetível de ser repetido e julgado. É manifestamente ao conteúdo da teologia cristã que Rimbaud tomou de empréstimo a estranha afirmação que comentamos acima.

Apenas a análise ontológica nos permite trazer alguma clareza para um domínio que, de outra forma, só conteria confusões ou mesmo contradições. Pois não se observou suficientemente, ao que parece, que a tradição cristã nos propõe, a respeito do corpo, duas teses radicalmente opostas, uma vez que afirma, de um lado, que o corpo é pecado, e, de outro, que ele é chamado à ressurreição. Deve-se compreender, então, que o pecado está prometido para a glória divina? A dissociação entre as significações existencial e ontológica da palavra "corpo" afasta tal absurdo. No entanto, tal dissociação deve ser pensada à luz de uma unidade mais fundamental. Essa unidade é precisamente a teoria do corpo subjetivo que nos fornece. Pois, com efeito, o corpo só é suscetível de ser pecado porque é também o que pode ressuscitar. O pecado ou a ressurreição, a finitude ou a salvação, só se colocam no interior da categoria da subjetividade.

Parece singularmente precipitada, a esse respeito, a censura dirigida por Nietzsche aos cristãos, a de serem "desprezadores" do corpo. Semelhante asserção pertence, incontestavelmente, à categoria dessas afirmações gratuitas que só podem servir à cultura uma vez que nos convidam a tomar clara consciência da indigência de seu fundamento. E, antes de tudo, ao formular essa crítica, Nietzsche é vítima de grave confusão, da qual sua filosofia não é certamente a origem, mas que contribuiu em grande medida para reforçar. Essa confusão consiste em atribuir ao Cristianismo temas que lhe são efetivamente estranhos, e derivam, ao contrário, da tradição greco-humanista. É desse modo que Nietzsche imagina que o cristianismo se atém ao corpo enquanto tal, enquanto realidade ontológica pertencente, especificamente, e de maneira essencial, à realidade humana, sendo que por "corpo" a antropologia cristã entende apenas um modo contingente, específico e nitidamente definido de nossa existência. Quanto ao ser real de nosso corpo, como essência ontológica fundamental, Nietzsche não vê que o Cristianismo tem dele uma ideia bem mais elevada, bem mais filosófica também, uma vez que se eleva à ideia do corpo subjetivo ou, pelo menos, implica este último como pressuposto necessário. Para Nietzsche, ao contrário, o corpo permanece o que é no dualismo tradicional de origem helênica, uma realidade heterogênea à consciência e à existência subjetiva. Pouco importa, então, que se conceba tal realidade à luz das exigências do vitalismo romântico, quando o mecanismo cartesiano não é mais que uma platitude fora de moda, pouco importa, também, que se a exalte, em vez de desvalorizá-la; a revolução que se crê operar não vai além da simples promoção de preferências subjetivas, longe de colocar em xeque o âmbito tradicional da reflexão filosófica, ela a implica, e se deixa enganar por sua aparente novidade.

O ser originário de nosso corpo, como realidade ontológica fundamental, tendo recebido seu estatuto próprio, poderíamos pensar que chegou o momento de determinar, de maneira precisa, o sentido dessa intencionalidade particular que a dogmática cristã designa igualmente pelo nome de "corpo", recebendo este, então, significação estritamente existencial e não mais ontológica. Dessa intencionalidade particular, concebida como determinação de nossa existência histórica, o cristianismo afirma que ela é o pecado. Por isso se deve entender que a consciência que faz sua semelhante intencionalidade assume, ao mesmo tempo, e de maneira essencial, um modo finito de existência, que a afasta radicalmente de Deus, esse modo finito de existência só podendo significar para ela desespero e perdição. Em que sentido, porém, determinada intencionalidade, ou seja, um modo da vida absoluta da subjetividade, pode ser considerada finita, de tal modo que se possa aplicar a ela as categorias de pecado e queda? A tarefa de responder a tal questão não é idêntica, necessariamente, à de descrever essa intencionalidade específica que a tradição cristã designa como o "pecado da carne". Tal descrição, de resto, embora deva apresentar o mais alto interesse do ponto de vista especulativo, assim como do ponto de vista prático, não pertence propriamente ao projeto mais geral de edificação de uma ontologia do corpo. Eis porque o problema da finitude da intencionalidade em questão não ocasionará, aqui, nenhuma descrição existencial que pretendesse valer por si mesma, e só será abordada de um ponto de vista ontológico. Concebido de tal ponto de vista, esse problema é o de uma elucidação da ideia de finitude, elucidação que exigiria, por si só, um estudo completo. As observações que se seguem só constituem um breve esboço, unicamente destinado a completar as análises relativas à dissociação geral entre as significações ontológica e existencial do conceito de "corpo".

A afirmação geral segundo a qual a finitude é necessariamente o pecado, afirmação tomada de empréstimo, pela filosofia moderna, a Hegel, não nos basta mais. Quando o sistema exibiu todos os seus prestígios, é tempo, novamente, de reconhecer o direito à distinção. Pois desejamos saber, de maneira precisa, o que se entende por finitude. Antes de considerar os desenvolvimentos patéticos nos quais intervém esse conceito, é bom, por conseguinte, observar que este pode ser compreendido em quatro sentidos.

1) Ser finito significa estar submetido à determinação do ser-aí. É dessa forma que meu corpo é finito, um vez que ocupa um lugar determinado no espaço e no tempo. Nós deparamos essa significação do conceito de finitude, e mostramos que ela se enraíza na transcendência de um horizonte ao qual o ente que ele revela não pode, por princípio, se igualar.

2) Ser finito significa estar submetido à determinação do ser-aí, não mais, desta vez, de maneira originária, mas só de maneira derivada. Consideremos uma intencionalidade qualquer, não podemos lhe aplicar a categoria de finitude no sentido que acabamos de indicar, a intencionalidade escapando, por princípio, à esfera do ser transcendente. Não se exclui, todavia, que possamos *nos representar* essa intencionalidade. A possibilidade de tal representação enquanto modificação radical vindo afetar a estrutura ontológica originária da intencionalidade está antes incluída no estatuto desta última, como possibilidade permanente de ordem eidética. O poder que habita semelhante modificação não é senão o do destino, que consiste, por conseguinte, na objetivação por cuja mediação o que se revelava inicialmente a nós no interior de uma esfera de imanência absoluta se manifesta, agora, no elemento geral do ser transcendente. Tal destino é necessariamente trágico, pois nele o que se fazia intimidade da vida do eu e o frescor de sua experiência se dissolve na insipidez da objetividade e se torna um elemento morto da representação. A esse destino destrutivo não escapa a vida corporal, precisamente porque ela é uma vida subjetiva. Assim, no amor, os gestos em que ele consiste podem ser submetidos a esta dura lei que fará deles, não mais a substância mesma de nossa existência, mas simples objetos de nossa consciência, de modo que ali onde se encontrava anteriormente a vida, só haverá lugar para a morte.[9]

Na interpretação ontológica desse destino, o qual cada um pode experimentar, convém todavia não esquecer que o *ser* da

---

[9] Falando do beijo dos amantes e de seu destino, exclama Rilke: "Ah! Como aquele que bebe do ato estranhamente se evade" (*Elegias de Duíno*, IIª Elegia).

intencionalidade, enquanto tal, não pode, por princípio, tornar-se o que quer que seja de transcendente, que, por conseguinte, a objetivação na qual consiste o destino não poderia, de modo algum, designar a objetivação da intencionalidade mesma, mas antes a substituição da simples representação por ela. Porque a finitude de que se trata aqui se liga a essa representação, porque ela repousa ainda sobre a transcendência do elemento que ela determina, o segundo sentido do conceito de finitude que somos levados a distinguir não difere, essencialmente, do primeiro, mas nos mostra apenas que, o que é agora, para nós, um ser-aí determinado e finito, podia precisamente não ser assim, em seu ser originário, pelo menos. Ora, a elucidação ontológica do conceito de finitude não se conclui com as observações precedentes, pois *a finitude pode se revelar no próprio campo transcendental*, e isto de duas maneiras bem determinadas, que convém agora examinar.

3) A intencionalidade pode ser considerada finita, uma vez que se relaciona a um mundo. Assim entendida, a finitude é uma qualificação essencial, que pertence ao ser da realidade humana enquanto tal. Toda intencionalidade, com efeito, em função de sua transcendência por princípio, obedece ao conceito de finitude assim definido. Esse terceiro sentido se distingue facilmente do precedente nisto que o termo que é aqui submetido à categoria de finitude não pode mais ser considerado elemento transcendente. O que ele designa, com efeito, não é mais a *representação* de uma intencionalidade, obedecendo, a partir daí, às leis gerais do meio em que ela é representada, é antes essa intencionalidade considerada em si mesmo, em seu ser originário e subjetivo. Esse ser é considerado finito, pois se orienta para o mundo, e isto de maneira essencial, de tal modo que seu pensamento não pode pretender sobrevoar esse mundo ao qual se liga. O que acarreta ainda a seguinte consequência: as determinações que a intencionalidade atinge no interior do mundo são sempre transcendidas em direção a este, de tal maneira que elas aparecem como determinações finitas, as quais, porém, em sua finitude, constituem tudo o que nosso pensamento pode pretender conhecer, pois são também o que, de maneira não menos essencial e irremediável, nos oculta esse mesmo mundo que as supera todas, infinitamente.

Semelhante concepção da finitude, que faz desta uma determinação essencial, e não sintética, da existência humana, nos impede, desde então, toda discriminação relativa ao caráter particular das diferentes intencionalidades nas quais essa existência pode se expressar. Não é, portanto, um modo determinado de nossa existência histórica que será dito finito, por oposição a outros modos nos quais essa finitude seria suscetível de ser oferecida. Em outros termos, é a possibilidade de uma salvação para a existência humana que é aqui negada. *A finitude, assim compreendida, recebe uma significação ontológica*, e nos permite, por via de consequência, adquirir sobre a natureza humana uma visão sistemática. O problema, contudo, consiste em saber se não cedemos, precisamente, às exigências de sistema, erguendo a dignidade ontológica uma finitude que só pertence, talvez, essencialmente, a um modo determinado de nossa vida. Se assim for, esse modo exige uma descrição fenomenológica própria, na qual será destacado o que constitui a condição particular que assume a existência quando ela merece receber essa qualificação de ser uma existência finita. Somos conduzidos, então, ao quarto sentido no qual se pode compreender o conceito de finitude.

4) A finitude é a finitude de uma intencionalidade determinada. Mediante tal intencionalidade, a consciência assume um modo de existência que não lhe pertence essencialmente, mas de um modo algo acidental, ainda que a possibilidade desse modo de existência determinado seja naturalmente compreendido em sua própria essência. Em tal ponto de vista, a distinção ganha novamente direito de cidadania. A finitude deixa de ser uma qualificação geral aposta, de uma vez por todas, a esta, e podendo servir para defini-la. Essa finitude deve ser interpretada, antes, de maneira concreta. Ela se revela em experiências bem definidas, que se distinguem qualitativamente entre os diversos modos de existência. Estes não são todos equivalentes, a ontologia não formulou de uma vez por todas suas apreciações éticas. A diferença que vem especificar esse modo de existência que é considerado finito exprime-se, então, da seguinte maneira: o mundo no qual vivemos assume para nós, agora, um rosto particular, ele recebe sua significação de ser a falta. De modo correlato, a intencionalidade que vive em presença de semelhante mundo é

uma intencionalidade *sui generis*, que experimenta a si mesma como finita. Ora, essa experiência de si mesma e de sua finitude, a intencionalidade de que se trata, a faz em duplo sentido: pois, de um lado, ela fracassa em seu projeto, e não se realiza de modo algum segundo o sentido que a animava; nesse fracasso, sua finitude se manifesta, então, como sua verdade própria. De outro lado, e de maneira mais original, essa finitude já era a sua enquanto caráter subjetivo imanente, ela a marcava interiormente como existência distinta, com sua tonalidade própria, e é nesse plano mesmo da afetividade transcendental que tal finitude se revelava, inicialmente, a ela.

Quando se trata de nossa vida corporal, as descrições precedentes encontram exemplo no fenômeno da sexualidade. A finitude significa aqui que a intencionalidade se dirige a um elemento finito do ser transcendente. Porém, todo elemento transcendente é necessariamente finito. Se a finitude não é inerente a toda intencionalidade, uma vez que esta se dirige, por princípio, a um elemento transcendente e, por conseguinte, finito, se ela pertence propriamente a esse modo particular de existência que aqui consideramos, é que este último deve ser caracterizado de maneira mais precisa. Ele o será se observarmos que, diferentemente de nossa vida cotidiana, na qual nós nos dirigimos a objetos finitos, *tomando-os por tais*, a intencionalidade que preside à forma determinada que assume nossa vida na sexualidade, se orienta a seu termo transcendente, como em direção a algo absoluto. A intencionalidade sexual não se "dirige" simplesmente "a", mas se "concentra sobre" o objeto no qual ela tenta apreender o que é tudo. Esse objeto permanece certamente algo finito, mas assume significação efetivamente particular. Sob que condição, no entanto, pode um objeto, enquanto elemento finito no meio geral do ser transcendente, assumir essa significação de ser, para a consciência que o apreende, algo de absoluto? Sob condição de não ser um objeto comum, mas, de certo modo, um objeto mágico, cujas características não são idênticas às do meio ontológico no qual esse objeto se manifesta. Tal objeto existe: é nosso corpo transcendente objetivo. Ele é precisamente esse elemento ambíguo que oculta, sob a determinação do ser-aí, o infinito da subjetividade que secretamente o habita. O estatuto ontológico de nosso corpo transcendente objetivo é o fundamento que torna possível a existência de um *mundo* sexual, mundo no qual o que constitui a ambiguidade de tal corpo é levado, de certo modo, ao paroxismo. O mistério do sexo reside nisto que, nele, a determinação adquire um poder sem limite. Esse poder, ela o deve à obscuridade radical de seu ser, obscuridade que faz que a subjetividade esteja, por assim dizer, presente no elemento do ser-aí. O que via a consciência que deseja, é precisamente essa subjetividade que ela procura apreender através e no objeto. O absoluto desejado é mediatizado pelo termo contingente e finito que está aí, mas que poderia, igualmente, não estar. O que é absoluto parece contingente.

Mas eis o importante: o pressuposto implícito da intencionalidade sexual é que o absoluto só é acessível sob essa face contingente. Do mesmo modo, ela se concentra sobre o elemento finito e ela o adora. O que encontra em tal experiência, porém, não é o absoluto, apenas uma presença sem vida, aquela que realiza o puro e simples ser-aí de um elemento transcendente. Dessa forma, o que parecia acessível através da mediação de tal elemento se revela, antes, como inacessível, é a subjetividade pura que não é objeto. Tal subjetividade não poderia ser nem tocada, nem apreendida de modo algum numa determinação finita, pois, por princípio, não é em nada transcendente. Querer atingir o espírito sob a forma de um elemento sensível é lançar mão de um método que elimina, *a priori*, o objeto que ela pretende circunscrever. Na medida em que se dirige ao sexo, *entendido como um ser-aí e como objeto*, a intencionalidade sexual depara um fracasso prescrito pela ontologia. Quando a angústia diante do sexo se dissipa, não resta mais nada, a não ser uma determinação objetiva. A subjetividade, que era visada, desaparece. O sexo não revelará jamais seu segredo, pois ele não passa, à nua luz da transcendência, de um ser-aí sem segredo.[10] O fracasso no qual desemboca essa intencionalidade sexual que corresponde a essa descrição não tem por consequência, contudo, a simples supressão dessa intencionalidade, ela se torna antes o princípio de sua repetição em atos indefinidamente renovados. Na solidariedade

---

[10] Cf. Henry Miller, *Tropique de Cancer*. Paris, Denöel, 1945, p. 163-64.

desse fracasso e dessa repetição se encontra o fundamento da obsessão sexual da humanidade.

Em que sentido a categoria de finitude pode se aplicar ao corpo humano? Podemos responder comparando os resultados da elucidação do conceito de finitude e aqueles da análise ontológica do corpo. Está claro, para começar, que o ser originário de nosso corpo não incide sob a categoria de finitude entendida no sentido 1. Este último se aplica unicamente ao domínio do ser transcendente, ele não pode de modo algum dizer respeito ao que escapa, por princípio, a esse domínio. Quanto a nosso corpo objetivo, as observações que fomos levados a fazer diversas vezes sobre as características essenciais que constituem seu ser próprio, por oposição ao de um objeto qualquer, convidam-nos a desconfiar da aparência segundo a qual esse primeiro sentido do conceito de finitude lhe conviria de maneira inteiramente adequada. Uma vez que encontra seu fundamento no ser originário do corpo absoluto, nosso corpo transcendente objetivo é na verdade habitado por uma subjetividade que se acomoda muito mal com determinações pertencentes ao meio da objetividade em geral. Por razões certamente diferentes, mas ainda mais profundas, esta observação se aplica igualmente ao corpo orgânico, ao qual a relação originária e *sui generis* que ele mantém com o corpo absoluto confere um estatuto efetivamente especial.

É verdade que, *tomado em seu segundo sentido*, o conceito de finitude se aplica à representação de uma intencionalidade, ou seja, à manifestação desta no elemento do ser transcendente. Nós insistimos bastante, porém, sobre o fato de que o pode ser considerado finito não é, de modo algum, o ser originário, isto é, real, da intencionalidade, mas só seu ser-representado. Que uma intencionalidade pertencente à nossa vida corporal seja suscetível de ser assim representada, que um gesto possa, de algum modo, separar-se dessa existência que é a nossa, para nos aparecer como simples elemento inerte posto na representação, esta é, na verdade, a confirmação mais clara que possa receber a teoria do corpo subjetivo. Pois o destino que atinge a vida de nosso corpo em tal ou qual de suas intencionalidades, motrizes, por exemplo, pode atingir ao mesmo título toda intencionalidade concebível;

ele ameaça, por conseguinte, todo o conjunto de nossa vida psicológica. A possibilidade, para uma determinação de nossa vida absoluta, de sofrer essa modificação radical que a subtrai a seu meio ontológico de existência, e significa para ela, propriamente, a morte, é um fenômeno absolutamente geral, cuja elucidação concerne às pesquisas constitutivas de uma ontologia da subjetividade, e não pode, portanto, de maneira alguma, relacionar-se ao problema particular do corpo. O que resulta de todas as nossas análises, entretanto, é que *nem o sentido 1, nem o sentido 2 do conceito de finitude concernem ao ser originário de nosso corpo absoluto*, isto é, nossa *existência* corporal propriamente dita. O fundamento dessa afirmação consiste, em geral, no fato de que o conceito de finitude, tomado nos sentidos 1 e 2, aplica-se a uma esfera ontológica à qual escapa, por princípio, a existência corporal enquanto existência subjetiva.

É aqui, no entanto, o momento de fazer esta observação decisiva. Se, quando tomado nos sentidos 1 e 2, o conceito de finitude tem indiscutivelmente alcance ontológico, uma vez que se refere, então, de maneira essencial, a uma região ontológica determinada, a do ser transcendente, o mesmo não ocorre quando ele é concebido à luz dos sentidos 3 e 4. Isto é evidente no que concerne ao sentido 4, conforme ao qual a finitude recebe uma significação especificamente existencial, uma vez que designa, então, um modo nitidamente definido de existência. Esse modo pode ser considerado finito porque, nele, a existência se dirige a uma determinação transcendente e, como tal, finita, determinação à qual ela confere, porém, significação absoluta. O fascínio que exerce o ser-aí repousa, como se viu, no caráter próprio assumido por este, na medida em que ele não é qualquer ser-aí, mas esse objeto ambíguo que é nosso corpo transcendente objetivo.[11]

---

[11] É preciso, aqui, efetuar três observações: 1) O corpo transcendente objetivo que designamos constantemente como "o nosso" pode, evidentemente, ser aquele de um *alter ego*, é o que se produz na vida erótica normal. Um estudo relativamente completo da sexualidade é solidário, portanto, de uma problemática concernente à existência e ao corpo de outrem. Não é preciso dizer que todas essas questões ultrapassam o âmbito de nossas pesquisas, em que a sexualidade só interveio a título de exemplo. 2) O objeto ao qual se dirige a intencionalidade sexual, e que exerce sobre esta um fascínio, pode ser, especialmente em certos casos de perversão, um objeto inerte da natureza, e não mais um corpo vivo. É claro, porém, que a constituição de tal objeto só pode ser compreendida por referência à do corpo

Este se manifesta, em certos casos, com a determinação misteriosa do sexo, e exerce então seu poder infinito. *O poder infinito da determinação, esta é a finitude em sentido cristão.* O "corpo" da tradição cristã se refere, essencialmente, a tal finitude. Esta tem tão manifestamente significação existencial, concerne tão pouco ao corpo entendido como realidade ontológica à qual se ligaria em virtude de uma conexão eidética, que esse corpo, com a promessa de ressurreição, pode ser o suporte de modos de existência radicalmente diferentes. O modo de existência que é aqui designado pelas palavras "corpo", "carne", é dito finito pelo motivo que ele se orienta a uma determinação particular, de tal modo que ele se dedica a ela: é esse culto prestado ao finito que é propriamente o pecado.

Aplicado a uma intencionalidade que se esgota na determinação, o termo finitude pode ser perfeitamente compreendido, e podemos aceitá-lo, sob condição, no entanto, de perceber que só se trata de uma maneira de falar, *pois o modo de existência dito finito é, na verdade, um modo da vida absoluta da subjetividade e, como tal, pertence por essência a uma esfera de existência infinita.* O que é o mesmo que afirmar: *a finitude, enquanto tal, qualifica não mais um modo de existência, isto é, uma determinação da vida da subjetividade absoluta* (sentido 4, e também, como veremos, sentido 3 do conceito de finitude), *não tem qualquer significação ontológica, apenas significação existencial.* Assim, a intencionalidade que se orienta de maneira decisiva ao finito – de tal modo que a determinação se torna objeto de um culto, e que, por exemplo, o sensível se torna o sensual – continua sendo, uma vez que é uma intencionalidade, um modo da vida absoluta da subjetividade e, como tal, um modo infinito. A finitude designa uma imperfeição da vida, mas essa imperfeição só tem significação ética,

---

transcendental que pertence a um ego. 3) A solidariedade entre o fascínio exercido pelo objeto e a intencionalidade que se transcende em sua direção é evidente. Esse objeto, sem dúvida, como observamos, encontra sua condição de possibilidade no *estatuto* ambíguo do corpo transcendente do ego, mas esse corpo só se torna propriamente falando um objeto sexual quando se dirige a ele uma intencionalidade específica. Pode-se afirmar, apenas, que tal intencionalidade existe de maneira latente e, da mesma forma, que no estatuto do corpo transcendente de outrem, por exemplo, está incluída a possibilidade permanente de que tal corpo se transforme em objeto sexual nitidamente caracterizado.

existencial ou religiosa: com efeito, no seio mesmo dessa imperfeição, a vida permanece o que é, uma vida absoluta, uma vida numa esfera de existência infinita. A finitude é uma categoria da ética, o caráter absoluto da existência que sucumbe (eventualmente) a essa finitude é uma determinação ontológica que lhe pertence por princípio. A clara consciência de uma discriminação rigorosa entre esses dois planos é indispensável para quem quiser aprofundar o problema do mal com alguma chance de sucesso, pois tal discriminação não só nos permite compreender que alguma coisa seja ao mesmo tempo finita e infinita, o que é precisamente o mal, e que, como bem viu Kierkegaard na crítica que dirigiu a Sócrates, o pecado deve ser pensado por nós, e isto a despeito de sua finitude, como qualificação absolutamente positiva da existência.[12]

---

[12] O fato de que, nas análises precedentes, a intencionalidade sexual tenha sido escolhida como exemplo próprio a ilustrar certo sentido do conceito de finitude, e tenha sido descrita, a esse título, como um modo "finito" de existência, corre o risco de conduzir à ideia de uma equivalência entre a sexualidade *como tal* e a finitude. Com efeito, assim como a finitude só recebeu, de maneira geral, uma significação existencial, e só designa certos modos definidos de existência, do mesmo modo a intencionalidade sexual à qual se aludiu só concerne a uma forma possível e nitidamente definida de nossa vida sexual. A possibilidade de um amor sem angústia (entendendo por esta uma angústia diante do ser-aí da determinação corporal objetiva) não está excluída pelas descrições precedentes; ela encontra antes, na teoria do corpo subjetivo, seu pressuposto ontológico mais fundamental. Semelhante teoria mostra, com efeito, que o ato sexual é, em seu ser originário, pelo menos, algo subjetivo. Enquanto tal, ele está fora do mundo; o fato de que a intencionalidade sexual se oriente para o ser-aí objetivo (e isto da maneira bem determinada que descrevemos) representa uma especificação contingente dessa intencionalidade, que traz em sua liberdade a possibilidade de uma orientação radicalmente diferente, conforme a qual a existência poderá, ao contrário, libertar-se da determinação e visar a algo bem diferente. Há um amor, e que é um amor sexual, de onde o "corpo" está ausente. O grande erro da maior parte das descrições existenciais fornecidas da intencionalidade sexual se deve a que um modo determinado desta é quase sempre concebido de um ponto de vista exclusivo, e apresentado, em seguida, como prescrito pela essência da vida sexual do homem em geral. É o caso, especialmente, de todas as descrições que se limitam à consideração de determinações sexuais objetivas. Quando se vê que estas últimas só são tais quando uma determinada intencionalidade se dirige a elas, ainda se corre o risco de esquecer que, à possibilidade dessa intencionalidade (em que consiste, sem dúvida, a impureza), opõe-se manifestamente, de um ponto de vista eidético, outra possibilidade, cujo sentido, ao contrário, no interior mesmo da vida sexual, é a libertação do homem em relação à finitude da determinação objetiva. A distinção do ponto de vista existencial e do ponto de vista ontológico é aqui mais do que nunca necessária e, de maneira geral, toda a filosofia do amor sexual deve ser refeita a partir dos dados da filosofia do corpo subjetivo. É a todos os gestos humanos, e não apenas aos gestos sexuais, que esta permite atribuir,

Essas observações, que visam ao sentido 4 do conceito de finitude, convêm igualmente, ao que tudo indica, ao sentido 3. Se afirmamos, com efeito, que a existência é finita porque se subordina a um mundo, a afirmação que se formula é antes de mais nada uma apreciação de ordem axiológica, um juízo feito de cima sobre a existência humana, e cujo conteúdo talvez não seja independente da atitude que tal juízo implica, uma vez que se inclina sobre a existência como sobre uma essência exterior. Estatuir sobre a existência, de um ponto de vista estritamente ontológico, é antes compreender estar à luz do meio ao qual ela pertence propriamente, e que é um meio de imanência radical. O estatuto eidético de tal meio confere à vida que aí se revela originariamente a qualificação ontológica de ser uma vida absoluta, e retira *a priori*, por conseguinte, ao conceito de finitude, toda significação ontológica em relação a tal vida.

Pode-se, sem dúvida, encontrar um fundamento ontológico para a finitude humana, na medida em que se designa sob seu conceito o vínculo insuperável entre a existência e o mundo. O fato alegado, que não é senão o fenômeno primordial da transcendência, possui certamente alcance ontológico. Mas a vida que se transcende é uma vida absoluta e, nesse ato de se transcender, permanece em si mesma. Mais originário que o fenômeno da transcendência, anterior a ele, de certo modo, é o da imanência, no qual a transcendência encontra, de fato, do ponto de vista ontológico, sua condição de possibilidade última. Se o ato que transcende só pode descobrir um mundo na medida em que ele está constantemente presente a ele, no âmbito de sua autoafecção na imanência, é que a tese que liga finitude e transcendência repousa sobre o esquecimento desse fenômeno ontológico mais originário. Será por acaso que ela se revela pela primeira vez na filosofia moderna em Kant, cuja ontologia se caracteriza, precisamente, pela ausência de

---

eventualmente, de um ponto de vista existencial, um sentido infinito e livre, uma vez que mostra previamente, e no plano ontológico, a essência subjetiva de todas as determinações originárias da vida corporal. Não é só a uma nova filosofia da sexualidade, portanto, que ela deveria conduzir, mas a uma nova filosofia de todos os atos "materiais" do homem, a uma nova filosofia do rito, do trabalho, do culto, etc. (Sobre as relações entre a filosofia do corpo subjetivo e o materialismo, cf. infra o que é afirmado a respeito das "necessidades".)

qualquer teoria da subjetividade absoluta? Só a elaboração de semelhante teoria pode descartar o fundamento *ontológico* do conceito de *finitude* enquanto conceito que se pretende aplicar à *existência* humana. Pensada como subjetiva, essa existência é então reconhecida como existência absoluta, *quando mesmo fosse a de nosso corpo*. Coube a um só filósofo reunir esses dois ensinamentos fundamentais: aquele que nos revela a estrutura da subjetividade absoluta e determina tal estrutura como sendo também a de nosso corpo.

Que a existência corporal seja uma existência absoluta, esta é uma proposição cuja plena compreensão nos conduziria, sem dúvida, a modificar profundamente a maior parte de nossas concepções relativas à vida do corpo. Pode-se afirmar que, em nossa civilização, essas concepções são comandadas, de maneira geral, pelos pressupostos implícitos do naturalismo. Estes podem se resumir à afirmação de que a necessidade é algo natural. Interpretada à luz da ontologia à qual se refere, explicitamente ou não, o naturalismo, tal afirmação significa que as principais atividades nas quais se exprime nossa vida corporal devem ser compreendidas como manifestações pertencentes, em sua essência, ao ser geral da natureza, ou seja, como processos objetivos e impessoais. Trata-se de "funções" anônimas que convém deixar seguir seu ritmo próprio. Toda tentativa para modificar a realização natural dessas funções e para intervir no mundo de certo modo autônomo que elas constituem está condenada *a priori* pela ética que se apoia sobre a filosofia naturalista. Assim ocorre, por exemplo, a respeito da vida sexual do homem. Segue-se, de maneira geral, que a existência de certo modo individual e pessoal é exterior ao mundo de suas necessidades, a suas exigências, assim como aos diferentes atos por meio dos quais estes se dirigem a uma satisfação real ou ilusória. Ao mesmo tempo, o ego recusa toda responsabilidade em relação à sua vida corporal e suas diversas manifestações. A alma pode permanecer pura quando o corpo está sujo. Essa distinção, que implica a objetivação das necessidades, isto é, sua dissociação rigorosa daquilo que constitui o ser-essencial e próprio do ego e da subjetividade, é o princípio de uma má-fé que se manifesta de maneira bastante evidente em Rousseau, e também, em certa medida, em Maine de Biran, uma vez que este permanece submetido à influência das *Confissões* e, de maneira ainda mais geral, ao dualismo tradicional.

A teoria do corpo subjetivo, que nos mostra que a vida de nosso corpo não é, de modo algum, uma vida em terceira pessoa, comparável à que vemos difundida no universo, obriga-nos a modificar radicalmente esse ponto de vista. Não é no plano da moral e por razões propriamente morais que a ética naturalista deve ser condenada. A crítica deve incidir antes sobre seus pressupostos filosóficos, que constituem, de fato, um contrassenso ontológico. O naturalismo se proíbe *a priori* a compreensão de todas as necessidades humanas, pois desconhece sua própria essência. Ele pretende reabilitar a vida do corpo, mas é esta sua maior ilusão. Acreditando defender os direitos da carne contra o espírito, ele reduz este à condição de um sujeito descarnado, que não é capaz de sobrevoar as determinações concretas de uma existência empírica, que se desenrola em um modo impessoal, comandado por leis objetivas. Porém, como acabamos de ver, tal concepção não é específica do naturalista, que exalta as necessidades objetivas de seu corpo, ela é partilhada pelo moralista, que despreza estas e pretende que a alma não seja atingida, em sua pureza serena, pela perturbação que elas lhe comunicam. Desse modo, as teses do naturalismo se associam tanto à filosofia intelectualista e moralista tradicional quanto às do empirismo em geral.

No entanto, a necessidade é subjetiva, tem o peso, a gravidade da existência infinita que a carrega, também a simplicidade e a transparência da vida absoluta no seio da qual ela se revela. Por ser subjetiva, a necessidade não tem mais a inocência de um movimento da matéria, pois não é um simples deslocamento transcendente que poderíamos considerar, de certo modo, neutro do ponto de vista espiritual, ela se oferece às categorias da ética. Os corpos serão julgados. Quando se reduziu os desejos a inclinações inatas, ou quando se faz deles o simples correlato de modificações orgânicas, retirou-se da existência humana tanto seu conteúdo efetivo e concreto quanto a qualificação própria que ela assume num modo definido de sua intencionalidade e de sua vida. Não é no plano das ideias abstratas, é no das necessidades que se desenrola realmente nossa existência. Eis porque a satisfação ou não satisfação de nossas necessidades e, mais profundamente, a maneira pela qual se realiza ou não essa satisfação têm tanta importância na vida de cada indivíduo quanto na dos grupos humanos.

Denominam-se geralmente as necessidades do corpo de necessidades materiais. A teoria do corpo subjetivo nos mostra o que se deve pensar a respeito de tal terminologia, que não deriva só da ontologia ingênua, mas também de certo número de concepções morais que, ainda que ligadas à semelhante ontologia, assumiram valor próprio e tiveram grande desenvolvimento. A designação da vida corporal como vida material se dá com frequência como protesto contra a filosofia intelectualista e idealista em geral: *ela é antes sua consequência*. Afirmar a importância da vida "material" por oposição à vida espiritual de um sujeito descarnado e de uma subjetividade abstrata é se opor ao idealismo tradicional. Chamar de material essa vida corporal, que se considera a justo título por elemento decisivo da existência humana, é ter a respeito do corpo a mesma concepção ontológica que tal idealismo e, de maneira geral, que a filosofia de origem helênica. Na medida, porém, em que ela reconhece a importância primordial das necessidades "materiais", isto é, da vida corporal em geral, *toda doutrina materialista assume, aos olhos da filosofia do corpo subjetivo, importância decisiva*. O materialismo só poderá receber seu pleno desenvolvimento, contudo, e em particular, trazer às ciências humanas a vasta contribuição que elas podem legitimamente esperar dele, quando for interpretado à luz dos resultados da análise ontológica do corpo e, de maneira mais geral, da filosofia do corpo subjetivo.

A teoria do corpo subjetivo, que rejeita a distinção tradicional entre corpo e espírito, nos obriga a assumir em todos os planos todas as consequências que comporta semelhante rejeição. O exame dessas consequências só pôde ser objeto, aqui, de uma breve enumeração. Esta nos permite apenas tomar consciência do vasto campo de pesquisas que se abre diante da filosofia do corpo subjetivo (e, de maneira mais geral, diante daquela da subjetividade), quando ela deseja examinar os problemas particulares – e, todavia, essenciais – da existência à luz de seus pressupostos gerais. A importância destes últimos não se deve somente ao caráter apodítico do fundamento, nem à evidência absoluta das proposições da ciência positiva que elas constituem, e que não é senão a ontologia primeira, ela se mede também pela fecundidade que manifestam essas proposições fundamentais desde que se aplicam a um domínio determinado. A teoria do corpo subjetivo é assim apenas uma primeira aplicação da ontologia geral da subjetividade. Os problemas mais particulares aos quais se aplica, por sua vez, a teoria do corpo subjetivo devem resultar pesquisas rigorosamente determinadas, e isso conforme ao sentido que lhes prescreve, *a priori*, o conteúdo ontológico que elaborou, à luz dos pressupostos gerais da ontologia da subjetividade, a filosofia do corpo subjetivo.

DADOS INTERNACIONAIS DE CATALOGAÇÃO NA PUBLICAÇÃO (CIP)
(CÂMARA BRASILEIRA DO LIVRO, SP, BRASIL)

Henry, Michel, 1922-2002.
Filosofia e fenomenologia do corpo: ensaio sobre a ontologia
Biraniana / Michel Henry; tradução Luis Paulo Rouanet. – São Paulo:
É Realizações, 2012. -- (Coleção filosofia atual)

Título original: Philosophie et phénoménologie du corps
ISBN 978-85-8033-096-0

1. Maine de Biran, Pierre, 1766-1824 2. Mente e corpo I. Título.
II. Série.

12-06960   CDD-128.2

ÍNDICES PARA CATÁLOGO SISTEMÁTICO:
1. Antologia Biraniana : Ensaios : Filosofia   128.2

Este livro foi impresso pela
Geográfica Editora para
É Realizações, em outubro
de 2012. Os tipos usados são
Minion Condensed e Adobe
Garamond Regular. O papel
do miolo é off white norbrite
66g, e o da capa, curious
metallics super gold 300g.